Lehrbuch kompakt

Lieferbare Titel aus dem Fachbereich BWL:

Breidenbach, Jahresabschluss kompakt
Fiedler, Organisation kompakt
Hauer · Ultsch, Unternehmensführung kompakt
Hummel, Betriebswirtschaftslehre kompakt, 3. A.
Preißner, Marketing auf den Punkt gebracht
Rahn, Personalführung kompakt
Rickards, Budgetplanung kompakt
Rickards, Kostensteuerung kompakt
Wengel, Buchführung kompakt
Wengel, IFRS kompakt

Unternehmens-führung kompakt

von
Prof. Dr. Georg Hauer
und
Michael Ultsch

Oldenbourg Verlag München

Bibliografische Information der Deutschen Nationalbibliothek

Die Deutsche Nationalbibliothek verzeichnet diese Publikation in der Deutschen
Nationalbibliografie; detaillierte bibliografische Daten sind im Internet über
<http://dnb.d-nb.de> abrufbar.

© 2010 Oldenbourg Wissenschaftsverlag GmbH
Rosenheimer Straße 145, D-81671 München
Telefon: (089) 45051-0
oldenbourg.de

Lektorat: Wirtschafts- und Sozialwissenschaften, wiso@oldenbourg.de
Herstellung: Anna Grosser
Coverentwurf: Kochan & Partner, München
Cover-Illustration: Hyde & Hyde, München
Gedruckt auf säure- und chlorfreiem Papier
Gesamtherstellung: Grafik + Druck, München

ISBN 978-3-486-58879-8

Vorwort

Fragen der Unternehmensführung haben in den letzten Jahren mit Schlagworten wie „Corporate Governance" oder „Heuschrecken" eine breite Öffentlichkeit erreicht. Aber auch aktuell in der Finanz- und Wirtschaftskrise des Jahres 2008/2009 werden Konzepte der Unternehmensführung einzelner Unternehmen vielfach öffentlich hinterfragt, wie die Beispiele der Schaeffler-Continental-Übernahme oder die Fusion von Porsche und VW zeigen. Gleichzeitig etabliert sich das Thema Unternehmensführung immer mehr als eigenständige Vorlesungsreihe in betriebswirtschaftlichen Studiengängen an deutschen Universitäten und Hochschulen.

Unternehmensführung bedeutet dabei mehr als nur eine Übersetzung des englischen Begriffes Management. Neben den klassischen von Gutenberg geprägten betriebswirtschaftlichen Disziplinen Produktion, Absatz und Finanzen hat sich das Thema Unternehmensführung in den letzten Jahren als eigenständige Sichtweise auf die Unternehmensaktivitäten etabliert.

Die zentrale Fragestellung der Unternehmensführung lautet: Welche Grundvoraussetzungen müssen geschaffen werden, um erfolgreich auf dem Markt zu agieren?

Dabei behandelt die Unternehmensführung vier Schwerpunkte:

- Wie positioniert sich das Unternehmen im Markt?
- Welche Planungs- und Kontrollmechanismen müssen geschaffen werden?
- Welche organisatorischen Strukturen sind notwendig?
- Wie werden die Mitarbeiter als wichtigste Ressource des Unternehmens eingebunden?

Das vorliegende Buch konzentriert sich auf diese genannten Aspekte und gliedert sich dementsprechend in die Themen „Die Unternehmensstrategie", „Die Unternehmenssteuerung", „Die Unternehmensorganisation" und „Die Führung". Der Leser erhält so in kompakter Form einen Einblick in die wichtigsten Aspekte der Unternehmensführung. Vielfältige praktische Unternehmensbeispiele und Fallstudien erläutern die praktische Relevanz der einzelnen Themenbereiche und verknüpfen Theorie und Praxis.

Das vorliegende Buch „Unternehmensführung Kompakt" richtet sich an Studierende wie an Praktiker.

Unser Dank gilt Herrn Dr. Jürgen Schechler vom Oldenbourg Verlag für die ausgezeichnete Zusammenarbeit sowie ganz besonders unseren Familien, die uns während der Erstellung vielfältig unterstützt und den Rücken freigehalten haben.

Hinweise und Anregungen – aber natürlich auch gerne Lob – sind herzlich willkommen. Sie erreichen uns per E-Mail georg.hauer@hft-stuttgart.de und michael.ultsch@hft-stuttgart.de.

Stuttgart im August 2009   Prof. Dr. Georg Hauer und Michael Ultsch

Inhalt

1 Die Grundlagen der Unternehmensführung

Unternehmensführung beschäftigt sich mit der Führung von Unternehmen, dabei ist bereits der Begriff Unternehmen nicht eindeutig definiert. Je nach betrachtetem Aspekt wird ein Unternehmen als rechtliches Gebilde, als Ansammlung von Ressourcen oder als wirtschaftliches System beschrieben. Im Folgenden werden neben dem Unternehmensbegriff auch die Grundlagen der Unternehmensführung herausgearbeitet.

1.1 Unternehmen

Umgangssprachlich werden die Begriffe Betrieb und Unternehmen oft als Synonyme verwendet. In der Betriebswirtschaftslehre wird der Begriff Betrieb für den Ort der physischen Leistungserstellung verwendet, während im Gegensatz hierzu das Unternehmen die hierzu übergeordnete rechtliche Einheit darstellt. Ein Unternehmen wie die Daimler AG kann mehrere Betriebe, wie z.B. die Werke in Untertürkheim, Sindelfingen, Bremen oder Rastatt, umfassen. *(Betrieb und Unternehmen)*

Die rechtliche Einheit Unternehmen kann zum einen natürliche Personen wie den Einzelkaufmann oder eine Gesellschaft bürgerlichen Rechts als Grundform eine Gesellschaft mit mehreren Handelnden oder eine Offene Handelsgesellschaft als Gesellschaft von Kaufleuten umfassen, andererseits können Unternehmen auch die Rechtsform einer Kapitalgesellschaft, wie einer Gesellschaft mit beschränkter Haftung oder einer Aktiengesellschaft, annehmen. Während bei natürlichen Personen und Personengesellschaften der Eigentümer des Unternehmens in der Regel auch die Geschäfte des Unternehmens führt bzw. zumindest beteiligt ist, ist bei Kapitalgesellschaften das Eigentum an der Gesellschaft und deren Geschäftsführung getrennt. Dem Geschäftsführer oder Vorstand der Gesellschaft obliegt die Unternehmensführung im Auftrag der Eigentümer. *(rechtliche Einheit)*

Zu den Ressourcen eines Unternehmens zählen alle tangiblen und intangiblen Vermögensgegenstände, also z.B. Maschinen und Anlagen oder finanzielle Mittel, aber auch das Wissen und die Fähigkeiten der Menschen, die in dem *(Ressourcen)*

Unternehmen arbeiten. Erst durch das Zusammenspiel der einzelnen Ressourcen entsteht das Leistungsangebot des Unternehmens. Das Leistungsangebot kann sich aus Produkten und Dienstleistungen – also materiellen und immateriellen Gütern – zusammensetzen. Dieses Angebot kann sich sowohl an andere Unternehmen (Investitionsgüter) als auch an Privatpersonen (Konsumgüter) richten. Ein weiteres Merkmal von Unternehmen ist die Arbeitsteilung. Menschen und Ressourcen übernehmen jeweils einzelne Teilaufgaben im Rahmen der Leistungserstellung. Das Zusammenspiel der Ressourcen findet seinen Ausdruck dann in der Organisation des Unternehmens und in seinen Prozessen.

wirtschaftliches System

Unternehmen operieren nicht nur innerhalb ihrer Grenzen, sondern sind über vielfältige Input- und Outputbeziehungen eng mit den für sie relevanten Märkten verflochten. Neben den – meist durch den Leistungserstellungsprozess initiierten – Input-Output-Verbindungen bestehen noch vielfältige andere Umweltbeziehungen, z.B. rechtliche oder soziokulturelle Vorgaben, wie Umweltschutzvorgaben oder arbeitsrechtliche Vorgaben, oder konjunkturelle Abhängigkeiten, die das Unternehmen beeinflussen.

Unternehmen

Zusammenfassend ist ein Unternehmen ein komplexes System von Zielen, Mitarbeitern und Aktivitäten. Es strebt die Erreichung von Zielen an, die es zuvor weitgehend autonom festlegt. Seine Mitglieder bilden ein soziales System, welches auf die Erbringung einer Leistung im offenen Austausch mit der Unternehmensumwelt ausgerichtet ist.

1.2   Grundbegriffe der Unternehmensführung

1.2.1   Die Führung

Das Hauptziel eines Unternehmens im marktwirtschaftlichen Wirtschaftssystem ist die langfristige Gewinnmaximierung. Zur Erreichung dieser Zielsetzung bedarf es einer einheitlichen Führung. Die Hauptaufgabe der Unternehmensführung liegt in der Definition und Überwachung der konkreten betrieblichen Zielsetzungen. Die Unternehmensführung erfüllt in diesem Sinne eine leitende, dispositive Führungsaufgabe. Wie bereits Erich Gutenberg herausarbeitete, unterteilt sich der Faktor Arbeit in die dispositive Arbeit (Planung, Organisation, Kontrollen etc.) und in objektbezogene Arbeit (Arbeit am Erzeugnis).

Führung bezeichnet allgemein die Entscheidungskompetenz in einer Organisation. Der Begriff „Führer" wird im deutschen Sprachgebrauch allerdings häufig mit der nationalsozialistischen Gewaltherrschaft assoziiert und ist deshalb wenig gebräuchlich. Meist wird er durch den Begriff „Leiter" oder den englischen Begriff „Manager" ersetzt.

Während der Begriff „Leiter" ausschließlich auf die Leitungsfunktion abstellt, ist die Bedeutung des englischen Begriffs „Manager" bzw. des englischen Verbs „to manage" vielfältiger.

1.2.2   Das Management

Der Begriff „to manage" bedeutet je nach Kontext etwas handhaben, etwas durchführen, etwas erledigen, etwas verwalten, aber auch etwas leiten oder etwas zustande bringen.

to manage

Dieses weite Begriffsverständnis der Aufgaben eines Managers hat breite Verwendung gefunden. Der Begriff des Managements kann in zweierlei Hinsicht unterschieden werden.

Management

In institutioneller Sicht bezeichnet das Management die mit den Aufgaben der Unternehmensführung betreuten Personen (z.B. Geschäftsführer einer GmbH). Das Management beinhaltet alle Personen oder Gruppen von Personen, die mit Weisungsbefugnis ausgestattet sind.

Heute dominiert die weiter gefasste funktionelle Sicht, welche die Unternehmensführung als den Prozess der Führung – das Management – versteht. Das Management umfasst alle Aufgaben und Handlungen der Planung, Steuerung und Kontrolle sowie der zielorientierten Gestaltung und Lenkung eines Systems.

Die Beschäftigung mit der Frage, was Management ausmacht, ist nicht neu (vgl. **Abb. 1.1**). Bereits 1916 beschrieb Henri Fayol erstmals Funktionen und Aufgaben eines Managers. Ausgehend von dessen Beobachtungen stellte Gulick 1937 die POSDCORB-Klassifikation der Managementaufgaben vor, hieraus leiteten Koontz und O'Donnell 1955 die auch heute noch mehr oder weniger geltenden fünf Management-Funktionen „Planning – Organizing – Staffing – Directing und Controlling" ab (vgl. Steinmann / Schreyögg, 1997, S. 8–9).

Funktionen des Management

Henri Fayol (1916)
1. Beschreibung von Management
POSDCORB
Planning
Organizing
Staffing
Directing
Coordination
Reporting
Budgeting

Koontz / O'Donnell (1955)
5 Management-Funktionen

Planning
Organizing
Staffing
Directing
Controlling

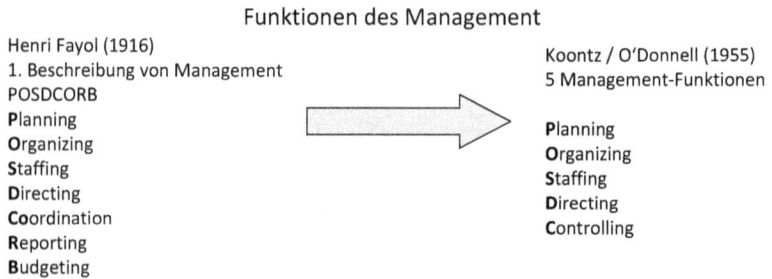

Abb. 1.1 *Entwicklungslinien des Managements*

Bei dieser Sichtweise wird die Koordinationsfunktion des Managements nicht als eine eigenständige Funktion angesehen, sondern sie wird nach diesem Verständnis funktionsübergreifend als Metaaufgabe durch eine Vielzahl unterschiedlicher Führungshandlungen bewirkt. Die fünf Managementfunktionen oder -aufgaben lassen sich wie folgt beschreiben:

1. Planning – Analyse und Planung
   umfasst die Definition der Unternehmensziele durch das Management, z.B. reales Wachstum (Marktanteil erhöhen), Qualitätsverbesserung (Werkstoffe, Personal), Kostenminimierung (Rentabilität verbessern), Verbesserung der Corporate Identity (Public Relations, Umweltschutz) sowie die Planung aller Einzelheiten der Betriebsabläufe, wie z.B. Fertigungsprogramm (Produkte, Produktionsverfahren), Personalkapazitäten, Standortfragen (Erweiterung, Schrumpfung, Verlagerung), Finanzierung, Beschaffung, Absatz.
2. Organizing – Organisation
   beinhaltet die Entscheidungen zur Wahl der Mittel und Alternativen, z.B. der Prioritätsfestlegung bezüglich der Kapazitätsauslastung, sowie Regelung der Infrastruktur zwischen den einzelnen Bereichen (Aufbau-, Ablauforganisation).
3. Staffing – Personaleinsatz und Personalwirtschaft
   legt in Kombination mit der Organisation den Einsatz der Ressource Mensch fest.
4. Directing – Mitarbeiterführung
   regelt die Verteilung der Aufgaben und deren Steuerung, z.B. durch Zielvereinbarungen.
5. Controlling – Steuerung und Kontrolle
   umfasst die Steuerung und Überwachung der betrieblichen Ablaufprozesse, z.B. die Durchführung von Soll-Ist-Vergleichen.

1.2.3 Die theoretischen Grundlagen

Bei der Beschreibung der Konzepte der Unternehmensführung wurde nicht nur ·
– wie oben am Beispiel der Ableitung der Managementfunktionen geschehen –
auf empirische Beobachtung erfolgreicher Unternehmen zurückgegriffen,
vielmehr hatten auch theoretische Konzepte der Unternehmensbeziehungen
und Unternehmensführung maßgeblichen Einfluss. Im Folgenden werden
stellvertretend für eine Vielzahl theoretischer Ansätze die drei bedeutendsten
Strömungen kurz vorgestellt. Im Einzelnen sind dies die:

- Industrieökonomie, diese beschäftigt sich mit der Erklärung von Beziehungen des Unternehmens zu seiner Umwelt,
- Neue Institutionenökonomie, sie ergänzt die Industrieökonomie um verhaltenswissenschaftliche Ansätze wie zum Beispiel die Principal-Agent-Theorie,
- Systemtheorie, hier werden Unternehmen als System mit ineinander verzahnten Regelkreisen verstanden.

Die Industrieökonomie untersucht die Leistungsfähigkeit von Branchen. Im **Industrieökonomie**
Mittelpunkt stehen Analysen, welche die Größenstruktur, die Anbieterkonzentration oder die Wettbewerbsintensität einzelner Branchen untersuchen. Dieser
Ansatz beruht auf den Grundannahmen, dass

- Unternehmen überdurchschnittlich erfolgreich sind, wenn sie sich besser an veränderte Rahmenbedingungen anpassen als ihre Mitwettbewerber;
- alle Unternehmen eines bestimmten Branchensegments grundsätzlich die gleiche Strategie verfolgen und über eine ähnliche Ressourcenausstattung verfügen;
- die Ressourcen mobil sind und entsprechend alle Unternehmen grundsätzlich Zugriff hierauf haben;
- die Führungskräfte rational im Interesse des Unternehmens entscheiden.

Bezüglich der Wettbewerbsintensität ist die Marktstruktur, insbesondere die
Anzahl der auf diesem Markt aktiven Anbieter und Nachfrager, von entscheidender Bedeutung. Während die Idealvorstellung eines vollkommenen Wettbewerbs in der Regel eine Polypolsituation annimmt, sind in der Praxis auch
vielfältige oligopol- oder monopolartige Situationen anzutreffen.

In den 1980er-Jahren erlebte der Ansatz der Industrieökonomie mit der Wett- **Wettbewerbsanalyse**
bewerbsanalyse von Porter eine Renaissance. Die Wettbewerbsanalyse analysiert die Wettbewerbskräfte und die Attraktivität einer Branche und leitet daraus die Wettbewerbsstrategie für das jeweilige Unternehmen ab.

Eine weitere Ergänzung stellten die ressourcenorientierten Ansätze dar, wäh- **ressourcenorientierte**
rend die Industrieökonomie das Marktgeschehen betrachtet und annimmt, dass **Unternehmensführung**

die Ressourcenausstattung ähnlich ist, konzentriert sich der ressourcenorientierte Ansatz auf die Analyse der zur Verfügung stehenden internen Ressourcen und Kompetenzen und versucht, hieraus Aussagen für die geeignete Strategieformulierungen abzuleiten.

Neue Institiutionenökonomie

Die Neue Institutionenökonomie weist darauf hin, dass zahlreiche ökonomische Aktivitäten innerhalb des Unternehmens vollzogen und nicht durch den Markt geregelt werden. Während die Industrieökonomie davon ausgeht, dass die Führungskräfte rational im Interesse des Unternehmens handeln und damit eigentlich das Entstehen von Unternehmen nicht erklären können, da der vollkommene Markt in eine polypolartige Situation führen müsste, gehen die Vertreter der Neuen Institutionenökonomie davon aus, dass die Entstehung von Institutionen (in unserem Fall von Unternehmen) durch die Existenz von Koordinationskosten verursacht wird. Die Koordinationskosten fallen an, da die Annahme vollkommener Konkurrenz und Rationalität nicht zutrifft. Fähigkeiten, Wissen und Informationen sind ungleich verteilt und die Beschaffung, die Nutzung und der Schutz von Informationen sind immer mit Kosten verbunden (vgl. Macharzina, 2008, S. 54). Die bekanntesten Ausprägungen der Neuen Institutionenökonomie sind der Transaktionskostenansatz und die Principal-Agent-Theorie.

Transaktionskostenansatz

Der Transaktionskostenansatz beschäftigt sich mit effizienten Koordinationsmechanismen zur Strukturierung von Transaktionen. Hierbei wird als Transaktion nicht der eigentliche Leistungsaustausch von Gütern und Dienstleistungen betrachtet, sondern die zeitlich vorgelagerte Verhandlung und Vereinbarung dieses Leistungsaustausches. Bei einer Transaktion fallen Transaktionskosten an, z.B. in Form von Informations- und Kommunikationskosten für die Anbahnung, die Vereinbarung, die Abwicklung und die Kontrolle der Leistungsbeziehung. Die Höhe der Transaktionskosten wird durch die Spezifität der benötigen Produktionsfaktoren in Form von spezifischem Wissen und Fähigkeiten sowie der Unsicherheit der Transaktion, z.B. in Form von Versicherungsprämien, beeinflusst. Praktische Anwendungsfelder der Transaktionskostentheorie sind Fragestellungen der Eigenfertigung bzw. des Fremdbezugs (Make-or-Buy-Entscheidungen).

Principal-Agent-Theorie

Die Principal-Agent-Theorie befasst sich mit Problemen, die durch unvollkommene Informationen im Rahmen von Aufgabendelegations- und Kooperationsbeziehungen entstehen. Hierbei führt ein Auftragnehmer (Agent) mit bestimmten Entscheidungskompetenzen eine Aufgabe für einen Auftraggeber (Principal) aus. Auf diese Weise lassen sich institutionelle Auftragsbeziehungen beschreiben. Ein wesentliches Element ist hier die Annahme der asymmetrischen Information. Ein sog. „Hidden Characteristics" liegt vor, wenn der Prinicpal eine wesentliche Eigenschaft des Agenten vor Vertragsschluss nicht in Erfahrung bringen kann. Dies birgt die Gefahr, den falschen Vertragspartner zu wählen. Kann nach Abschluss des Vertrages der Principal die Leistung des

Agenten nicht beobachten oder mangels Sachkenntnis beurteilen, wird diese Situation als „Hidden Action" bezeichnet. Hier besteht die Gefahr, dass der Agent seine Leistungsanstrengungen vermindert. Wenn der Principal zwar die Leistungen beobachten kann, aber die wahren Absichten nicht erkennen kann, besteht die Gefahr, dass durch Vorleistungen bereits ein Abhängigkeitsverhältnis aufgebaut wurde („Hidden Intention"). Die Principal-Agent-Theorie versucht, für alle diese Asymmetrien konkrete Gestaltungsempfehlungen auszusprechen. Ein Entscheidungskriterium sind hierbei die Agency-Kosten, die sich aus Kontrollkosten, aber auch möglichen Verlusten zusammensetzen. Praktische Anwendung findet die Principal-Agent-Theorie in den aktuellen Empfehlungen zur Corporate Governance, z.B. im Deutschen Corporate Governance Codex.

Ein System besteht aus Elementen, die miteinander in Beziehung stehen und einen gemeinsamen Zweck verfolgen. Die Systemtheorie beschäftigt sich mit Fragen nach gemeinsamen Eigenschaften, dem Verhalten und der Entwicklung von Systemen. *Systemtheorie*

In ein System gehen verschiedene Inputfaktoren ein, das System erzeugt hieraus ein Ergebnis, den Output. Damit dieses System auf ein Ziel hin ausgerichtet wird, erfasst die Steuerung mögliche Störgrößen, welche auf das System einwirken können. Wird eine Störung festgestellt, so wirkt die Steuerung auf das System durch Stellgrößen korrigierend ein. *Steuerung*

Die Regelung unterscheidet sich von der Steuerung dadurch, dass der Output des Systems überwacht wird. Die Information wird erst nach Durchlauf des Systems erhoben, weshalb hier von Rückkopplung gesprochen wird. Der Regler vergleicht, ob das Ergebnis mit dem Ziel übereinstimmt und greift bei Abweichungen ein. *Regelung*

Während bei der Steuerung auf die Einflussnahme eines anderen Systems – den Störgrößen – reagiert wird, orientiert sich die Regelung an den Zustandsvariablen des eigenen Systems (vgl. Niemeyer, 1977, S. 161–165, siehe auch **Abb. 1.2**).

Steuerung

Regelung

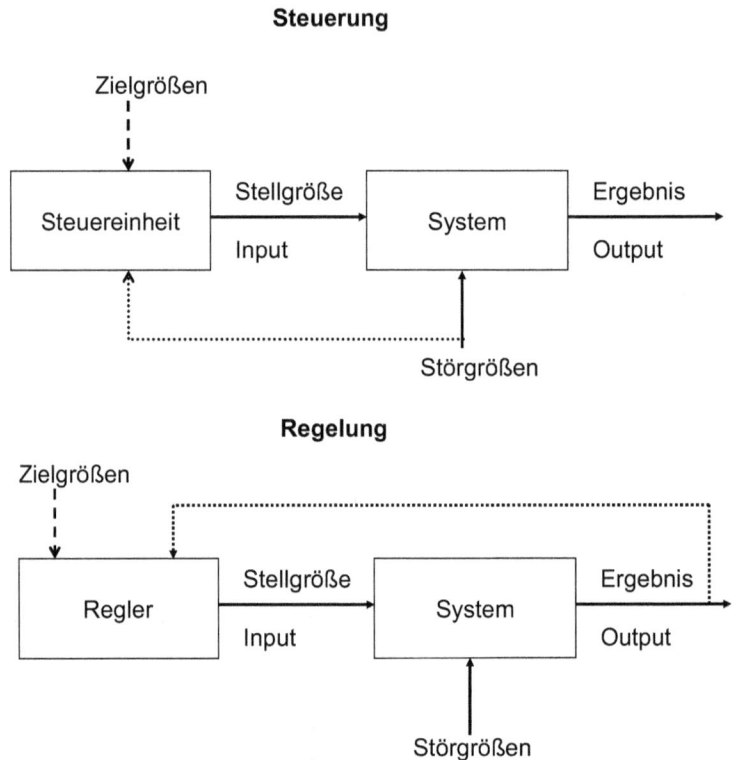

Abb. 1.2   Steuerungs- und Regelungsprinzip

Ein komplexes System ist kompliziert und dynamisch, da es aus vielen verschiedenen Systemelementen und Beziehungen besteht, die sich im Zeitablauf
ändern. In diesem Sinne sind Unternehmen komplexe Systeme aus Technik
und Menschen. Da die Mitarbeiter auch Eigeninteressen verfolgen, ist ein
Unternehmen ein komplexes sozio-technisches System.

1.3   Aufgaben der Unternehmensführung

Wie dargestellt, unterliegt der Begriff der Unternehmensführung einem Wandel: ursprünglich als Bezeichnung für die leitenden Organe des Unternehmens
(z.B. Inhaber, Geschäftsführer, Vorstand) verwendet, umfasst er heute immer
mehr die Summe der planerischen und gestalterischen Aktivitäten eines Unternehmens. Unternehmensführung beschreibt die Strategien und Vorgehenswei-

sen, mit denen sich ein Unternehmen auf dem Markt positioniert und dabei gleichzeitig versucht, Alleinstellungsmerkmale herauszustellen.

Unternehmensführung hat sich somit von einer Institution zu einer Aufgabe entwickelt. Die Unternehmensführung bezeichnet also nicht mehr die Institution des Vorstandes einer Aktiengesellschaft, sondern vielmehr die Aufgaben, die dieses Führungsgremium wahrnimmt, um den Unternehmenserfolg sicherzustellen.

Dabei berücksichtigt die Unternehmensführung eine Reihe von Fragestellungen:

- Welche Visionen und Ziele stehen im Vordergrund?
- Welches Marktsegment ist attraktiv?
- Welche Leistungen können angeboten werden?
- Welche Wettbewerbsvorteile können genutzt werden?
- Wie erfolgen Planung und Erfolgskontrolle?
- Welche innere Struktur und Organisation ist nötig?
- Welche finanziellen Voraussetzungen und Parameter sind zu berücksichtigen?
- Welche Ressourcen stehen zur Verfügung?

Diese detaillierten Fragen münden in einer grundlegenden Fragestellung, die für jedes Unternehmen gleichermaßen gilt: Wie wird das Wachstum generiert, das für die langfristige Sicherung des Unternehmens notwendig ist?   *Wachstum*

Dieses Wachstum wird für eine weitere Maxime für Unternehmen in marktwirtschaftlichen Wirtschaftssystemen benötigt: die langfristige Gewinnmaximierung. Für eine kurzfristige Gewinnmaximierung mögen Instrumente wie das Zurückstellen von Investitionen oder das Generieren einmaliger Kostensenkungseffekte geeignet sein, die langfristige Gewinnmaximierung kann nur durch ein stetiges Wachstum und über die Gewinnung von zusätzlichen Märkten erfolgen.   *langfristige Gewinnmaximierung*

Basierend auf diesen Parametern lässt sich der in **Abb. 1.3** Zusammenspiel der Aufgaben der Unternehmensführung" dargestellte Regelkreis der Unternehmensführung ableiten: nur das optimale Zusammenspiel aller Kriterien wird den Gesamterfolg sicherstellen.

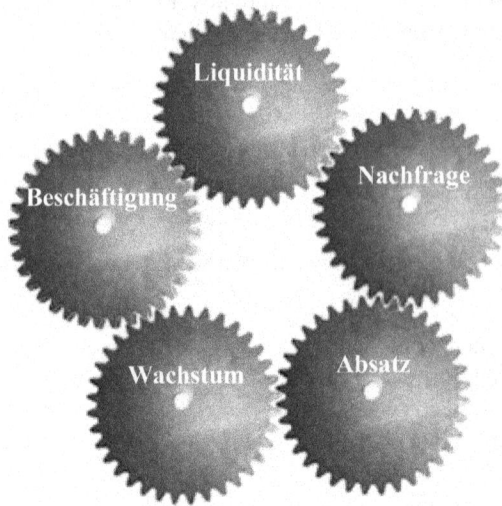

Abb. 1.3 *Zusammenspiel der Aufgaben der Unternehmensführung*

1.4   Regelkreis der Unternehmensführung

1.4.1   Der Begriff Unternehmensführung

Der Begriff Unternehmensführung besteht aus den Begriffen „Unternehmen"
und „Führung". Das Unternehmen wird durch die in Kapitel 1.1 dargestellten
Elemente und Aufgaben beschrieben, während Führung funktional definiert
werden kann und alle Aufgaben und Handlungen zur Führung eines Systems,
hier eines Unternehmens, umfasst. Die Unternehmensführung „führt" allerdings nicht nur Mitarbeiter, sondern bezieht sich auch auf alle anderen Elemente im Wertschöpfungsprozess und wird deshalb insbesondere in amerikanischen Unternehmen auch als General Management bezeichnet.

Die Literatur weist die unterschiedlichsten Definitionen für Unternehmensführung auf. Nachfolgend werden einige Definitionen im Überblick genannt:

„Unternehmensführung umfasst alle Aufgaben und Handlungen der Planung,
Steuerung und Kontrolle zur zielorientierten Gestaltung eines Unternehmens"
(Dillerop / Stoi, 2006, S. 8).

„Unternehmensführung bezeichnet alle Entscheidungen und Maßnahmen der zur Unternehmensführung autorisierten Akteure die,

- die Entwicklung und den Einsatz von Ressourcenpotenzialen (Ressourcenperspektive),
- die effizienzorientierte Gestaltung unternehmensinterner und unternehmensübergreifender institutioneller Strukturen (Institutionenperspektive),
- die Beeinflussung der Wettbewerbsverhältnisse in einem Markt durch Auswahl geeigneter Produkt-Markt-Kombinationen und Wettbewerbsstrategien sowie die Anpassung des Unternehmens an die Gegebenheiten seiner Branche (Marktperspektive).

sowie die Abstimmung der drei Perspektiven zur Verbesserung der Zielerreichung des Unternehmens bezwecken" (Burr et. al., 2004, S.1).

„Unternehmensführung ist ein System von Steuerungsaufgaben, die bei der Leistungserstellung und -sicherung in arbeitsteiligen Systemen erbracht werden müssen" (Steinmann / Schreyögg, 2005, S.7)

Zusammenfassend bezeichnet Unternehmensführung alle Entscheidungen und Maßnahmen der zur Unternehmensführung autorisierten Akteure, die in Analogie zum klassischen Managementprozess systematisch in einer bestimmten Abfolge durchlaufen werden.

- Dieser Managementkreis beginnt mit dem Auftrag der Unternehmenseigner an die Unternehmensleitung. Hierzu ist zunächst die strategische Position des Unternehmens zu analysieren, darauf aufbauend geeignete Strategien abzuleiten und festzulegen.
- Entsprechend des Unternehmensauftrags ist im zweiten Schritt ein Unternehmensplan, der gleichzeitig auch die Basis jeder Art von Steuerung im Unternehmen darstellt, zu erstellen.
- Die Planung orientiert sich an den betrieblichen Strukturen. Diese Strukturen lassen sich durch die Organisationsstrukturen beschreiben.
- Die Aufgabe der Mitarbeiter des Unternehmens ist die Umsetzung des Auftrags der Unternehmensführung, ihr Weg für diese Umsetzung ist ein wesentlicher Auftrag der Führung.

Diese vier Phasen der Unternehmensführung sind im Sinne eines Regelkreises miteinander verbunden.

1.4.2   Der Regelkreis der Unternehmensführung

Die **Abb. 1.4** verdeutlicht zum einen den Regelkreis der Unternehmensführung, zum anderen zeigt sie auch die weiteren Gliederungspunkte dieses Buches.

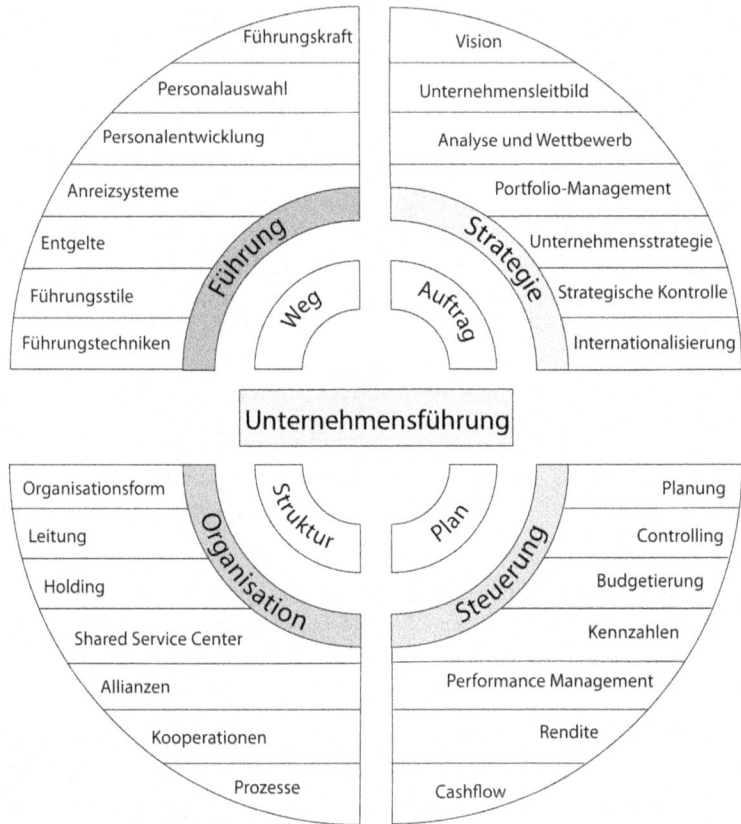

Abb. 1.4   *Grundlagen und Aufgaben der Unternehmensführung*

Dabei führt der Weg jeweils vom inneren zum äußeren Kreissegment und von dort zur nächsten Phase der Unternehmensführung:

–   der Unternehmensauftrag bestimmt die Strategie;
–   aus der Strategie wird der Plan abgeleitet, der wiederum die Steuerungsmechanismen definiert;
–   die Summe der Steuerungsmechanismen ergeben die Unternehmensstruktur, aus der die Unternehmensorganisation entsteht;
–   die Organisation ist die Basis für den Weg der Umsetzung der Unternehmensziele, diese Umsetzung wird maßgeblich durch die Führung beeinflusst.

Hier werden auch die Abhängigkeiten der einzelnen Elemente des Regelkreises deutlich. Die Definition der Unternehmensstrategie wird wesentlichen Einfluss auf die Organisationsform haben. Im Umkehrschluss existiert sogar

der Fall, dass eine gegebene Organisationsform maßgeblich die Strategie beeinflussen kann. Cashflow und Entgelt der Mitarbeiter hängen direkt miteinander zusammen und können sich gegenseitig limitieren. Die Wettbewerbsstrategie wird durch Kooperationen bestimmt und Allianzen können das Produkt-
portfolio verändern.

Es bleibt jedoch festzuhalten, dass der in **Abb. 1.4** dargestellte Regelkreis bei
der Strategie beginnt und sich dann im Uhrzeigersinn weiterentwickelt. Die
Ableitung der unternehmerischen Vision in eine Unternehmensstrategie muss
die Basis für alle weiteren Aktivitäten der Unternehmensführung sein. In diesem Sinn sind auch die folgenden Kapitel des Buches gegliedert: Strategie,
Steuerung, Organisation und Führung.

1.5   Verständnisfragen

1. Welche Merkmale kennzeichnen ein Unternehmen?

2. Was bedeuten die Begriffe „Führung" und „Management" und in welchem
   Zusammenhang stehen diese Begriffe zueinander?

3. Wie lassen sich die klassischen Managementfunktionen voneinander unterscheiden?

4. Welcher theoretische Ansatz zur Unternehmensführung beschäftigt sich
   insbesondere mit der Problematik der „unvollkommenen" Information?

5. Unternehmen werden häufig auch als Systeme beschrieben. Wie unterscheiden sich die zentralen Begriffe der Systemtheorie, Steuerung und Regelung voneinander?

6. Welche Aufgaben der Unternehmensführung können unterschieden werden?

7. Definieren Sie den Begriff Unternehmensführung?

8. Welche Phasen des Regelkreises der Unternehmensführung sind in welcher
   Reihenfolge zu durchlaufen?

1.6 Weiterführende Literaturhinweise

Burr, W. et. al.: Unternehmensführung, München 2005.

Dillerup, R. / Stoi, R.: Unternehmensführung, 2. Aufl., München 2007.

Hungenberg, H. / Wulf, T.: Grundlagen der Unternehmensführung, 3. Aufl., Berlin 2007.

Jung, R. H. / Bruck, J. / Quarg S.: Allgemeine Managementlehre, 3. Aufl., Stuttgart 2009.

Macharzina, K. / Wolf, J.: Unternehmensführung, 6. Aufl., Wiesbaden 2008.

Steinmann, H. / Schreyögg G.: Management. Grundlagen der Unternehmensführung, 6. Aufl., Wiesbaden 2005.

2 Die Unternehmensstrategie

2.1 Vision und Leitbild

2.1.1 Die unternehmerische Vision

Erfolgreichen Unternehmensführern wird häufig das Prädikat *Visionär* zugeschrieben. Steve Jobs von Apple oder Bill Gates von Microsoft gelten als solche Visionäre, die mit völlig neuen Ideen dauerhaft neue Märkte erschlossen und dabei teilweise sogar unsere Gesellschaft verändert haben. Visionäre können auch scheitern – Jürgen Schrempps Idee vom Weltkonzern DaimlerChrysler scheiterte ebenso wie die Vision eines Hartmut Mehdorns vom Börsengang der Deutschen Bahn AG im Jahr 2008.

Visionen müssen nicht immer etwas völlig Neues zum Inhalt haben, auch die Umsetzung einer grundlegenden Veränderung, ein Paradigmenwechsel, kann visionär sein. Lou Gerstner hatte eine solche Vision, als er 1993 die Führung der Firma IBM übernahm. Aus einem maroden Hardware-Hersteller, der im Jahr 1992 mit 5 Mrd. USD den bis dahin höchsten Unternehmensverlust eines US-Unternehmens erlitten hatte, entwickelte er in nur wenigen Jahren einen hoch profitablen Lösungs- und Technologie-Anbieter. Seine Vision war der Wandel vom Hardware-Hersteller zu einem serviceorientierten Unternehmen, weil er dort zu recht das zukünftige Wachstumspotential für IBM erkannt hat.

Aus solchen Visionen können langfristige Unternehmensziele abgeleitet werden. Eine Vision muss sich deutlich vom Tagesgeschäft und den dazugehörigen Quartals- oder Jahreszielen abheben und eher einen qualitativen als quantitativen Charakter haben. Visionen können völlig unterschiedlicher Natur sein: der Pharmakonzern arbeitet an der Vision einer umfassenden Impfmöglichkeit gegen Krebserkrankungen, der Handwerksmeister möchte mit seiner Schreinerei der lokale Marktführer für hochwertige Möbel-Einzelstücke werden. Beide

Visionär

Paradigmenwechsel

Unternehmensziele

haben eines gemeinsam – sie haben eine individuelle und herausfordernde unternehmerische Vision vor Augen.

Diese Visionen sind entscheidend für den zukünftigen Erfolg eines Unternehmens, denn nur aus solchen Visionen heraus wird die Kreativität freigesetzt, um Neues oder Veränderungen realisieren zu können. Die Vision beschreibt das oberste Ziel des Unternehmens, nicht den Weg dorthin – letzteres ist dann Aufgabe der strategischen Umsetzung. **Abb. 2.1** zeigt den Weg von der Vision an der Spitze bis zur Umsetzung der daraus resultierenden Strategien in der Breite des Unternehmens.

Abb. 2.1 *Der Weg von der Vision zur Umsetzung*

2.1.2   Das Unternehmensleitbild

normativer Rahmen

Neben der unternehmerischen Vision und den daraus abgeleiteten Zielen spielt auch der normative Rahmen der Unternehmensführung eine wichtige Rolle. Dieser normative Rahmen beschreibt die im Unternehmen geltenden Grundsätze hinsichtlich der Unternehmensverfassung bzw. Unternehmenskultur. Der Schwerpunkt liegt hierbei auf den dauerhaften, konstitutiven Werten, denen sich ein Unternehmen verpflichtet fühlt. Bei der Unternehmensverfassung spricht man auch von der inneren Ordnung eines Unternehmens, die den Umgang im Unternehmen untereinander (Mitarbeiter und Führungskräfte) aber auch gegenüber dem Markt (Kunden und Lieferanten) regelt und damit auch

die von allen Mitgliedern eines Unternehmens gemeinsam getragenen Grund-
überzeugungen beschreibt.

Das Unternehmensleitbild fasst diesen normativen Rahmen und die Vision mit
den daraus abgeleiteten Unternehmenszielen zusammen und kommuniziert sie
nach außen (vgl. Renker, 2008, S. 93–94). Damit beinhaltet das Leitbild neben
der langfristigen Zielvorstellung des Unternehmens auch die Ausformulierung
der Unternehmenskultur.

Innerhalb des Unternehmensleitbildes werden üblicherweise folgende The-
mengebiete angesprochen:

– unternehmerische Vision und abgeleitetes Unternehmensziel,
– Unternehmensstruktur und Eigentümer,
– Produkte und Dienstleistungen,
– Leitlinien für das persönliche Verhalten einer Führungskraft gegenüber
   Mitarbeitern,
– Darstellung der Außenbeziehungen,
– soziales und gesellschaftliches Engagement.

Somit kann das Unternehmensleitbild ein breites Spektrum von Adressaten
ansprechen und informieren:

– Investoren
– Bewerber
– Kunden und Lieferanten

Das Unternehmensleitbild – teilweise auch als Unternehmenswerte bezeichnet
– hat in den letzten Jahren insbesondere durch die Internetpräsenzen der Unternehmen eine große Verbreitung gefunden. Insbesondere mittelständische
Unternehmen nutzen dieses Instrumentarium auch, um ihren Führungsan-
spruch zu dokumentieren.

2.2   Analyse und Wettbewerb

2.2.1   Die Umweltanalyse

Die Voraussetzung für jede Planung ist die Analyse. Somit muss auch vor der   externes Umfeld
Festlegung der Unternehmensstrategie das externe Umfeld analysiert werden,
in dem sich das Unternehmen bewegt oder bewegen soll. Das Ergebnis der
Umweltanalyse wird dann Chancen beschreiben, die das Unternehmen wahrnehmen kann und Risiken aufzeigen, die das Unternehmen berücksichtigen
und möglichst minimieren muss. Dabei untersucht die Umweltanalyse nicht

nur das aktuelle Umfeld, sondern bezieht auch lokale und globale Entwicklungen und Trends mit ein.

Die Umweltanalyse konzentriert sich im Wesentlichen auf folgende Faktoren:

1. politisch-rechtliche Faktoren
2. soziokulturelle Faktoren
3. technologische Faktoren

Daneben werden in der Umweltanalyse auch die klassischen volkswirtschaftlichen Parameter der Makro- und Mikroökonomie betrachtet.

natürliche Umwelt Häufig wird auch die natürliche Umwelt als eigenständiger Faktor der Umweltanalyse genannt. Hierzu gehören Problembereiche wie die Verschwendung der natürlichen Ressourcen oder die aktuellen Diskussionen zum Thema CO_2-Emissionen. Jedoch sind diese Themen inzwischen so stark in die politisch-rechtlichen und soziokulturellen Faktoren eingeflossen, dass eine losgelöste Betrachtung nicht mehr zwingend notwendig erscheint.

Politisch-rechtliche Faktoren

politische Rahmenbedingungen Der Einfluss der Politik und der Gesetzgebung auf das wirtschaftliche Umfeld und damit auf die Rahmenbedingungen, in denen sich ein Unternehmen bewegt, nimmt stetig zu. Konjunkturprogramme können innerhalb von Wochen ganze Märkte beeinflussen (Beispiel Abwrackprämie zur Ankurbelung des Neuwagenverkaufs in Deutschland 2009) und die laufende Rechtsprechung verändert die Kalkulationsbasis ganzer Branchen (Beispiel Deregulierung des Telekommunikationsmarktes mit ständiger Veränderung der Durchleitungsgebühren).

Aber nicht nur inländische Aspekte sind hierbei zu berücksichtigen. Die Etablierung oder auch die Aufhebung nationaler Marktbarrieren (Einfuhrbeschränkungen, Zölle) hat für die Bewertung eines globalen Marktes eine wesentliche Bedeutung wie auch internationale Festlegungen von Umweltstandards.

Soziokulturelle Faktoren

Das Angebot von gegrillten Heuschrecken wird auf dem deutschen Lebensmittelmarkt sicherlich keinen durchschlagenden Erfolg haben. Das liegt aber nicht daran, dass Heuschrecken etwa ungesund wären (sie zeichnen sich im Gegenteil durch einen hohen Eiweißgehalt aus), oder dass ihr Genuss in Deutschland unerwünscht oder verboten wäre (also keine politisch-rechtliche Einschränkung). Es ist vielmehr der Umstand, dass die Heuschrecke in unserem Kulturkreis praktisch nicht (oder noch nicht) als Nahrungsmittel akzeptiert ist und es somit auch kaum Nachfrage danach gibt.

Soziokulturelle Faktoren können verschiedenen Ursprungs sein:

- nationale Ausprägungen (in Deutschland wird im Verhältnis wesentlich weniger für Nahrungsmittel ausgegeben als z.B. in unseren Nachbarländern Frankreich und Italien)
- religiöse Ausprägungen (Kleidungsvorschriften beeinflussen das Warenangebot)
- ökonomische Ausprägungen (in Schwellenländern steht der direkte Nutzen eines Produktes klar vor Form, Design und technischer Raffinesse)

Technologische Faktoren

Zusätzlich zu den politisch-rechtlichen und soziokulturellen Faktoren beeinflusst der technologische Fortschritt die Umweltanalyse. Die Betrachtung des technologischen Fortschritts kann sich nicht mehr auf eine nationale oder regionale (z.B. Europa) Sichtweise beschränken. Ebenso darf sich der Blick nicht nur auf die eigene Branche konzentrieren, da viele technologische Neuerungen in einem ganz anderen Umfeld entwickelt wurden und dann in einem zweiten Schritt auf andere Branchen und Wirtschaftszweige ausstrahlten (aus dem Geldausgabeautomaten der Banken haben sich komplette Check-in und Kiosk-Systeme entwickelt). Im Vordergrund der Betrachtung des technologischen Fortschritts steht häufig die Entwicklung im Umfeld der Elektronik: Beispiele wie der Zusammenbruch des Schreibmaschinenmarktes Ende der 1980er-Jahre oder die Ablösung von Musik-Kassetten durch MP3 lassen sich beliebig fortführen. Aber auch dies ist nur ein Aspekt innerhalb der technologischen Faktoren, da sich auch viele andere Wirtschaftssegmente ständig dem technologischen Fortschritt stellen müssen: von der Textilindustrie (wasserdichte Fasern „Gore-Tex") über die Herstellung von Lacken in der chemischen Industrie (schmutzabweisende Lacke durch den Lotusblumen-Effekt) bis hin zur Gentechnik, die immer stärker die Gesundheits- und Nahrungsmittelbranche beeinflusst.

technologischer Fortschritt

Es lassen sich rückblickend eine Vielzahl von Branchen und Unternehmen identifizieren, die dem technologischen Wandel nicht ausreichend Rechnung getragen haben und dadurch auf dem Markt nicht mehr existent sind:

- Kleinbild-Fotoapparate (Beispiel Rollei)
- Musikkassetten (Beispiel Walkman von Sony versus iPod von Apple)
- mechanische Uhren (mit Ausnahme des Hochpreissegmentes)

Es gibt aber auf gegenläufige Bewegungen, die gerade durch den Verzicht auf den technologischen Fortschritt erfolgreich sind:

- Spielzeug aus natürlichen Materialien (z.B. Holz)
- ökologisch orientierte Nahrungsmittelherstellung

Diese Beispiele zeigen, dass die Berücksichtigung der technologischen Faktoren einen wesentlichen Bestandteil der Umweltanalyse darstellt. Die Erfahrung zeigt, dass Branchen und Unternehmen, die diesen technologischen Faktoren nur eine untergeordnete Bedeutung zugemessen haben, sehr schnell in wirtschaftliche Probleme geraten oder gar ganz vom Markt verschwunden sind. Es kann aber in Einzelfällen auch erfolgreich sein, sich in seiner Unternehmensstrategie bewusst gegen den technologischen Fortschritt zu positionieren. Aber gerade solche Entscheidungen basieren dann auf einer genauen Analyse der technologischen Faktoren und deren gesellschaftlichen Auswirkungen.

Makro- und mikroökonomische Faktoren

volkswirtschaftliche Faktoren

Beide Begriffe entstammen der Volkswirtschaft und bezeichnen zwei verschiedene Sichtweisen auf einen Markt: Die Makroökonomie betrachtet die Entwicklung und Leistungsfähigkeit einer Gesamtwirtschaft (z.B. die Gesamtwirtschaft Deutschlands), während sich die Mikroökonomie auf das Verhalten einzelner Haushalte und Unternehmen konzentriert. Bei den makroökonomischen Faktoren werden Tendenzen wie die Entwicklung des Bruttoinlandsprodukts oder auch Veränderungen des demografischen Faktors untersucht und fließen somit in die strategischen Entscheidungen ein. Innerhalb des mikroökonomischen Faktors sind Marktmechanismen bei einer Verknappung oder einem Überangebot von Ressourcen und Gütern von Interesse, die ebenfalls in der zu entwickelnden Unternehmensstrategie berücksichtigt werden müssen.

2.2.2   Die Wettbewerbsanalyse

Competitive Strategy

Die dargestellte Analyse der Umwelteinflüsse berücksichtigt in ihrem Ansatz nicht, dass auch andere Unternehmen im ausgewählten Umfeld tätig sein werden. Daher muss die Umweltanalyse durch den zusätzlichen Aspekt der Wettbewerbsanalyse ergänzt werden. Die Wettbewerbsanalyse berücksichtigt die Marktfaktoren, die durch das Umfeld *Unternehmen – Kunde – Wettbewerb* beeinflusst werden. Porter hat bereits 1980 vier grundlegende Triebkräfte des Wettbewerbs definiert (vgl. Porter, Competitive Strategy, 1980):

- potenzielle Neuanbieter
- Verhandlungsmacht der Kunden
- Verhandlungsstärke der Lieferanten
- Gefahr durch Ersatzprodukte

Ergänzt werden diese Faktoren um das Verhalten der Wettbewerber untereinander. Häufig werden auch staatliche Einflüsse in der Wettbewerbsanalyse aufgegriffen, die aber in der hier vorliegenden Betrachtung bereits den politisch-rechtlichen Faktoren der Umweltanalyse zugeordnet wurden.

Zusammengefasst zeigt **Abb. 2.2** das Zusammenspiel der zu untersuchenden Wettbewerbsfaktoren, was auch als Basis für die folgenden Ausführungen verwendet wird.

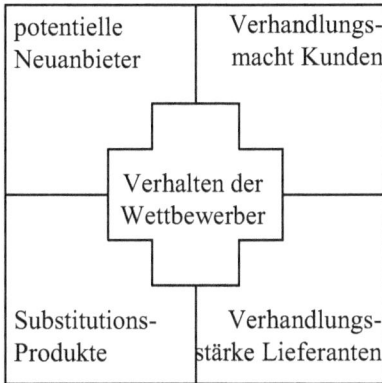

```
┌─────────────────┬─────────────────┐
│ potentielle     │ Verhandlungs-   │
│ Neuanbieter     │ macht Kunden    │
│         ┌───────┴───────┐         │
│         │ Verhalten der │         │
│         │ Wettbewerber  │         │
│         └───────┬───────┘         │
│ Substitutions-  │ Verhandlungs-   │
│ Produkte        │ stärke Lieferanten │
└─────────────────┴─────────────────┘
```

Abb. 2.2   *Elemente der Wettbewerbsanalyse*

Verhandlungsmacht der Kunden

Im Mittelpunkt der Analyse steht die Verhandlungsposition der Kunden. Besitzen sie ein Oligopol oder gar ein Monopol im jeweiligen Marktsegment (z.B. Stromanbieter in Deutschland), dann schwächt dies die Position des Anbieters deutlich, da der Anbieter nur auf einen oder wenige Kunden als potentielle Abnehmer zurückgreifen kann und somit kaum Ausweichmöglichkeiten auf andere Kunden existieren. Die Schwäche des weltweiten Automobilabsatzes im Jahr 2009 schlug mit nur kurzem Zeitversatz direkt auf die Branche der Automobilzulieferer durch, die durch die Spezialisierung ihrer Produkte auf den Automobilsektor praktisch keine Ausweichmöglichkeiten in andere Branchen realisieren konnten.

Monopol / Oligopol

Die Verhandlungsmacht der Kunden steigt auch mit dem Standardisierungsgrad der angebotenen Produkte und Dienstleistungen. Je höher diese Standardisierung ist, desto austauschbarer ist das angebotene Produkt für den Kunden austauschbar, was Alleinstellungsmerkmale eines Lieferanten sehr erschwert und häufig nur noch über zusätzliche Dienstleistungen definierbar sind. Ein Beispiel hierfür ist der PC-Markt. Hier sind die Produkte der einzelnen Anbieter technisch so austauschbar, dass ein Kunde ohne großen Aufwand von einem Anbieter zum anderen wechseln kann. Für solche austauschbaren Produktumgebungen wird auch häufig der englische Begriff der „Commodity-Products" verwendet.

Standardisierung

Von großem Einfluss auf die Verhandlungsmacht des Kunden ist auch die Transparenz des Anbietermarktes. Im beschriebenen Beispiel des PC-Marktes können die Produkte bis herunter auf die verwendeten Einzelkomponenten und deren Preisstrukturen eingeordnet und somit verglichen werden, was eine völlige Transparenz des Anbietermarktes zur Folge hat. In einem Umfeld, in dem diese Transparenz nicht so offensichtlich ist (z.B. hochkomplexer Industrieanlagenbau), verringert sich diese spezielle Verhandlungsmacht der Kunden.

Eine besondere Rolle spielt der Einfluss des Produktes auf das jeweilige Endprodukt des Kunden. Ist das Endprodukt des Kunden in großem Maße abhängig vom Produkt oder von der Dienstleistung des Lieferanten, so wird zum einen die Preissensibilität des Kunden steigen, da der Preis des Lieferanten einen erheblichen Einfluss auf die Gesamtkosten des Kunden haben wird. Zum anderen steigt aber mit der Abhängigkeit am Gesamtprodukt die Bedeutung des Lieferanten. Dieser kann dann stärker eventuelle Alleinstellungsmerkmale in die Diskussionen mit dem Kunden einbringen.

Verhandlungsstärke der Lieferanten
Die Verhandlungsstärke der Lieferanten ist fast spiegelbildlich zur Verhandlungsmacht der Kunden – unter genau umgekehrten Vorzeichen.

Vorwärtsintegration Eine zusätzliche Gefahr geht von Lieferanten aus, die sich in die Wertschöpfungsaktivitäten ihrer Kunden hinein entwickeln wollen und sich somit vom Status eines reinen Zulieferers weiterentwickeln wollen. Dabei treten sie dann in den direkten Wettbewerb ihrer Kunden. Man nennt dies auch Vorwärtsintegration – ein Unternehmen übernimmt Fertigungsstufen.

Potenzielle Neuanbieter
Markteintrittsbarrieren Jeder neue Anbieter in einem Markt stellt grundsätzlich ein Risiko für die existierenden Marktteilnehmer dar. Generell gewinnen Märkte für die etablierten Marktteilnehmer an Attraktivität, je höher die Markteintrittsbarrieren für solche potenziellen Neuanbieter sind.

Markteintrittsbarrieren können struktureller Art (Betriebsgrößen, Kapitalbedarf) oder strategischer Art (Kundenloyalität, Exklusivität von Vertriebskanälen, Umstellungsaufwand für Kunden) sein.

In den Modellen der Produktionskostenrechnung sinken die Stückkosten direkt mit der Produktionsmenge. Das hat zur Folge, dass in einem preissensitiven Produktumfeld ein hohes Produktionsvolumen nötig ist, um eine marktgerechte Kostenstruktur erreichen zu können. Für einen potenziellen Neuanbieter steigt damit die Eintrittsbarriere, je höher dieses optimale Produktionsvolumen ist, da er nicht davon ausgehen kann, sofort die benötigte Produktions- und damit auch Absatzmenge realisieren zu können.

Eine vielfach unterschätzte Markteintrittsbarriere stellt die Nutzung von Ver-   Vertriebskanäle
triebskanälen dar. Es ist häufig schwieriger, existierende Vertriebskanäle (z.B.
Agenten, Reseller) von einem neuen Anbieter zu überzeugen als den Endkun-
den selbst. Wenn sich für einen Vertriebskanal nicht unmittelbare Vorteile
ergeben (z.B. höhere Provision, stärkere Vertriebsunterstützung, einfachere
Abwicklung), dann wird er nur sehr zögerlich einen etablierten Hersteller
durch einen Neuanbieter ersetzen.

Im Abschnitt Verhandlungsmacht der Kunden wurde bereits auf den Aspekt
der Standardisierung von Produkten und Dienstleistungen eingegangen. Dieser
Aspekt spielt auch bei der Gefahr durch potentielle Neuanbieter eine Rolle.
Wenn Produkte direkt austauschbar sind, sinken die Eintrittbarrieren für Neuanbieter. Mit der Individualität der Produkte steigt anderseits der Anpassungsaufwand beim Wechsel von einem Anbieter zum anderen, selbst wenn die
Funktionalität direkt vergleichbar ist (z.B. Fertigungsstrassen im Anlagenbau).
Mit steigendem Anpassungsaufwand erhöhen sich auch die Markteintrittsbarrieren, da ein solcher Aufwand von den Kunden in aller Regel kaum akzeptiert
und schon gar nicht finanziell honoriert wird.

Gefahr durch Ersatzprodukte
Ersatzprodukte (auch Substitutionsprodukte genannt) sind Produkte anderer   Substitutionsprodukte
Märkte, die von der Funktionalität her einen gleichen oder zumindest sehr
ähnlichen Einsatzzweck wie das betrachtete Produkt erfüllen. Typische Beispiele für Substitutionsprodukte sind:

- Flugzeug und Eisenbahn als Verkehrsmittel für Kurzstrecken
- Heizöl und Gas als Energiespender
- Butter und Margarine als Brotaufstrich
- Multimedia-PC und HiFi-Anlage als Musikmedium

Substitutionsprodukte treffen die existierenden Marktteilnehmer häufig umso
härter, weil diese nicht oder nur unzureichend mit den neuen Alternativen
rechnen und sich überwiegend auf die etablierten Wettbewerber konzentrieren.
Insbesondere am Anfang werden Substitutionsprodukte nicht immer ernst
genug genommen – umso gravierender ist dann häufig die späteren Marktveränderungen (z.B. Ablösung der Schallplatte durch die Musik-CD mit den ein-
hergehenden Folgen für die Hersteller von Plattenspielern).

Praxisbeispiel Substitutionsprodukte: Flugverbindung Stuttgart – Paris

Bis etwa Mitte des Jahres 2007 war der Flug die kürzeste Verbindung zwischen Stuttgart und Paris. Lufthansa, Air France und sogenannte Billig-Airlines wie Germanwings flogen mehrfach täglich zwischen Stuttgart und dem Pariser Flughafen Charles de Gaulles hin und zurück. Erfahrungsgemäß dauert ein solcher Flug mit den Transfers von/zur jeweiligen Stadtmitte und den Check-in- und Check-out-Prozeduren fast vier Stunden. Seit Juni 2007 gibt es ein TGV-Bahnangebot, das den Hauptbahnhof Stuttgart und den Pariser Bahnhof Gare de l'Est in 3:40 Std. miteinander verbindet.

Veränderungen:

Germanwings stellte Ende 2007 den Flugbetrieb zwischen Stuttgart und Paris ein.

Lufthansa dünnte den Flugplan auf jeweils eine Verbindung morgens und abends aus.

Geschäftsreisende nutzen die TGV-Verbindung, weil sie darin die Zeit störungsfreier zum Arbeiten nutzen können als bei der Flugverbindung.

Fazit:

Den Luftverkehrsgesellschaften erwächst mit der TGV-Verbindung eine völlig neue Konkurrenz, die eine vergleichbare Leistung (Reise von Stuttgart nach Paris) mit einer vergleichbaren Gesamtreisedauer zu vergleichbaren Kosten bei mindestens gleichem Komfort anbietet. Damit sind die Fluggesellschaften gezwungen, sich nicht nur auf den Wettbewerb untereinander einzustellen, sondern sich auch mit alternativen Transportmitteln auseinanderzusetzen. Durch den weiteren Ausbau der Hochgeschwindigkeitsbahnstrecken wird dies zukünftig für immer mehr Verbindungen gelten.

Verhalten der Wettbewerber

Marktwachstum

Die Wettbewerbsintensität in einem Geschäftsfeld hängt nicht nur von der Anzahl der Anbieter ab, sondern wird auch direkt vom Verhalten der Wettbewerber selbst bestimmt. Daneben spielt das Wachstum des zu betrachtenden Geschäftsfeld eine entscheidende Rolle: ein schnell wachsender Markt bietet durchaus Potential und Raum für zusätzliche Wettbewerber. Ist in dem Geschäftsfeld kein oder nur ein geringes Marktwachstum zu erwarten, so wird jeder neue Wettbewerber nur zu Lasten der etablierten Marktteilnehmer erfolgreich sein können.

Austrittsbarrieren

Auch eventuell vorhandene Austrittsbarrieren beeinflussen das Verhalten der Marktteilnehmer. So kann ein Marktaustritt mit hohen Kosten verbunden sein (z.B. Restrukturierungsaufwand, Vertragsstrafen), dass selbst die Erwartung nur geringster Deckungsbeiträge ein Unternehmen veranlassen kann, weiter in einem Markt zu agieren. Mögliche Imageverluste stellen häufig ebenfalls eine Austrittsbarriere dar. Solche Austrittsbarrieren stellen insofern ein Risiko für den Gesamtmarkt dar, da sie zu Vorgehensweisen führen können, die für die übrigen Marktteilnehmer nicht mehr einzuschätzen sind und somit eine generelle Verunsicherung des Marktes nach sich ziehen.

2.2.3   Die Unternehmensanalyse

Die Umwelt- und Wettbewerbsanalyse gilt für alle Unternehmen gleichermaßen, die sich in dem untersuchten Marktsegment bewegen oder bewegen wollen. Es werden dort primär die Faktoren und Kräfte untersucht, die von außen auf alle Unternehmen einwirken. Dazu gehören Fragestellungen wie die folgende: Welche Chancen und Risiken bietet das jeweilige Marktsegment bzw. die jeweilige Branche für das Unternehmen? *Chancen und Risiken*

Die Unternehmensanalyse richtet im Gegensatz dazu den Blick nach innen, in das Unternehmen hinein. Im Zentrum der Unternehmensanalyse steht dabei die Ermittlung von Stärken und Schwächen des Unternehmens. Dabei gibt es zwei verschiedene Teilperspektiven:

– der Blick von innen nach außen
– der Blick von außen nach innen

Der Blick von innen nach außen betrachtet die Wertschöpfungsprozesse im Unternehmen – welche übergreifende Fähigkeiten, Ressourcen oder Kompetenzen sind vorhanden, die als Wettbewerbsvorteile genutzt werden können. *Wertschöpfungsprozesse*

Die außen-nach-innen-Perspektive projiziert die Kundensicht auf das Unternehmen – welche Kundenwahrnehmung erzeugt das Unternehmen, die es positiv vom Wettbewerb abheben kann.

Beide Perspektiven vergleichen das Unternehmen im Markt mit dem Wettbewerb. Die Unternehmensanalyse baut also auf den beschreibenden Umwelt- und Wettbewerbsanalysen auf – sie beschreibt somit das eigene Unternehmen in Relation zum Wettbewerb.

2.3   Strategische Ausrichtung

2.3.1   Das Marktsegment

Angebotspalette

Ein Unternehmen kann sich in zwei verschiedene Richtungen orientieren: will es ein breites Spektrum der Nachfrage bedienen oder sich auf ein bestimmte Ausprägung der Nachfrage konzentrieren. Im Automobilsektor gibt es Beispiele dafür: während Volkswagen (VW) in der derzeitigen Modellpalette ein komplettes Spektrum vom Kleinwagen (Fox) bis zur automobilen Oberklasse (Phaeton) anbietet, konzentriert sich Ferrari alleine auf hochpreisige Sportwagen. Beide Unternehmen sind erfolgreich: VW hat aufgrund seiner breiten Produktpalette auch in Zeiten einer Automobilkrise ein Angebot, das auch aufgrund von staatlichen Subventionen (Abwrackprämie) Nachfrage findet. Ferrari bedient dagegen eine Kundenklientel, dies von konjunkturellen Schwankungen weitgehend unabhängig ist. Es kann also, wie am Beispiel von VW gesehen, die ganze Breite des Marktes (Gesamtmarkt) angeboten werden oder es kann sich im Gegensatz dazu auf einen eng definierten Zielmarkt ausgerichtet werden. Eine solche Nische bietet für Ferrari durchaus einen Vorteil: eine klare Produktausrichtung, die auch einen eindeutigen Marktauftritt im Zielsegment ermöglicht. VW hat es da schwerer: durch die fast jahrzehntelange Positionierung im Segment der unteren Mittelklasse haben die in der Oberklasse angesiedelten Modelle gegen das Image des ‚Volks‘-Wagen anzukämpfen. Andererseits können die kleineren Modelle von VW nicht wie bei Premiummarken vom Image der Oberklassemodelle profitieren.

Nische

Ein Teilmarkt (Nische) kann also für ein Unternehmen ein sehr lukratives Marktsegment darstellen. Durch die Möglichkeit der Spezialisierung werden in solchen Nischen häufig auch hohe Gewinnmargen erzielt. Allerdings besteht die Gefahr, dass dieser limitierte Markt durch äußere Einflüsse negativ beeinflusst wird – von Modetrends bis hin zu gesetzlichen Veränderungen oder Auflagen. Dies kann bis zum völligen Zusammenbrechen eines solchen Nischenmarktes führen und die Existenz des ganzen Unternehmens gefährden.

Diversifikation

Unternehmen, die durch ihre Diversifikation in der ganzen Breite eines Marktes tätig sind, haben insbesondere in Krisenzeiten eher Ausweichmöglichkeiten, die ihnen häufig auch das wirtschaftliche Überleben sichern. Dafür werden sie in aller Regel auch in Zeiten der Prosperität nicht an die Gewinnmargen von Nischenanbietern herankommen, da das breite Produktspektrum immer einzelne Produkte mit geringerer Nachfrage haben wird.

Praxisbeispiel: Problem Marktnische – die Krise von Apple

Apple geriet ab Mitte der 1990er-Jahre in eine wirtschaftliche Krise, die sogar den Fortbestand des Unternehmens gefährdete. Zwischen 1995 und 1998 halbierte sich der Umsatz von fast 12 Mrd. USD auf unter 6 Mrd. USD und es wurde dabei 1997 ein Verlust in Milliardenhöhe verbucht. Der Grund lag in der Konzentration auf eine Marktnische: Personal Computer im oberen Preissegment, die von der Hard- und Software-Architektur bis Anfang der 1990er-Jahre zwar technologisch führend, aber nicht kompatibel zu den im Markt führenden Intel- bzw. Microsoft-Windows-Produkten waren. Die Nachfrage nach Computern der Firma Apple ging drastisch zurück, da die ab 1995 verfügbaren Microsoft-Windows-Betriebssysteme über einen vergleichbaren Funktionsumfang wie die damaligen Apple-Systeme verfügten und zusammen mit der Intel-basierenden Hardware aufgrund der wachsenden Verbreitung deutlich preiswerter als Apple-Lösungen waren.

Veränderungen:

Mit dem Aufkauf des Unternehmens NeXT des Apple-Gründers Steve Jobs sicherte sich Apple den Zugang zu einer neuen, zukunftssicheren Software-Architektur. Gleichzeitig übernahm Jobs 1997 wieder die Geschäftsführung von Apple und richtete das Unternehmen neu aus: preiswertere (und damit auch für einen größeren Markt attraktive) Produkte, die sich auch optisch vom damals vorherrschenden quadratischen Grau der übrigen PCs abhoben. In den folgenden Jahren wurde die Hardware-Architektur auf die Standard Intel-Prozessoren umgestellt, was einen weiteren Schritt heraus aus der einstigen Marktnische bedeutete.

Gleichzeitig gelang es Apple mit der Markteinführung des iPods Ende des Jahres 2001 den Durchbruch der MP3-Player als portable Musikwiedergabegeräte auszulösen. Nach der Markteinführung des Mobiltelefons iPhone im Jahr 2007 ist Apple einer der Marktführer im Bereich der mobilen Informationstechnologie. 2008 erzielte das Unternehmen einen Umsatz von über 32 Mrd. USD.

Fazit:

Mit dem Verlassen der Marktnische der teuren und inkompatiblen PC's gelang Apple die Renaissance auf dem PC-Markt. Ein weiteres Beharren auf der eigenen properitären Architektur hätte mit Sicherheit nach kurzer Zeit das Ende für Apple bedeutet. Die früher erfolgreiche Nische wurde von der technologischen Entwicklung überrollt und war kein attraktives Marktsegment mehr. Durch die Diversifikation in Richtung Musik und Mobiltelefon erreicht Apple zusätzliche Käuferschichten, die auch vom neuen Apple-Image als Trendsetter angezogen werden.

2.3.2   Die Wettbewerbsvorteile

Kostenführerschaft vs.
Leistungsführerschaft

Michael Porter hat bereits vor über 20 Jahren aufgezeigt, dass ein Wettbe-
werbsvorteil über zwei mögliche Strategietypen erzielt werden kann: über die
Kostenführerschaft oder über die Leistungsführerschaft. Auch dies kann an
Beispielen aus der Automobilindustrie verdeutlicht werden: Renault bedient
über seine rumänischer Tochtergesellschaft Dacia seit 2005 mit steigenden
Absatzzahlen den Markt der preiswerten Automobile mit dem Anspruch, ein
funktionales Basisautomobil zum günstigsten Preis auf dem europäischen
Markt anzubieten – eine eindeutige Ausprägung der Preisführerschaft. Daimler
bietet mit der Mercedes A-Klasse ein von der Größe und vom Einsatzzweck
vergleichbares Fahrzeug an, das in der Grundausstattung fast dreimal so teuer
wie ein Dacia Logan ist. Dafür positioniert Daimler die A-Klasse auch als den
Mercedes in der Kompaktklasse, mit den gesamten technologischen und qualitativen Vorzügen eines Mercedes – eine klare Differenzierung in Richtung
Leistungsführerschaft.

Beide Fahrzeuge setzen voll auf ihren jeweiligen Wettbewerbsvorteil: auf der
einen Seite der Dacia Logan, der über die Kostenführerschaft den Low-
Budget-Markt anführt; auf der anderen Seite die Mercedes A-Klasse, die als
hochwertiges Qualitätsprodukt auf dem Markt auftritt und sich diese Leistungsführerschaft auch preislich honorieren lässt.

Die Erfahrung zeigt, dass eine eindeutige Positionierung hinsichtlich einer der
beiden Wettbewerbsvorteile in aller Regel wesentlich erfolgreicher sein wird,
als ein undefinierter Standort zwischen den beiden Ausprägungen. Wer sich
nicht klar für einen Wettbewerbsvorteil entscheidet, wird schnell austauschbar
und damit auf Dauer nicht erfolgreich sein. Negative Beispiele dafür lassen
sich in der jüngeren Vergangenheit beliebig finden:

–   die Automarken Ford und Opel, die durch eine mangelnde Profilierung auf
    dem deutschen Markt das eigentlich vorhandene Potential nicht ausschöp-
    fen können,
–   der schleichende Zerfall der Warenhausketten Hertie und Karstadt, die sich
    nicht zwischen Billig- und Qualitätssortiment positionieren konnten,
–   die deutschen Unterhaltungselektronikmarken, wie Grundig oder Nord-
    mende, die sich nicht rechtzeitig wie andere Unternehmen, bspw. Loewe
    oder Metz, auf das Premiumqualitätssegment konzentriert hatten.

2.3.3   Die Wettbewerbsstrategie

Marktpositionierung

Mit Hilfe der Auswahl des Marktsegments und des Wettbewerbsvorteils kann
sich ein Unternehmen jetzt im Markt positionieren und seine daraus resultierende Wettbewerbsstrategie festlegen. Dabei zeigt sich, dass es innerhalb eines

Unternehmens durchaus unterschiedliche Positionierungen geben wird – je nach Unternehmensteil, Geschäftsbereich oder adressierte Branche.

Mit zunehmender Größe wird sich ein Unternehmen in organisatorische Einheiten gliedern müssen, die dann durchaus unterschiedliche Wettbewerbsstrategien verfolgen werden. So ist Novartis einer der führenden Anbieter im Pharmabereich, der sich durch die fortlaufende Entwicklung neuer Arzneimittel im Bereich der Leistungsführerschaft positioniert. Gleichzeitig bedient der Novartis-Konzern über seine Tochter HEXAL den Generika-Markt (Nachahmerpräparate), also das Marktsegment Kostenführerschaft. Das ist ein Beispiel dafür, dass in einem Konzern unterschiedliche Marktpositionierungen existieren können.

Strategische Geschäftseinheit

Eine Strategische Geschäftseinheit (SGE) ist eine mögliche organisatorische Einheit im Unternehmen, die durch bestimmte Merkmale gekennzeichnet ist:

organisatorische Einheiten

– definierte Produkt-Markt-Kombination (z.B. Elektrowerkzeuge für den Heimwerker)
– eindeutiger Marktauftrag (z.B. Adressierung des preissensitiven Marktes über Baumärkte)
– autonomer Ressourcenzugriff (z.B. eigener Außendienst- und Service-Bereich)

Ein wesentliches Merkmal für eine SGE ist die Verantwortung für einen eigenen Erfolgsbeitrag für das Unternehmen. Die SGE wird somit eigene Ziele (z.B. Umsatz, Gewinn) erhalten und an der Zielerreichung gemessen. Man spricht dabei auch von der P&L-Verantwortung (Profit & Loss) einer SGE.

Strategische Geschäftseinheiten können nach unterschiedlichen Kriterien definiert werden, z.B. nach;

– Produkten oder Sparten
– Marken
– Wettbewerbern (Ausrichtung analog der wichtigsten Wettbewerber)
– Nachfragern (z.B. Lösungen für kleine und mittlere Unternehmen vs. Betreuung von Großunternehmen)
– geographischen Märkten (z.B. Inland, Europa, Asien)
– Vertriebskanälen (z.B. Direktvertrieb, Agenten, Reseller)

So hat sich die Robert Bosch GmbH in drei große Unternehmensbereiche aufgeteilt: Kraftfahrzeugtechnik, Gebrauchsgüter & Gebäudetechnik und Industrietechnik. Die Industrietechnik selbst besteht wiederum aus den drei strategischen Geschäftseinheiten Automatisierungstechnik, Verpackungstechnik und Solarenergie.

Für jede SGE kann nun eine eigene Wettbewerbsstrategie definiert werden, die sich durchaus von anderen SGEs des Unternehmens unterscheiden kann und zur Optimierung der einzelnen SGE und damit in Summe des Gesamtunternehmens führt.

Kombination von Marktsegment und Wettbewerbsvorteil
In Anlehnung an die von Porter definierten Strategietypen ergeben sich aus der Kombination von Marktsegment und Wettbewerbsvorteils die in **Abb. 2.3** dargestellten vier möglichen Wettbewerbsstrategien (vgl. Porter, Competitive Strategy):

Abb. 2.3 *Vier Wettbewerbsstrategien*

I. Leistungsführerschaft im Gesamtmarkt
qualitative Merkmale   Hier positioniert sich ein Unternehmen oder eine SGE als Anbieter, dessen Produkte praktisch den gesamten Markt abdecken und sich durch qualitative Merkmale vom Angebot des Wettbewerbers abheben sollen.

Als Beispiel kann abermals die deutsche Automobilindustrie dienen: Daimler deckt mit seinem Angebot den gesamten Markt vom Kleinwagen bis zur Luxusklasse ab (beginnend beim Smart über die Mercedes A-Klasse bis hin zur S-Klasse und endend beim Maybach incl. einem breiten Spektrum von Sport- und Geländewagen) und positioniert sich klar als Premiumhersteller. Audi und BMW verfolgen eine ähnliche Produktstrategie.

II. Preisführerschaft im Gesamtmarkt

Auch hier deckt ein Unternehmen/eine SGE den gesamten Markt ab. Im Unterschied zur Leistungsführerschaft wird hier der günstigste Preis in den Vordergrund der Wettbewerbsstrategie gestellt.

quantitative Merkmale

Media Markt verfolgt genau diese Strategie: Media Markt hat praktisch das gesamte Sortiment an Consumer-Elektrogeräten im Angebot und positioniert sich über alle Produkte hinweg als der günstigste Anbieter. Schon die einfache Gestaltung der Verkaufsräume (Lagerhallen-Typus) unterstreicht diese Ausrichtung.

III. Leistungsführerschaft im Teilmarkt (Nische)

Hier konzentriert sich ein Unternehmen auf eine Marktnische und differenziert sich von den Angeboten seiner Mitbewerber durch den Anspruch, das qualitativ hochwertigste Angebot auf dem Markt anzubieten.

qualitative Merkmale

Das Unternehmen Bionade hat für sich mit dem gleichnamigen Produkt eine solche Nische als Markt definiert: die volle Konzentration auf ein alkoholfreies Erfrischungsgetränk, das biologisch hergestellt wird. Gleichzeitig positioniert es sich dadurch auch als sehr hochwertiges Getränk mit einem entsprechend hohen Preisniveau.

IV. Preisführerschaft im Teilmarkt (Nische)

Der vierte Quadrant beschreibt den Ansatz, sich durch die Konzentration auf einen abgrenzten Teilmarkt die Kosten- und damit die Preisführerschaft zu sichern.

quantitative Merkmale

Die Fluggesellschaft Ryanair beschränkt sich auf Kurzstrecken-Direktflüge zwischen mittelgroßen Städten und großstädtischen Nebenflughäfen (z.B. Frankfurt-Hahn). Damit bedient Ryanair nicht alle großen Metropolen in Deutschland und bietet auch keine Interkontinentalverbindungen an. Durch diese Limitierung adressiert Ryanair nur einen Teilmarkt, in dem sie sich aber eindeutig über die Preisführerschaft profilieren.

Eine Positionierung in einem dieser Quadranten ist im Allgemeinen eine langfristige Entscheidung. Es gibt jedoch auch immer wieder Beispiele, wie sich Unternehmen über die Zeit von einem Quadranten zum anderen entwickeln.

langfristige Positionierung

Die Handelsunternehmen ALDI und Lidl positionieren sich seit ca. 30 Jahren im Segment der Preisführerschaft. Allerdings bieten sie im Vergleich zu ihren Anfängen als Nischenanbieter (Ausrichtung auf Konserven und andere haltbare Produkte) heute ein Vollsortiment (Gesamtmarkt) im Lebensmittelhandel an (incl. Obst- und Gemüse, Fleisch und Wurst, Kühl- und Gefriertheke).

Es sind auch Bewegungen von Preisführerschaft in Richtung Leistungsführerschaft zu beobachten. So hat sich Toyota in Deutschland aus dem Umfeld der preiswerten japanischen Automobile heraus zu einem qualitativ und technologisch führenden Hersteller (z.B. Hybridantrieb und Formel 1) entwickelt. Aber auch dieser Prozess umfasste einen Zeitraum von über 20 Jahren.

Es ist häufig zu beobachten, dass Unternehmen oder deren strategische Geschäftseinheiten häufig dann in Absatz- und Finanzprobleme geraten, wenn sie sich eben nicht für die Verfolgung einer dieser Wettbewerbsstrategien entscheiden. Eine unklare bzw. sich kurzfristig ändernde Strategie zwischen Preis- und Leistungsführerschaft bzw. zwischen Gesamt- und Teilmarkt verhindert eine auch für die Kunden erkennbare Positionierung und führt somit zu einem fast völligen Verlust von Alleinstellungsmerkmalen. Beispiele hierfür gibt es viele – z.B. im Finanzsektor (Wechsel zwischen Direktbank- und Filialstrategie, kurzfristige Aufgabe und Wiederaufnahme des Privatkundengeschäftes).

Relativer Marktanteil

Marktführerschaft Unabhängig von der ausgewählten Wettbewerbsstrategie muss die Marktführerschaft im ausgewählten Segment das Ziel der Unternehmensführung sein. Das gilt für alle oben genannten Beispiele: von Mercedes im Premiumautomobilsegment über ALDI als Discounter bis hin zu Ryanair als Billigfluglinie.

Erfahrungskurveneffekt Wer im Markt führt, hat damit zwangsläufig auch den größten Umsatz und die größte Produktionsmenge. Insbesondere der Anstieg der Produktionsmenge wurde von der Unternehmensberatung Boston Consulting Group (BCG) bereits in den 1960er-Jahren als wesentlicher Wettbewerbsvorteil definiert: die Senkung der Produktionskosten über den Erfahrungskurveneffekt. Die Erfahrungskurve stellt die Produktionsmenge und die im Unternehmen verursachten Stückkosten in eine direkte Relation: bei jeder Verdopplung der Produktionsmenge sinken die Stückkosten um 20 bis 30%. Begründet wird dies durch die generelle Steigerung der Arbeitsproduktivität, durch die immer weitere voranschreitende Standardisierung der Arbeitsabläufe und durch die ständige Verbesserung des Produktes und der Fertigungstechniken. Somit hätte das Unternehmen einen strategischen Vorteil, wenn es gegenüber dem Wettbewerb die höchste Produktionsmenge und damit niedrigere Stückkosten hätte.

Aus diesem Zusammenhang kann abgeleitet werden, dass für die Möglichkeit der Ausnutzung des Erfahrungskurveneffektes nicht der absolute Marktanteil die wesentliche Rolle spielt, sondern der Vorsprung gegenüber dem Wettbewerb. Im relativen Marktanteil wird genau dieses Verhältnis dargestellt: die Relation des eigenen Marktanteils zum Marktanteil des größten Wettbewerbers. Der relative Marktanteil (RMA) drückt somit den Abstand zur Konkurrenz aus:

$$RMA = \frac{\text{eigener Marktanteil}}{\text{Marktanteil des größten Wettbewerbers}}$$

Somit wird deutlich, dass bereits mit geringen absoluten Marktanteilen dennoch eine Marktführerschaft mit dem daraus resultierenden positiven Erfahrungskurveneffekt erzielt werden kann. Ein Beispiel hierfür ist der weltweite PC-Markt (Zahlen für das 1. Quartal 2009): die drei führenden Anbieter Hewlett-Packard (HP), Dell und Acer teilen sich mit jeweils 20,5%, 13,6% und 11,6% Marktanteil weniger als die Hälfte des Gesamtmarktes auf. Dennoch ist der Vorsprung von HP auf Dell entscheidend. Mit einem relativen Marktanteil von 1,5 und den daraus resultierenden höheren Stückzahlen kann HP den Erfahrungskurveneffekt deutlich besser nutzen als Dell. Acer ist in dieser Hinsicht mit einem RMA von ca. 0,5 praktisch schon abgeschlagen.

Die Gültigkeit des Erfahrungskurveneffektes und der daraus abgeleiteten Vorteile höherer Produktionsmengen gegenüber dem Wettbewerb steht allerdings seit einigen Jahren in der Kritik. Insbesondere die Allgemeingültigkeit dieses Effektes wird stark hinterfragt, da in dieses Verhältnis neben der Produktmenge und der Stückkosten auch eine Reihe von externen Faktoren hineinspielen, die vom generellen Modell nicht berücksichtigt werden. Zu diesen Einflüssen gehören der technologische Fortschritt und der allgemeine Erfahrungsgewinn, die für alle Anbieter gleichermaßen zur Verfügung stehen und häufig den individuellen Vorsprung in den Stückkosten überwiegen.

Dessen ungeachtet behält die aus dem Modell abgeleitete relative Marktführerschaft weiterhin ihre Bedeutung. Insbesondere in Markesegmenten mit geringen Margen können Veränderungen in der relativen Marktführerschaft massive Konsequenzen in der Profitabilität eines Unternehmens nach sich ziehen. Der bereits erwähnte PC-Markt hat dies in der Vergangenheit deutlich gezeigt.

2.4   Portfolio-Management

2.4.1   Das Grundprinzip eines Portfolios

Das Portfolio eines Unternehmens ist als die Gesamtheit der Produkte und/oder der Dienstleistungen definiert, die ein Unternehmen auf dem Markt anbietet. Strategische Geschäftseinheiten können wiederum ihr eigenes Portfolio besitzen, über die Summe der SGEs erfolgt wieder die Zusammenführung in das Gesamtportfolio des Unternehmens.

Der Begriff *Portfolio* stammt ursprünglich aus der Finanzwirtschaft. Harry M. Markowitz hat bereits 1952 eine Portfoliotheorie beschrieben, die eine optima-   Risiko und Ertrag le Kombination von Risiken mit hohem Ertragspotential und moderaten Erträgen mit geringen Risikopotential zum Ziel hat (vgl. Markowitz, 1952). Unter Anwendung dieser Vorgehensweise kann somit ein ausbalanciertes Verhältnis zwischen Ertrag und Risiko erzielt werden. Investoren, die eine solche Strategie verfolgen, erzielen einerseits nicht unbedingt die höchsten auf dem Finanzmarkt möglichen Renditen, andererseits bietet diese Strategie auch eine Begrenzung der Verluste bei allgemeinen Kursrutschen wie in der Finanzkrise 2008.

Diese Portfoliostrategie wurde seitdem auch auf die Wirtschaftstheorie übertragen. Auch hier sollen die einzelnen Produkte und Dienstleistungen eine ausgewogene Mischung zwischen einem aktuell hohen Ertrag und notwendigen Investitionen darstellen.

Ein optimales Portfolio generiert auf der einen Seite durch auf dem Markt etablierte und erfolgreiche Produkte und Dienstleistungen die notwendigen liquiden Mittel (Cashflow), die dann auf der anderen Seite in Wachstumsfelder investiert werden können, um die Basis auch für den zukünftigen Erfolg zu legen.

2.4.2   Die Portfoliostrategien

Portfolio-Modelle

Um ein optimales Portfolio zu definieren bzw. innerhalb eines vorhandenen Portfolios die zur Verfügung stehenden finanziellen Mittel zielgerichtet aufzuteilen, wurden in den letzten Jahren insbesondere von den internationalen Unternehmensberatungen eine ganze Reihe von Portfolio-Modellen entwickelt:

–   Marktwachstum – Marktanteil (Boston Consultant Group)
–   Marktattraktivität – Wettbewerbsvorteil (Mc Kinsey)
–   Lebenszyklus – Wettbewerbsposition (Arthur D. Little)

Koordinatensystem als Basis

Alle diese Portfolio-Modelle basieren auf einem zweidimensionalen Koordinatensystem, das auf der einen Achse die Umwelteinflüsse und auf der anderen Achse die Unternehmenseinflüsse abbildet. Je nach Modell kann über die Einordnung der untersuchten Produkte und Dienstleistungen eine generelle Aussage über den Status und über die anzuwende Strategie zum jeweiligen Produkt getroffen werden.

zweidimensionales Modell

Die Modelle geben Ansatzpunkte für den Einsatz der finanziellen Ressourcen. So wird im Marktattraktivität-Wettbewerbsvorteil-Modell von Mc Kinsey zwischen den Strategien Mittelbindung und Mittelfreisetzung unterschieden. Durch die Vereinfachung der gesamten Markt- und Unternehmensprozesse auf ein einfaches zweidimensionales Modell ist es möglich, die Komplexität einer Marktsituation überhaupt erst kategorisierbar zu machen. Anderseits bergen gerade die Vereinfachung und Kategorisierung auch Risiken in sich, da eben nur eine sehr begrenzte Anzahl Parameter in das Modell einfließen können.

2.4.3 Das Portfolio-Modell der Boston Consulting Group (BCG)

Der hohe Bekanntheitsgrad des BCG-Portfolio-Modell basiert auf seiner einfachen Struktur: die Achsen des Koordinatensystems stellen das Marktwachstum (Umwelteinfluss) und den relative Marktanteil (Unternehmenseinfluss) dar. Die zu untersuchenden Produkte oder Dienstleistungen werden in dieses Koordinatensystem als Kreise eingetragen. Die unterschiedlichen Umsatzanteile der einzelnen Produkte werden durch die maßstabsgerechte Größe der Kreise dargestellt.

Umwelteinfluss und Unternehmenseinfluss

Zusätzlich werden eine horizontale und eine vertikale Trennlinie aufgetragen: die Trennlinie zwischen hohem und niedrigem Marktwachstum und die Trennlinie für die Markführerschaft.

Die Lage dieser beiden Trennlinien ist nicht fest vorgegeben. Die Trennlinie für Marktwachstum kann sich am aktuellen oder über einen gewissen Zeitraum gemittelten Bruttoinlandsprodukt orientieren oder Wachstumsraten für spezielle Märkte abbilden. Die Trennlinie für die Marktführerschaft wird sich typischerweise zwischen 1,0 und 1,5 bewegen, um hier eine signifikante relative Marktführerschaft abzubilden.

In diesem Koordinatensystem wird durch die beiden Trennlinien eine Vierfeldermatrix erzeugt. Jedes der vier Felder bezeichnet nun eine bestimmte Position innerhalb der Marktwachstum- und Marktanteilbeziehung:

Einteilung in Matrix

- arme Hunde (engl. Poor Dogs): geringer relativer Marktanteil, geringes Marktwachstum
- Fragezeichen (engl. Questionmarks): geringer relativer Marktanteil, hohes Marktwachstum
- Stars: hoher relativer Marktanteil, hohes Marktwachstum
- Milchkühe (engl. Cash Cows): hoher relativer Marktanteil, geringes Marktwachstum

Das BCG-Portfolio-Modell (**Abb. 2.4**) ordnet jetzt jeder dieser vier Positionen eine Normstrategie zu, die jeweils für die Produkte in den einzelnen Kategorien anzuwenden sind:

Normstrategien

- Poor Dogs: aufgeben
- Questionmarks: Entscheidung treffen
- Stars: investieren
- Cash Cows: abschöpfen

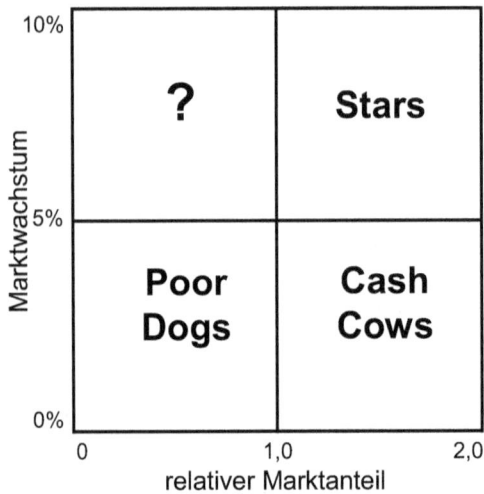

Abb. 2.4 *BCG Portfolio-Modell*

Poor Dogs

Eliminieren

Dieser Bereich ist durch einen schwachen Markt (geringes oder kein Wachstum) und durch eine schlechte Marktposition des eigenen Unternehmens (keine Marktführerschaft) gekennzeichnet. Die Normstrategie der BCG besagt, dass in Produkte oder Strategische Geschäfteinheiten in dieser Position keine Investitionen mehr getätigt werden sollen. Solange dieser Bereich noch einen positiven Deckungsbeitrag erbringt, kann an ihm festgehalten werden, andernfalls ist er aufzugeben bzw. zu eliminieren.

Questionmarks

Chance nutzen

Für Produkte in dieser Position muss eine Entscheidung getroffen werden. Soll in sie investiert werden, um in diesem Bereich mit hohem Marktwachstum die Marktführerschaft zu erzielen oder soll sich man aus diesem Umfeld zurückgezogen, da das Risiko als zu hoch angesehen wird, die Marktführerschaft trotz der getätigten Investitionen zu erreichen.
Beide Entscheidungsvarianten bieten Chancen. Zum einen wird es potentielle Käufer geben, die an der Übernahme des Produktes oder der Strategischen Geschäftseinheit interessiert sind, um die eigene Markposition zu verbessern. Der Verkaufserlös kann dann wieder investiert werden, um die Wettbewerbsfähigkeit anderer eigener Produkte zu verbessern. Auf der anderen Seite kann durch gezielte Investitionen ein neuer Star entwickelt werden, der dann maßgeblich zum Unternehmenserfolg beitragen kann. Wichtig ist, dass hier bewusst eine Entscheidung getroffen wird – jedes Zögern ist mit einer ungenutzten Chance gleichzusetzen.

Stars

Die Stars scheinen auf den ersten Blick die optimale Wettbewerbsposition zu   umkämpfte Idealposition
sein. Tatsächlich ist das Unternehmen mit den Produkten und Dienstleistungen
in diesem Bereich sehr gut aufgestellt. Es besitzt die Marktführerschaft in
einem wachsenden Markt. Allerdings muss diese Position stets verteidigt werden, da sich die Wettbewerber eben auch auf genau dieses Marktumfeld konzentrieren werden.

Es gilt hier, grundsätzlich schneller als der Markt zu wachsen, da ein geringe-
res Wachstum den Verlust von Marktanteilen bedeuten würde und somit die
Marktführerschaft gefährdet wäre. Somit müssen die Erträge aus diesem Bereich fast vollständig wieder reinvestiert werden, um auch zukünftig die Wettbewerbsfähigkeit und damit die Marktführerschaft sicherzustellen.

Cash Cows

Aufgrund ihrer guten Wettbewerbsposition (Marktführerschaft) erwirtschaften   Ertragsquelle
Produkte und Dienstleistungen in diesem Segment hohe Erträge. Der Investiti-
onsdruck ist relativ gering. Investitionen werden sich auf weitere Rationalisie-
rungsmaßnahmen beschränken, um die Marktposition auch weiter halten zu
können.

Die hier erzielten Erträge sind die Basis für Investitionen in Produkte aus dem
Questionmarks-Umfeld. Wichtig ist die ständige Kontrolle, ob sich ein Produkt
oder eine SGE über die Zeit nicht in einen Poor Dog entwickelt. Sollte dies der
Fall sein, muss sehr schnell auf die Normstrategie der Poor Dogs umge-
schwenkt werden.

Beispiel einer BCG-Portfolio-Analyse

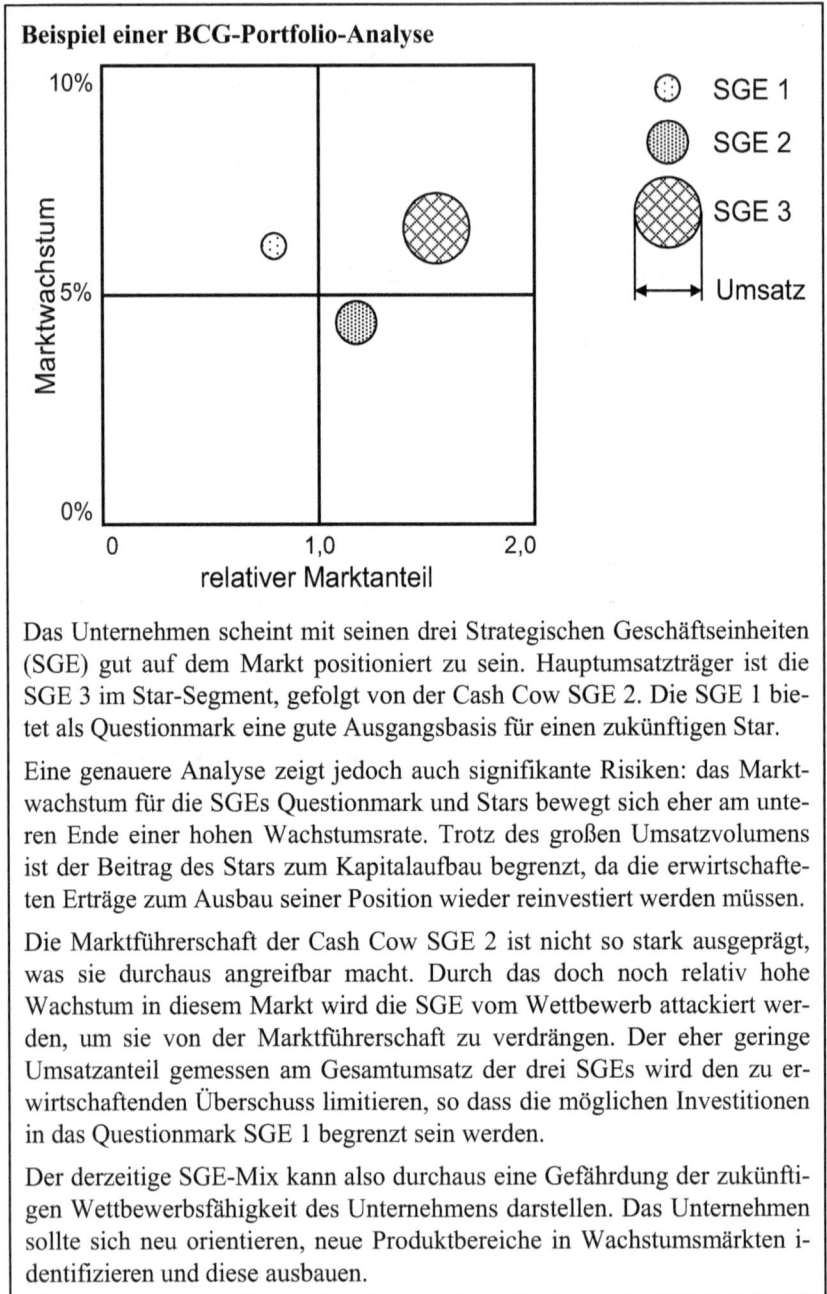

Das Unternehmen scheint mit seinen drei Strategischen Geschäftseinheiten (SGE) gut auf dem Markt positioniert zu sein. Hauptumsatzträger ist die SGE 3 im Star-Segment, gefolgt von der Cash Cow SGE 2. Die SGE 1 bietet als Questionmark eine gute Ausgangsbasis für einen zukünftigen Star.

Eine genauere Analyse zeigt jedoch auch signifikante Risiken: das Marktwachstum für die SGEs Questionmark und Stars bewegt sich eher am unteren Ende einer hohen Wachstumsrate. Trotz des großen Umsatzvolumens ist der Beitrag des Stars zum Kapitalaufbau begrenzt, da die erwirtschafteten Erträge zum Ausbau seiner Position wieder reinvestiert werden müssen.

Die Marktführerschaft der Cash Cow SGE 2 ist nicht so stark ausgeprägt, was sie durchaus angreifbar macht. Durch das doch noch relativ hohe Wachstum in diesem Markt wird die SGE vom Wettbewerb attackiert werden, um sie von der Marktführerschaft zu verdrängen. Der eher geringe Umsatzanteil gemessen am Gesamtumsatz der drei SGEs wird den zu erwirtschaftenden Überschuss limitieren, so dass die möglichen Investitionen in das Questionmark SGE 1 begrenzt sein werden.

Der derzeitige SGE-Mix kann also durchaus eine Gefährdung der zukünftigen Wettbewerbsfähigkeit des Unternehmens darstellen. Das Unternehmen sollte sich neu orientieren, neue Produktbereiche in Wachstumsmärkten identifizieren und diese ausbauen.

Standortbestimmung

Mit Hilfe der BCG-Portfolio-Analyse kann eine Standortbestimmung der Wettbewerbsfähigkeit eines Unternehmens hinsichtlich seiner Produkte oder Dienstleistungen durchgeführt werden. Die aus dem Modell abgeleiteten

Normstrategien können als Ansatzpunkt für die zukünftige Ausrichtung des Unternehmens verwendet werden.

Schwächen des BCG-Portfolio-Modells

Generell bietet jede modellhafte Abbildung eines realen Marktgeschehens aufgrund seiner vereinfachten Sicht und der beschränkten Anzahl von Variablen Angriffspunkte. Das BCG-Portfolio-Modell bietet darüber hinaus noch individuelle Kritikpunkte:

1. Das Modell legt ein großes Marktwachstum als bestimmenden Erfolgsfaktor zugrunde. Demgegenüber hat sich aber gezeigt, dass auch rückläufige Märkte interessante Ansatzpunkte für Geschäftschancen bieten können.
2. Ein relativer Marktanteil größer 1 wird als alleiniger Maßstab für eine Marktführerschaft definiert. Diese Definition basiert im Wesentlichen auf dem Erfahrungskurveneffekt. Die Praxis zeigt allerdings, dass es aus Sicht der Stückkostenoptimierung nur eine untergeordnete Rolle spielt, ob der relative Marktanteil 0,8 oder 1,2 beträgt. Dadurch wird die strikte Trennungslinie des BCG-Modells in Frage gestellt.
3. Das Marktwachstum wird als gegebene Größe angesetzt. Dabei wird vernachlässigt, dass Marktaktivitäten von Unternehmen selbst das gesamte Marktwachstum beeinflussen können. So hat das iPhone von Apple dem bis dahin stagnierenden Markt von hochpreisigen multifunktionalen Mobiltelefonen (Smartphones) neue Impulse gegeben und hier Marktwachstum generiert.
4. Das BCG-Modell ist eine statische Bestandaufnahme. Es berücksichtigt weder historische Entwicklungen noch kann man Prognosen aus dem Modell heraus ableiten. Dieser Einschränkung ist aber eine generelle Schwäche vieler anderer Portfolio-Modelle.

Trotz dieser Kritikpunkte wird das BCG-Portfolio-Modell nach wie vor sehr häufig verwendet, da es durch seine einfache und klare Struktur eine rasche Einordnung von Produkten und Dienstleistungen in existierende Marktstrukturen erlaubt. Modelle wie das Marktattraktivität-Wettbewerbsvorteil-Portfolio von McKinsey suggerieren zwar mit einer Neunfeldermatrix subjektiv eine größere Granularität, objektiv sind die daraus resultierenden Grundstrategien mit denen des BCG-Portfolio-Modells jedoch direkt vergleichbar.

weite Verbreitung

2.5   Strategische Kontrolle

Die vorangegangenen Kapitel beschäftigten sich mit der strategischen Ausrichtung eines Unternehmens: Welche Parameter des Marktes und des Wettbewerbes sind zu berücksichtigen, welche strategische Positionierung des eigenen

Unternehmens wird gewählt und welche Strategien sind beispielsweise auf Basis einer Portfolioanalyse zu implementieren?

Prognose als Planungsbasis — Diese planerischen Aktivitäten basieren auf Prognosen (z.B. zukünftige Marktentwicklung), auf Marktbeobachtungen (z.B. Wettbewerbsanalyse), auf subjektiven Stärken-Schwächen-Analysen des eigenen Unternehmens und auf standardisierten Strategie-Modellen (z.B. BCG-Portfolio). Der strategischen Planung liegt also ein hohes Maß von Annahmen zugrunde, deren Eintreffen nicht garantiert ist. Gleichzeitig kann sogar beim Eintreffen der Annahmen nicht automatisch davon ausgegangen werden, dass die aus der Strategie abgeleiteten Aktionen auch den gewünschten Erfolg bringen.

Prüfung — Daher muss der strategischen Planung die strategische Kontrolle direkt gegenüber stehen. Die strategische Kontrolle prüft, ob einerseits die zugrunde gelegten Annahmen noch gültig sind, und ob andererseits die geplanten Aktionen auch entsprechend durchgeführt wurden und auch den gewünschten Erfolg brachten.

Dabei sind zwei Kontrollprozesse voneinander zu trennen (siehe **Abb. 2.5**):

- Prämissenkontrolle
- Durchführungskontrolle

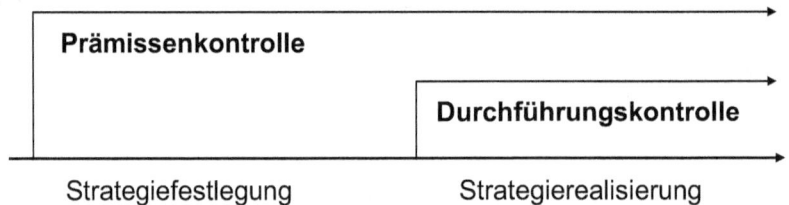

Abb. 2.5 *Elemente der Strategischen Kontrolle*

Prämissenkontrolle — In der Prämissenkontrolle werden die gesetzten Annahmen daraufhin überprüft, ob sie weiterhin gültig sind. Sollte sich dabei herausstellen, dass ein wesentlicher Teil der Annahmen nicht mehr den tatsächlichen Gegebenheiten entspricht, so wird in aller Regel eine generelle Überprüfung und Adjustierung der gesamten Strategie notwendig sein.

Durchführungskontrolle — In der Durchführungskontrolle wird untersucht, ob die Realisierung der festgelegten Strategie vollständig durchgeführt wurde und auch, ob sie zum vorher definierten Erfolg geführt hat. Ist der erwartete Erfolg nicht eingetreten, so erfolgt hier keine neue Strategiefestlegung (dies wäre Aufgabe der Prämissen-

kontrolle), sondern es sind alternative Varianten der Strategierealisierung auszuwählen und zu implementieren.

Beide Kontrollen sind strikt voneinander zu trennen, da sonst strukturelle Veränderungen nicht erkannt werden und stattdessen auf neue Aktionen gesetzt
wird, die aufgrund falscher Voraussetzungen nicht zum Erfolg führen können.

2.6   Dienstleistungsmanagement

Der tertiäre Sektor Dienstleistungen gewinnt immer mehr an Bedeutung. **Abb.**   tertiärer Sektor
2.6 zeigt den Anteil der Dienstleistungen am Bruttoinlandsprodukt (BIP)
Deutschlands und den wachsenden Anteil der Dienstleistungen am Export.

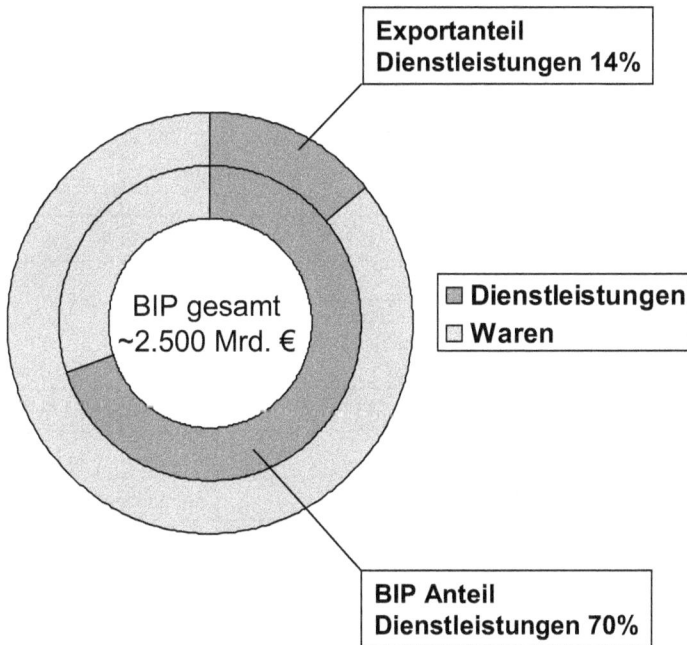

Abb. 2.6   *Anteil der Dienstleistungen am BIP und am Export Deutschlands 2008*

Typische Beispiele für Dienstleistungen sind Banken und Versicherungen,
Gastronomie und Hotellerie, Gesundheitswesen, Telekommunikation, Trans-
portwesen und Tourismus. Aber auch die Öffentliche Verwaltung, Polizei und
Bundeswehr zählen zum Dienstleistungssektor.

Die bisher dargestellten Unternehmensstrategien gelten gleichermaßen für die Produktion von Waren und Dienstleistungen. Dennoch gibt es einige Spezifika von Dienstleistungen, die einer gesonderten Betrachtung unterzogen werden müssen.

2.6.1   Besondere Merkmale der Dienstleistungen

uno-actu

In **Tab. 2.1** sind die Unterschiede zwischen Waren und Dienstleistungen an verschiedenen Kriterien dargestellt. Der offensichtlichste Unterschied ist die Materialität. Während ein Produkt fassbar, ja mit Händen greifbar ist (tangible), bleibt eine erfolgte Dienstleistung intangible, also nicht greifbar. Eine wesentliche Eigenschaft für Dienstleistungen wird mit dem Begriff uno-actu beschrieben: die Simultanität (Gleichzeitigkeit) von Produktion, Absatz und Konsum der Dienstleistungen. Daraus folgt auch, dass den Dienstleistungen die Eigenschaft der Lagerfähigkeit fehlt. Im Gegensatz zu Waren benötigen Dienstleistungen einen externen Faktor, an dem die Dienstleistung erbracht wird (Integrativität). Dadurch ergibt sich auch eine hohe Standortabhängigkeit, so dass der externe Faktor am Ort der Dienstleistung zur Verfügung stehen muss.

Tab. 2.1   *Merkmale von Dienstleistungen*

	Ware	Dienstleistung
Materialität	tangible	intangible
Simultanität	Herstellung und Absatz kann zeitlich differieren Lagerfähigkeit	uno-actu
Integrativität	unabhängig vom Auftraggeber	externer Faktor notwendig
Standortabhängigkeit	niedrig	hoch
Standardisierung	hohes Potential	nur bedingt möglich
Wertschöpfungskette	voll integrierbar	nur bedingt integrierbar

Durch den notwendigen externen Faktor eignen sich auch nicht alle Dienstleistungen für eine Standardisierung. Generell lässt sich festhalten, dass der Standardisierungsgrad bei Dienstleistungen geringer als bei Produkten ist. Ähnliches gilt für die Integrationsfähigkeit von Dienstleistungen in Wertschöpfungsketten, auch dies ist bei Waren häufiger anzutreffen.

Probleme der Abgrenzung

Es gibt jedoch Ausprägungen von Dienstleistungen, bei denen diese definierten Trennungslinien nur bedingt gelten. So ist eine Reparatur vom Prinzip her eine Dienstleistung, dafür evt. verwendete Ersatzteile sind jedoch wiederum tangible. Eine gekaufte Film-DVD ist eine Ware (tangible), derselbe Film als kostenpflichtiger Download aus einem Internetportal ist eine Dienstleistung und auch eindeutig intangible, da Datenströme eben nicht fassbar sind. Für die Unterscheidung zwischen Ware und Dienstleistung kommt es also nicht nur auf den Vorgang an sich an (Beschaffung eines Filmes), sondern auch auf die Art der Durchführung.

Dienstleistungen beinhalten in der Regel keinen Eigentumstransfer (Ausnahmen siehe Beispiel Reparaturersatzteile) und somit auch keine Möglichkeit eines Eigentumsvorbehaltes (eine erbrachte Dienstleistung kann praktisch nicht rückgängig gemacht werden). Damit sinken für einen Dienstleister die Sicherheiten bei eventuellen Zahlungsausfällen.

2.6.2 Dienstleistungsproduktion

Ein Grundproblem der Dienstleistungsproduktion ist die Auslastung der vorhandenen Kapazitäten und die damit verbundene Leerkostenproblematik (vgl. Maleri, 1998, S. 136–138). Da Dienstleistungen nicht lagerfähig sind (siehe uno-actu), können Nachfrageschwankungen nicht ausgeglichen werden, indem auf Vorrat oder Halde produziert wird. Somit ist die optimale Produktionskapazität im Verhältnis zur Nachfrage (insbesondere zur Nachfragespitze) ein wesentlicher Erfolgsfaktor für die Dienstleistungsproduktion. *Nachfrageschwankungen*

Nachfrageschwankungen kann ein Dienstleistungsproduzent nur durch eine zeitliche Preisdifferenzierung entgegenwirken. Somit unterliegen Dienstleistungen häufig Preisschwankungen (z.B. unterschiedliche Flugtarife je nach Tageszeit, Nachfrage und Auslastung – Last-Minute-Angebote bei kurzfristig verfügbaren Plätzen). Da bei der Dienstleistungsproduktion die Fixkosten überwiegen und nicht direkt von der Auslastung abhängen (die Kosten des Fluges sind im Wesentlichen unabhängig von seiner Auslastung), hat jede Verbesserung der Auslastung einen positiven Einfluss auf den Deckungsbeitrag. *Deckungsbeitrag*

Die Mitarbeiter in der Dienstleistungsproduktion, also die Leistungserbringer, sind das Element der Dienstleistung, das vom Kunden am stärksten wahrgenommen wird. Sie repräsentieren das Unternehmen beim Kunden. Daher haben Qualifikation und Motivation der Mitarbeiter höchste Priorität, da es sich bei der Dienstleistung nicht um ein anonymes und eventuell in einer Endkontrolle nachgebessertes Produkt handelt.

Die Leistungserbringer sind damit auch der kritische Erfolgsfaktor für Folgeaufträge, sie verhalten sich im Idealfall als Intrapreneur bezüglich der Kundenorientierung, Innovationsfähigkeit, Flexibilität und Eigenverantwortlichkeit, ähnlich wie ein selbständiger Unternehmer (Entrepreneur). *Intrapreneur*

2.6.3 Outsourcing

Outtasking

Bei Dienstleistungen steht überwiegend die Vergabe von zeitlich und inhaltlich abgegrenzten Leistungen im Vordergrund, wobei die Betriebsverantwortung beim Auftraggeber verbleibt. Diese Art der Dienstleistungsvergabe wird als Outtasking bezeichnet und soll kurz- bis mittelfristige Skill- und Kapazitäts-Engpässe abdecken.

Auslagerung

Dem gegenüber geht Outsourcing einen entscheidenden Schritt weiter. Der Begriff Outsourcing setzt sich aus den englischen Wörtern outside, resource und using zusammen und beschreibt die vollständige Vergabe von Wertschöpfungsaktivitäten an den Servicegeber (vgl. Hauer, 2009, S. 135). Damit geht auch die Betriebsverantwortung für diese Aktivitäten an den Dienstleister über. Es handelt sich somit um eine Auslagerung von Unternehmensaktivitäten an einen externen Servicegeber. Bei dieser Auslagerung gehen häufig auch Unternehmenswerte (Assets) und Mitarbeiter an den Dienstleister über.

Eine Sonderform des internen Outsourcing stellen die Shared Service Center dar, auf die in Kapitel 4.2.2 noch detailliert eingegangen wird.

Betriebsübergang

Damit ist Outsourcing eine spezielle Art des Betriebsüberganges, ähnlich wie Übernahme oder Unternehmensverkauf, Ausgliederung oder Ausgründung, und unterliegt damit in Deutschland auch speziellen rechtlichen Rahmenbedingungen. Insbesondere §613a des Bürgerlichen Gesetzbuches (BGB) regelt, dass und wie die Arbeitsverhältnisse der vom Betriebsübergang betroffenen Mitarbeitern auf den Dienstleister mit übergehen.

veränderte Kernkompetenzen

Zu den typischen Beispielen für Outsourcing gehören die Informationstechnologie (IT), das Facility-Management, das Finanz- und Rechnungswesen, die Lohn- und Gehaltsabrechnung, das Call-Center (Telefonzentrale, Hotline), das Catering und der Fuhrpark. Es betrifft also vor allem Aktivitäten, die nicht oder nicht mehr Bestandteil der eigenen Kernkompetenz sind.

Die Motive für das Outsourcing von Wertschöpfungsaktivitäten sind vielfältig:

–   die externen Kosten liegen unter den eigenen Betriebskosten,
–   Umwandlung von Fixkosten in variable Kosten,
–   eigene Skill-/Ressourcen-/Qualitätsdefizite können mittelfristig nicht behoben werden,
–   Liquiditätsverbesserung durch den Verkauf von Assets und der Vermeidung notwendiger Investitionen.

Marktpotential

Outsourcing kann für einen Dienstleistungsanbieter ein hochinteressantes Marktpotential sein. Lange Vertragslaufzeiten von in der Regel mehreren Jahren sichern eine langfristige Auslastung und Kundenbindung mit den dazugehörigen Umsatzströmen. Durch die weitgehend gleichbleibende Servicestruktur eines Outsourcing-Vertrages können auch über die Vertragslaufzeit Synergieeffekte erzielt werden, die die Profitabilität der Outsourcing-Dienstleistung positiv beeinflussen können.

2.7   Internationalisierung der Strategie

Für viele deutsche Unternehmen sind die internationalen Märkte von enormer Bedeutung. So erwirtschaftete beispielsweise die SAP AG im Jahre 2008 etwa 80% ihres Umsatzes außerhalb Deutschlands. Aber nicht nur internationale Absatzmärkte spiele eine große Rolle. Die Verlagerung der Produktion von Produkten und Dienstleistungen ins Ausland mit dem Ziel der Senkung der Herstellkosten hat bei vielen Unternehmen eine ebenso hohe Priorität.

internationale Absatzmärkte

Die bisher beschriebenen Strategie- und Kontrollprozesse sind auch für Betrachtungen im internationalen Umfeld gültig. Allerdings sind bei einer Entscheidung für eine internationale Ausweitung der Unternehmensaktivitäten noch zusätzliche Parameter zu untersuchen.

globale Produktion

Lokalisierung von Produkten und Dienstleistungen
Unter der Lokalisierung werden regions- oder landesspezifische Anpassungen der Produkte und Dienstleistungen verstanden, die für eine erfolgreiche Marktpositionierung in den jeweiligen Ländern notwendig sind. Lokalisierungen können ein breites Spektrum umfassen: von der Übersetzung von Bedienungsanleitungen über die Einhaltung nationaler Vorschriften bis hin zur notwendigen Anpassung an geänderte technische Voraussetzungen.

landesspezifische Anpassungen

Die notwendige Lokalisierung generiert Markterschließungskosten, die bei einer internationalen Expandierungsstrategie sorgfältig kalkuliert werden müssen.

Markteintrittsstrategien
Neben einem reinen Export von Waren- und Dienstleistungen kann ein direktes Engagement in den Zielländern zusätzliches Marktpotential erschließen. Hierbei gibt es drei wesentliche Formen des Markteintritts:

lokales Engagement

1. Tochtergesellschaft: Gründung einer rechtlich selbstständigen Auslandseinheit, die im Regelfall zu 100% im Besitz der Muttergesellschaft und damit wirtschaftlich unselbstständig ist,
2. Joint Venture: Gründung eines Gemeinschaftsunternehmens mit einem lokalen Partner, wobei Investitionen, Risiken, Kosten und Gewinne unter den Partnern aufgeteilt werden,

3. Akquisition: vollständige bzw. mehrheitliche Übernahme eines lokalen Unternehmens zur Nutzung des vorhandenes Marktzuganges und der Unternehmensstruktur.

Investitionsbedarf

Die Auswahl der geeigneten Markteintrittsstrategie ist von landesspezifischen Gegebenheiten, vom zu vermarktenden Produkt oder auch von den zur Verfügung stehenden Investitionsmitteln abhängig. So hat eine Akquisition den Vorteil des sofortigen Markteintritts, gleichzeitig ist sie aber mit einem hohen Kapitaleinsatz verbunden. Auch bei einem Joint Venture kann der existierende Marktzugang des lokalen Partners sofort genutzt werden und der Kapitaleinsatz ist sicherlich auch geringer als bei einer Akquisition. Im Gegensatz dazu steht jedoch der Verlust des alleinigen Entscheidungsrechts und die immanente Gefahr des Know-how-Abflusses. Bei der Gründung einer Tochtergesellschaft muss der Kapitaleinsatz an die Erfordernisse und an die Möglichkeiten angepasst werden und es besteht die vollständige Kontrolle über die Tochtergesellschaft. Allerdings muss der Marktzugang völlig neu aufgebaut werden.

Im Zuge der sich ständig ausweitenden Globalisierung muss die Möglichkeit einer Internationalisierungsstrategie mit hoher Priorität geprüft werden. Dabei steht nicht nur die reine Expansion mit der Gewinnung von zusätzlichem Umsatzpotential im Vordergrund. Die Internationalisierung kann auch eine überlebenswichtige Strategie sein, um den Verlust von inländischen Marktanteilen durch den globalisierten Wettbewerb kompensieren zu können.

2.8   Verständnisfragen

1. Welche Aufgaben soll ein Unternehmensleitbild für die jeweiligen Zielgruppen erfüllen?

2. Inwieweit kann ein Automobilzulieferer die mikroökonomischen Faktoren vernachlässigen?

3. Was bedeuten die Begriffe „relativer Marktanteil" und „Erfahrungskurveneffekt" und in welchem Zusammenhang stehen beide Begriffe?

4. Warum hat der relative Marktanteil eine größere Aussagekraft als der absolute Marktanteil?

5. Welche grundlegenden Strukturen und Parameter liegen einer Portfolioanalyse am Beispiel der Marktwachstums-Marktanteil-Portfolio-Matrix zugrunde?

6. Welche Trennungslinie ist im Modell des BCG-Portfolio-Modells eine fest vorgegebene Größe und welche Trennungslinie kann aus welchem Grund variieren?

7. Welche Schwäche teilt die BCG-Marktwachstums-Marktanteil-Matrix mit anderen Portfolio-Modellen?

8. Die Fusion zweier Wettbewerber hat einen signifikanten Einfluss auf die Verteilung der relativen Markanteile. Wird dieser Einfluss in der Prämissenkontrolle oder in der Durchführungskontrolle untersucht?

9. Was bedeutet das Uno-actu-Prinzip für Dienstleistungsunternehmen und wo gibt es Bespiele für die nicht vollständige Gültigkeit dieses Prinzips?

10. Worin liegen die Unterschiede zwischen einer Outtasking- und einer Outsourcing-Dienstleistung?

11. Welche Markteintrittsform im Ausland ist mit geringen Investitionen, welche mit hohem Risiko des Know-how-Abflusses verbunden?

12. Wie kann ein potentieller Lokalisierungsaufwand bereits im Vorfeld minimiert werden?

2.9   Weiterführende Literaturhinweise

Vision und Leitbild

Kicssling, W. F. / Spannagl P.: Corporate Identity Unternehmensleitbild – Organisationskultur, 2. Aufl., Augsburg 2004.

Analyse und Wettbewerb

Gude, H.: Wettbewerbsstrategien etablierter Anbieter bei Markteintritt und neuer Konkurrenz, Frankfurt 2007.

Kotzur, J.: Instrumente der strategischen Unternehmensanalyse – Darstellung und Kritik, München 2007.

Porter, M. E.: Wettbewerbsstrategie: Methoden zur Analyse von Branchen und Konkurrenten, 11. Aufl., Frankfurt 2008.

Strategische Ausrichtung

Bea, F.X. / Haas, J.: Strategisches Management, 4. Aufl., Stuttgart 2005.

Hungenberg, H.: Strategisches Management in Unternehmen: Ziele – Prozesse – Verfahren, 5. Aufl., Wiesbaden 2008.

Kaluza, B. / Blecker, T.: Wettbewerbsstrategien, München 2000.

Pepels, W.: Grundlagen der Unternehmensführung: Strategie – Stellgrößen – Erfolgsfaktoren – Implementierung, München 2005.

Porter, M. E.: Wettbewerbsvorteile. Spitzenleistungen erreichen und behaupten, 6. Aufl., Frankfurt 2000.

Welge, M.K. / Al-Laham, A. Strategisches Management: Grundlagen – Prozess–Implementierung, 5. Aufl., Wiesbaden 2008.

Portfolio-Management

Hugenberg, H., Wulf, T.: Grundlagen der Unternehmensführung, 3. Aufl., Berlin 2007.

Oetinger, B. v.: Das Boston Consulting Group Strategie-Buch: Die wichtigsten Managementkonzepte für den Praktiker, 8. Aufl., Berlin 2000.

Resch, B.: Portfoliomanagement im Konzern: Entwicklungs- und Konfigurationsoptionen zur Generierung von Mehrwert, Wiesbaden 2005.

Strategische Kontrolle

Baum, H.-G. / Conenberg A.G. / Günther, Th.: Strategisches Controlling, 4. Aufl., Stuttgart 2007.

Ehrmann, H.: Unternehmensplanung, 5. Aufl., Kiel 2007.

Dienstleistungsmanagement

Bieger, Th.: Dienstleistungs-Management: Einführung in Strategien und Prozesse bei persönlichen Dienstleistungen, 4. Aufl., Stuttgart 2007.

Corsten, H. / Gössinger R. : Dienstleistungsmanagement, 5. Aufl., München 2007.

Haller, S.: Dienstleistungsmanagement, 4. Aufl., Wiesbaden 2009

3 Die Unternehmenssteuerung

3.1 Grundlagen der Planung und Kontrolle – Controlling

3.1.1 Planungs- und Kontrollsysteme

Neben der Festlegung der Unternehmensstrategie ist eine der wichtigsten Aufgaben der Unternehmensführung die Umsetzung der Strategien sowohl durch langfristig strategische als auch kurzfristig operative Maßnahmen anzustoßen sowie deren Umsetzung und Wirkung zu kontrollieren. Während die Unternehmensstrategie für Klarheit in Bezug auf Ausrichtung und Zielsetzung des Unternehmens steht, ist es die Aufgabe des Controllings, das Verständnis der Unternehmensführung über den wirklichen Stand, aber auch die Erwartungen der Zukunft zu vermitteln. Die wechselseitige Verknüpfung zwischen Unternehmen und Umwelt macht es notwendig, nicht nur die unternehmensinternen Wertschöpfungsprozesse sowie die reaktiven Anpassungen des Unternehmens an die sich ändernde Unternehmensumwelt zu betrachten, sondern sie erfordert die Erweiterung der Steuerung auch auf die Beziehung zwischen Unternehmen und Umwelt. Verständnis

Abb. 3.1 zeigt den Aufbau eines derartigen Planungs- und Kontrollsystems als Regelkreis mit Soll-Ist-Vergleich. Planung definiert sich hierbei als „systematisches, zukunftsbezogenes Durchdenken und Festlegen von Zielen, Maßnahmen, Mitteln und Wegen zur zukünftigen Zielerreichung" (Wild, 1982, S. 13). Der Soll-Ist-Vergleich bezieht sich auf den beurteilenden Vergleich der Planansätze mit den realisierten Ergebnissen und der anschließenden Analyse der Ergebnisse. Die Ergebnisse dieses Soll-Ist-Vergleichs liefern zum einen die Ergebnisse der Kontrolle und beeinflussen zum anderen die weitere Steuerung. Regelkreis

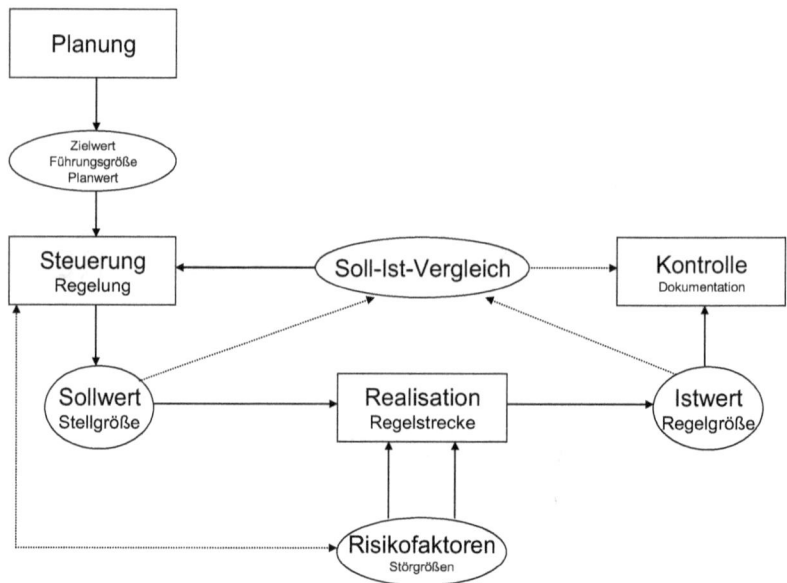

Abb. 3.1 *Regelkreis*

3.1.2   Planung

Plan und Planbestandteile

Das Ergebnis der Planung ist der Plan. Ausgangspunkt einer Planung ist in der Regel ein Entscheidungsprozess, daher beschreibt ein Plan zunächst die gewählte Entscheidungsalternative und legt die für die Zielerreichung verantwortlichen Aufgabenträger fest. Der Plan ist aber keine unverbindliche Prognose oder Absichtserklärung, sondern eine verbindliche Vorgabe an die Ausführenden im Unternehmen. Ein Plan besteht aus folgenden Bestandteilen:

- Ziele: Welche Ergebnisse sollen bei welchen Größen bis zu welchem Zeitpunkt erreicht werden?
- Prämissen: Auf welchen Annahmen basiert der Plan?
- Maßnahmen: Auf welchem Weg soll das Ziel erreicht werden?
- Ressourcen: Mit welchen finanziellen und personellen Mitteln soll das Ziel erreicht werden?
- Termine: Zu welchen Zeitpunkten sollen welche Maßnahmen durchgeführt werden, welche Ressourcen eingesetzt und welche Ziele erreicht werden?
- Träger der Planerfüllung: Welche Aufgabenträger und Organisationseinheiten sind für die Durchführung der Maßnahmen und die Zielerreichung verantwortlich?

– Ergebnisse: Mit welchen Ergebnissen wird bei Erfüllung des Plans gerechnet?

Zur Illustration zeigt **Tab. 3.1** beispielhaft die konkreten Ausgestaltungen der jeweiligen Planbestandteile mit Inhalten.   Planinhalte

Tab. 3.1 *Planinhalte*

Planbestandteile	Beispiele
Ziele	Umsatzsteigerung im nächsten Geschäftsjahr um 10%
	Erhöhung des Marktanteils im Geschäftsfeld bis in den nächsten zwei Jahren um 25%
	Senkung der Logistikkosten pro Jahr um 20%
Prämissen	konjunkturelle Entwicklung (Wirtschaftswachstum +2%)
	konstante bestehende Konkurrenzsituation
Maßnahmen	Marketingkampagne im Geschäftsfeld
	Neueinstellung von 5 Entwicklungsingenieuren im laufenden Geschäftsjahr
	Outsourcing der Logistik im Geschäftsfeld
Ressourcen	Budget für Marketingkampagne 1 Mio Euro
	Bruttogehalt der Entwicklungsingenieure je 50.000 Euro
Termine	Start der Marketingkampagne im März, Laufzeit 4 Monate
	Einstellung der Entwicklungsingenieure im Mittel zum 1. Juni des Jahres
	Umsetzung des Outsourcings zum 1. Oktober des Jahres
Aufgabenträger	Marketingleiter verantwortet Marketingkampagne
	Auswahl des geeigneten Personals durch Personal- und Entwicklungsleiters
	Auswahl des geeigneten Outsourcing-Anbieters und Verhandlungsführung durch Produktionsvorstand
Ergebnisse	5% Umsatzsteigerung im dritten Quartal durch Marketingkampagne
	Erhöhung der Entwicklungskapazität (Anzahl der Entwicklungsaufträge) im vierten Quartal um 15%
	Senkung der Logistikkosten im vierten Quartal um 20%

Bei der Planerstellung (siehe **Tab. 3.2**) innerhalb des Unternehmens liegt die Herausforderung in der inhaltlichen Abstimmung einzelner Teilpläne in der Weise, dass diese sich zu einem Gesamtunternehmensplan ergänzen. Da die Planung die Zielvorgaben der Beteiligten konkretisiert, geht von der Planerstellung auch ein wichtiger Motivationsfaktor aus. Hinsichtlich der hierarchischen Ableitung der Pläne kann zwischen Top-Down- und Bottom-Up-Planung sowie der Kombination beider Verfahren, das Down-Up-Verfahren, unterschieden werden. Alle drei Koordinationsverfahren weisen unterschiedliche Vor- und Nachteile im praktischen Einsatz auf. Die Auswahl der richtigen   Planerstellung

Planungsart hängt neben der Planungstiefe vor allem von der zur Verfügung stehenden Zeitspanne für die Erstellung des Plans ab.

Tab. 3.2 *Planungserstellung*

Plankoordination	Vorteile	Nachteile
Top-Down	ganzheitliche Zielformulierung	geeignete Zielvorgabe für alle Ebenen schwer formulierbar; Gefühl des Plandiktats
Bottom-Up	schrittweise Verdichtung von Teilplänen möglich; Motivation der Mitarbeiter / Abteilungen steigt	Gefahr von Planreserven; Nivellierungsgefahr (Orientierung am Durchschnitt); Gefahr von gegenläufigen Teilplänen
Down-Up (Kombination aus Top-Down und Bottom-Up)	Planung zunächst von oben nach unten (Top-Down); Validierung an der Basis, dann mit Korrekturvorschlägen Aggregation Bottom-Up	Zeitbedarf

Strategische und operative Planung

strategische und operative Planung

Während in der Vergangenheit häufig eine Dreiteilung der Planungsebenen in strategische, taktische und operative Planung vorgenommen wurde (vgl. Hauer, 1994, S. 161), hat sich zwischenzeitlich eine Zweiteilung der Planungsebenen durchgesetzt. Hierbei wird zwischen einem eher langfristigen strategischen Plan und der Planung der kurzfristig operativen Maßnahmen unterschieden. Beiden Planungsebenen unterscheiden sich hinsichtlich der Merkmale Zeitraum, Umfang, Zielsetzung, Vergleichsbasis und Inhalt.

Tab. 3.3 *strategische und operative Planung*

Kriterien	strategische Planung	operative Planung
Zeitraum	2 bis 5+ (mehrere) Jahre	1 (bis 2) Jahr (e)
Umfang	Hauptpläne	detaillierte Teilpläne aller Einheiten
Zielsetzung	verbale Zielsetzung, entlang strategischer Ziele (z.B. Wachstum)	Zielsetzung mit konkreten Werten und Vorgaben Basis für Budgetierung
Vergleichsbasis	Ist der Vorjahre, Plan des laufenden Jahres plus Marktanalysen	Ist des Vorjahres – Forecast des laufendes Jahres
Inhalt	Unternehmensstrategien, allgemeine Entwicklungstendenz, Abhängigkeiten, Analysen	Bestimmung der Jahres-, Quartals- und Monatszielen; Maßnahmenformulierung

Planungsrhythmus

Die strategische Planung bildet in Form einer Schachtelung die Basis für die Detailierung der operativen Planung. Hierdurch wird sichergestellt, dass beide Pläne konsistent verkettet sind. Der Planungsrhythmus bestimmt, wann und wie oft Pläne erstellt, überprüft, überarbeitet und fortgeschrieben werden.

Planungsrhythmus
- anschließende
- rollende
- revolvierende
Planung

Methodisch ist zu unterscheiden zwischen:

- anschließender Planung: Jeder Plan wird nur einmal erstellt und die einzelnen Pläne folgen einander unmittelbar und überschneidungsfrei. Nachträgliche Plananpassungen sind nicht vorgesehen.
- rollende Planung: Der Planungshorizont wird in zwei Abschnitte unterteilt. Die zeitlich näher liegende kurzfristig operative Abschnitt wird detailliert, der nachfolgende längerfristig strategische Abschnitt dagegen grob geplant. Nach Ablauf des ersten Abschnitts wird der darauf folgende Abschnitt auf Basis der bisher bestehenden Grobplanung detaillierter geplant und die restliche Planung aufgrund der neuesten Erkenntnisse überarbeitet. Die Planung wird um den abgelaufenen Abschnitt verlängert. Der Planungshorizont bleibt hierbei immer gleich.
- revolvierende Planung: Hierbei handelt es sich um eine Spezialform der rollenden Planung. Sie zeichnet eine höhere Planungsfrequenz aus. Die Überprüfung erfolgt nicht erst nach Ablauf der ursprünglichen Detailplanung (in der Regel ein Jahr), sondern bereits unterjährig (quartalsweise oder monatlich). Hierbei wird der operative Planungshorizont unabhängig vom Kalenderjahr jeweils beibehalten. Während der ursprüngliche Planungshorizont z.B. das erste bis vierte Quartal umfasst, wird nach Ablauf des ersten Quartals, der Planungshorizont um drei Monate verschoben. Die operative Planungsperiode umfasst jetzt das zweite bis vierte Quartal des laufenden Jahres und das erste Quartal des Folgejahres. Diese Methode adressiert damit insbesondere das häufig zu beobachtende „Jahresendausgabefieber" bei starrer Jahresplanung.

Planungskalender

Der Planungskalender legt die Fertigstellungszeitpunkte und Ausführungsdauern der inhaltlichen Planungsaufgaben fest. Die verbindliche Vorgabe von Terminen für die einzelnen Aktivitäten und die Verabschiedung der Pläne ist für einen reibungslosen Ablauf der Planung, aber auch für die Akzeptanz der späteren Kontrolle unabdingbar.

Zeitpunkte und Aufgaben

Mit Hilfe eines Planungskalenders lässt sich der gesamte Planungsprozess übersichtlich darstellen. Dies ist umso wichtiger, da wesentliche Aufgaben im Planungsprozess außerhalb der Finanz- oder Controllingabteilung zu erbringen sind. Der Planungskalender dokumentiert, wie die einzelnen Planungsaktivitäten aufeinanderfolgen, wie viel Zeit sie in Anspruch nehmen und wann sie begonnen haben und abgeschlossen sein sollen. Darüber hinaus wird ersichtlich, welche Aktivitäten hintereinander ausgeführt werden und welche parallel ablaufen können, um die Planungszeit abkürzen zu können. Schließlich dokumentiert ein Planungskalender auch die Verantwortlichkeiten für die Durchführung der einzelnen Planungsschritte.

Das Dilemma des Planungskalenders besteht darin, dass der Planungsprozess auf der einen Seite möglichst spät beginnen sollte, um möglichst die Unsicherheit einer Planung durch aktuellste Informationen zu minimieren, auf der anderen Seite aber sollte noch genügend Zeit für die Suche und Bewertung von Entscheidungsalternativen zur Verfügung stehen. Der Zeitbedarf steigt mit dem Detaillierungsgrad der Pläne. Da die Pläne gleichzeitig auch die Basis für die Unternehmens- und Mitarbeitervorgaben darstellen, erfordert dies ein Mindestmaß an Detaillierung. Es hat sich deshalb als zweckmäßig erwiesen, im Jahresablauf (siehe **Abb. 3.2**) eine gestuften Planung von der strategischen Planung der nächsten zwei bis fünf Jahre zur operativen Planung des kommenden Jahres hin zur Budgetierung mit weiterer Detaillierung der operativen Planung, z.B. für Quartale oder konkreten Vorgaben einzelner Mitarbeiter, vorzunehmen.

Inhalt	Zeit	J	F	M	A	M	J	J	A	S	O	N	D
Strategischer Planzyklus													
Operative Planung													
Budgetierung													
Vorbereitung													
Durchführung													
Abstimmung													
Verabschiedung													

Abb. 3.2 exemplarischer Aufbau eines Planungskalenders

Innerhalb der einzelnen Planungszyklen unterscheidet man zwischen:

– der Vorbereitung, meist in Verantwortung des Controllings;
– der Durchführung, in der Verantwortung der Fachabteilungen;
– der Abstimmung bei paralleler Planerstellung;
– der formellen Planverabschiedung.

strategischer und operativer Planungszyklus

Der strategische Planungszyklus – meist im Frühjahr – plant die kommenden zwei bis fünf Jahre, in der Regel stark extern, marktorientiert. In der operativen

Planung – meist im Sommer bzw. Herbst – werden die strategischen Vorgaben konkret für das kommende Jahr in operative Ziele heruntergebrochen. Meist wird hierbei bereits eine umfassende Unternehmensplanung unter Einbeziehung aller Unternehmensbereiche angestoßen. Im Fall paralleler Planung zum Beispiel von Vertriebs- und Produktionszielen erfolgt in der vom Controlling moderierten Abstimmungsrunde ein Abgleich der verschiedenen Teilpläne. Die Verabschiedung stellt einen auch formellen Schlusspunkt der Planung dar, diese werden damit meist auch formell von Plan- zu Zielgrößen. Häufig schließt sich unmittelbar an die operative Planung die Budgetierung an. Hierbei werden aus den operativen Teilunternehmensplänen die Zielvorgaben einzelner Abteilungen oder gar Mitarbeiter abgeleitet.

3.1.3   Controlling

Während im deutschen Sprachgebrauch unter Kontrolle die Durchführung eines Vergleichs, also der Vergleich zwischen Geplantem und Realisiertem verstanden wird, meint der englische Begriff „to control" die Lenkung, Steuerung, Regelung von Prozessen, oder auch steuern und beeinflussen, Orientierung geben. Insofern umfasst das Controlling neben dem Planungs- und Kontrollsystem des Unternehmens auch die Aufgabe der Unternehmenssteuerung.

Controlling als Steuerung

Dieses Verständnis findet seinen Ausdruck auch im Controllerleitbild der International Group of Controlling (ICG) bzw. deren deutschsprachigen Vertretung, dem Internationalen Controller Vereins (ICV).

Controllerleitbild

Controllers's Philosophy (in Anlehnung an: Internationaler Controller Verein, 2001, S. 2).

Controller leisten begleitenden betriebswirtschaftlichen Service für das Management zur zielorientierten Planung und Steuerung.

Das heißt:

Controller sorgen für Ergebnis- und Strategietransparenz.

Controller koordinieren Teilziele und Teilpläne ganzheitlich und organisieren unternehmensübergreifend zukunftsorientiertes Berichtswesen.

Controller sichern die Daten- und Informationsversorgung der Entscheidungsträger.

Controller tragen in aktiver sowie innovativer Mitarbeit zu mehr Wirtschaftlichkeit im System bei und müssen erreichen, dass jede Führungskraft in ihrer ökonomischen Verantwortlichkeit sich selbst steuern kann.

Controller sind die internen betriebswirtschaftlichen Berater aller Entscheidungsträger und wirken als Lotse zur Zielerreichung.

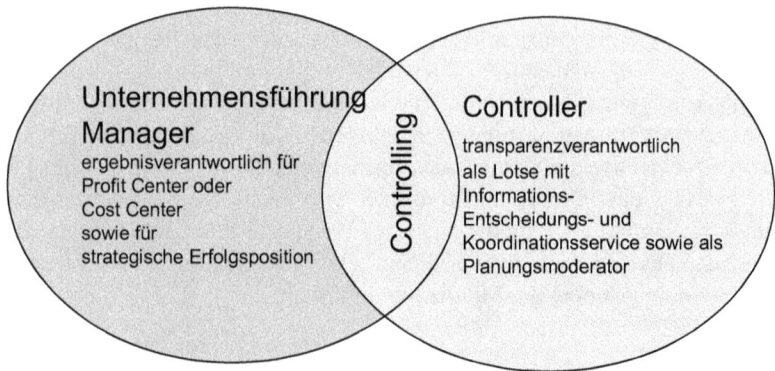

Unternehmensführung
Manager
ergebnisverantwortlich für
Profit Center oder
Cost Center
sowie für
strategische Erfolgsposition

Controlling

Controller
transparenzverantwortlich
als Lotse mit
Informations-
Entscheidungs- und
Koordinationsservice sowie als
Planungsmoderator

Abb. 3.3 *Unternehmensführung und Controller im Team*

Während die Unternehmensführung das Ergebnis des Unternehmens oder von
Unternehmensteilen wie Profit- oder Cost-Centern trägt, ist der Controller
dafür verantwortlich, die Unternehmensführung mit den notwendigen Informationen zu versorgen. Die Transparenzverantwortung zielt insbesondere auf die
Informationsversorgungsaufgabe des Controllers ab. Controlling als Unter-
nehmenssteuerungsaufgabe ist in der Schnittmenge zwischen den Aufgaben
der Unternehmensführung und dem Controller angesiedelt. Es entsteht durch
Manager und Controller im Team (vgl. **Abb. 3.3**). Ähnlich wie Unternehmens-
leitbilder (vgl. Kapitel 2.1.2) können auch die Aufgaben und das Selbstver-
ständnis des Controllers mit Hilfe eines Controllerleitbildes beschrieben werden. Ein so formuliertes Leitbild dient einerseits dazu, der Controllingabteilung bzw. dem Controller einen Anhaltspunkt zu geben, andererseits dient es
auch dazu, die Rolle des Controllers im Unternehmen für die anderen Unternehmensbereiche deutlich sichtbar zu machen (vgl. Weber, 2008, S. 64–69).

Das Controllerleitbild der Robert-Bosch-Gruppe (vgl. Linder / Pätsch, 2005, S. 227) ist davon geprägt, dass der Controller die Unternehmensbereiche und Führungsebenen in ihren strategischen Aufgaben unterstützt und zur Umsetzung der Unternehmensziele beiträgt. Im Einzelnen formuliert das Leitbild folgende fünf Leitsätze:

1. Wir Controller verstehen uns als Dienstleister für die Leitung.

Wir unterstützen die Leitung aktiv in ihrem zielorientierten Handeln und bei der Steuerung der Geschäfte.

Wir definieren mit der Leitung Ziele und steuern die Bereiche nach diesen.

Wir unterstützen den Zielvereinbarungsprozess auf allen Unternehmensebenen.

Wir kontrollieren die Bereichsergebnisse und arbeiten konstruktiv an ihrer Verbesserung mit.

Wir stellen der Leitung unser Know-how beratend zur Verfügung.

2. Wir Controller nehmen eine Ordnungsfunktion gegenüber den Fachbereichen wahr.

Wir stellen sicher, dass die Fachbereiche wertorientiert handeln.

Wie geben für die Bereiche verbindliche Verfahren und Methoden vor.

3. Wir Controller denken bereichsübergreifend, unternehmerisch und kundenorientiert.

Wir verfolgen ein bereichsübergreifendes Controlling.

Wir fördern ein unternehmerisches und kundenorientiertes Denken im Unternehmen.

4. Wir Controller gewährleisten anforderungsgerechte und aktuelle Informationen.

Wir sind im Unternehmen für die Informationsauswertung und Informationsbereitstellung mitverantwortlich.

Wir tragen zu einem effizienten Informationsaustauch im Unternehmen bei.

5. Wir Controller handeln zukunftsorientiert.

Wir unterstützen die Leitung bei der strategischen Ausrichtung ihrer Aktivitäten.

Wir antizipieren interne Stärken und Schwächen sowie externe Chancen und Risiken.

In der wissenschaftlichen Literatur finden sich als Folge unterschiedlicher Controllingkonzepte eine Fülle unterschiedlicher Controllingdefinitionen. Im Folgenden werden einige exemplarisch vorgestellt.

> Controlling nach Horváth: „Controlling ist – funktional gesehen – dasjenige Subsystem der Führung, das Planung und Kontrolle sowie Informationsversorgung systembildend und systemkoppelnd ergebniszielorientiert koordiniert und so die Adaption und Koordination des Gesamtsystems unterstützt. Controlling stellt damit eine Unterstützung der Führung dar: Es ermöglicht ihr, das Gesamtsystem ergebniszielorientiert an Umweltänderungen anzupassen und die Koordinationsaufgaben hinsichtlich des operativen Systems wahrzunehmen. Die wesentlichen Probleme der Controllingarbeit liegen an den Systemschnittstellen." (Horváth, 2006, S. 134)
>
> Controlling nach Reichmann: „Controlling ist die zielbezogene Unterstützung von Führungsaufgaben, die der systemgestützten Informationsbeschaffung und Informationsverarbeitung zur Planerstellung, Koordination und Kontrolle diente; es ist mithin eine Systematik zur Verbesserung der Entscheidungsqualität auf allen Führungsstufen der Unternehmung." (Reichmann, 2006, S. 13)
>
> Controlling nach Küpper: „Es ist denkbar, dass das Wort Controlling auf lange Sicht [...] durch Management bzw. Managerial Accounting ersetzt wird. [...] Unabhängig von der künftigen Bezeichnung kommt der Koordinations- und Steuerungsfunktion eine grundsätzliche Bedeutung zu." (Küpper, 2005, S. 49)
>
> Controlling nach Weber: „Die Funktion des Controlling[s] [...] ist Rationalitätssicherung der Führung." (Schäfer / Weber, 2004, S. 461)

Definition von
Controlling

Diese Auswahl zeigt, dass trotz vielfältiger Definitionsversuche die betriebswirtschaftliche Theorie noch kein festes Fundament des Controllings etabliert hat. Allgemein lässt sich feststellen, dass Controlling die ergebnisorientierte und wertorientierte Planung und Kontrolle als Metaführungsfunktion sowie die Koordination der Informationsversorgungsfunktion umfasst.

3.2   Strategisches Controlling

Strategisches Controlling umgibt häufig die Aura des Geheimnisvollen. Dieses Bild ist häufig geprägt von Topmanagementberatern, die vorgeben, nur auf Vorstandsniveau zu sprechen und die überlebenswichtigen Entscheidungen für die Unternehmen vorzubereiten. Obwohl dieses Bild in den letzten Jahren mit dem Bekenntnis zum strategischen Controlling gestärkt wurde, beschränkt sich

in der Praxis der Einfluss des Controllers in der strategischen Unternehmenssteuerung auf die Informationsbereitstellung bei der Identifizierung und Entwicklung von Strategien sowie in der Koordinationsrolle bei Implementierung
der Strategien.

Insofern liegt der Schwerpunkt dieses Abschnitts nicht auf einer Wiederholung
der in Kapitel 2 dargestellten Analyseinstrumente oder Managementprinzipien
für eine erfolgreiche Unternehmensstrategie (vgl. auch **Abb. 3.4**), sondern
konzentriert sich auf die darüber hinausgehende Rolle bei der Strategieimple-
mentierung und Kontrolle.

Ausgangspunkt des strategischen Controllings ist die auf dem Unternehmens-
leitbild aufbauende Unternehmensstrategie. Hierbei ist die Erarbeitung der
Unternehmensstrategie kein einmaliger, sondern ein andauernder Prozess.
Dieser wird unterstützt durch die strategische Planung und Kontrolle.

3.2.1   Strategische Planung und Kontrolle

Der Aufbau der strategischen Planung orientiert sich am hierarchischen Aufbau des Unternehmens. Auf Grundlage der Visionen und des Leitbilds des
Unternehmens werden im ersten Schritt Ziele und Strategien für das Gesamtunternehmen formuliert. Diese sind ihrerseits die Grundlage für weitere Detail-
lierungen sowohl auf der Gesamtunternehmensebene (Portfoliostrategie) als
auch auf Geschäftsfeld (Wettbewerbsstrategie je Geschäftsfeld) und Funktionsebene. Die Abgrenzungen zwischen Geschäftsfeld- und Funktionsebene
orientiert sich an der Organisation des Unternehmens. Bei einem divisionalen
Aufbau werden die betrieblichen Funktionen vom Geschäftsfeld dominiert,
während im funktionalen Organisationsaufbau die betrieblichen Funktionen
dominieren. Weitgehend durchgesetzt hat sich die Matrixorganisation, die
sowohl das Geschäftsfeld als auch die betrieblichen Funktionen heraushebt.

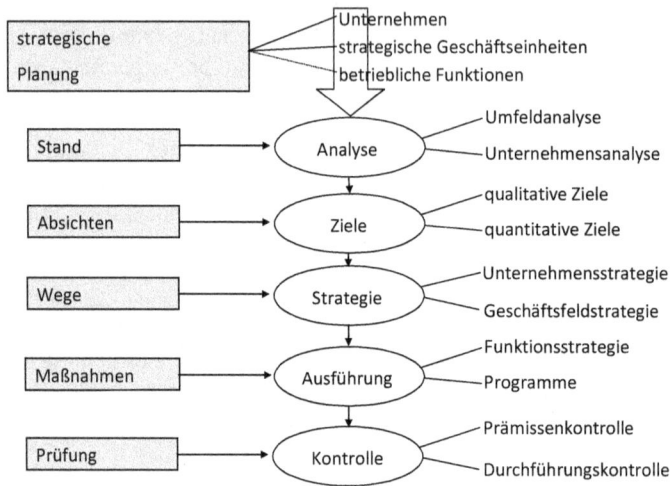

strategische Planung
- Unternehmen
- strategische Geschäftseinheiten
- betriebliche Funktionen

Stand → Analyse
- Umfeldanalyse
- Unternehmensanalyse

Absichten → Ziele
- qualitative Ziele
- quantitative Ziele

Wege → Strategie
- Unternehmensstrategie
- Geschäftsfeldstrategie

Maßnahmen → Ausführung
- Funktionsstrategie
- Programme

Prüfung → Kontrolle
- Prämissenkontrolle
- Durchführungskontrolle

Abb. 3.4   *Phasen des strategischen Controllings*

Abb. 3.4 verdeutlicht, dass die Aufgaben des Controllings innerhalb der strategischen Planung insbesondere in der Phase der Ausführung sowie der laufenden Kontrolle der Strategien liegen. Die Herausforderung für das Controlling besteht hierbei, Instrumente bereitzustellen, die in der Lage sind, eine Verbindung zwischen den erzielten operativen Ergebnissen und den verfolgten strategischen Zielsetzungen herstellen, die es aber auch erlauben, mögliche Abweichungsursachen bei der Durchführung oder in den getroffenen Prämissen zu identifizieren. Hierzu wird in den letzten Jahren insbesondere das Instrument der Balanced Scorecard empfohlen.

3.2.2   Balanced Scorecard

Balanced Scorecard

Während klassische Kennzahlensysteme meist einen engen Zusammenhang zur Rentabilitätskennzahl ROI („Return on Investment") aufweisen, löst sich das Kennzahlensystem der Balanced Scorecard von mathematischen Zusammenhängen. Das Konzept der aus einem Forschungsprojekt unter Leitung der US-Professoren Kaplan und Norton hervorgegangenen Balanced Scorecard (vgl. Kaplan / Norton, The Balanced Scorecard, 1992, S. 71–79) reagierte Anfang der 1990er-Jahre auf die Kritik an der Eindimensionalität und einseitigen Finanzorientierung klassischer Kennzahlensysteme, indem sie die traditionellen finanziellen Kennzahlen um eine Kunden-, eine interne Prozess- und eine Lern- und Entwicklungsperspektive (vgl. **Abb. 3.5**) ergänzte. Eine weitere Besonderheit liegt auch darin, dass explizit die betrachteten Kennzahlen auf die verfolgte Unternehmensstrategie bezogen sind. Damit stehen nicht mehr vergangenheitsbezogene Ergebniskennzahlen im Vordergrund, sondern vorlaufende Indikatoren und Leistungsparameter.

Die finanzielle Perspektive zeigt, ob die Implementierung der Strategie zur Ergebnisverbesserung beiträgt. Kennzahlen der finanziellen Perspektive sind etwa die erzielte Eigenkapitalrendite oder der Economic Value Added (vgl. 3.4.5). Die finanziellen Kennzahlen definieren zum einen die finanzielle Leistung, die von der Strategie erwartet wird, zum anderen stellen sie die „Oberziele" der anderen Perspektiven dar. Kennzahlen der Kunden, der internen Prozess- sowie Lern- und Entwicklungsperspektive sollen grundsätzlich über Ursache-Wirkungsbeziehungen mit den finanziellen Zielen verbunden sein. *Finanzperspektive*

Die Kundenperspektive reflektiert die strategischen Ziele des Unternehmens in Bezug auf die avisierten Kunden- und Marktsegmente. Für diese Segmente sind jeweils Kennzahlen aber auch Zielvorgaben und Maßnahmen zur Erreichung der strategischen Ziele zu definieren. *Kundenperspektive*

Aufgabe der internen Prozessperspektive ist es, diejenigen Prozesse abzubilden, die dafür notwendig sind, die finanziellen Ziele zu erreichen und der Kundenperspektive gerecht zu werden. Ein wichtiges Hilfsmittel bei der Identifizierung dieser Prozesse und deren Parameter ist die Wertkettenanalyse über die gesamte Wertschöpfungskette hinweg. *Prozessperspektive*

Kennzahlen der Lern- und Entwicklungsumgebung beschreiben die Infrastruktur, die notwendig ist, um die Ziele der vorher beschriebenen drei Perspektiven, also der Finanz-, Kunden- und Prozessperspektive, zu erreichen. Diese insbesondere auf die künftige Leistungsfähigkeit abzielende Perspektive umfasst vielfältige notwendige Voraussetzungen. Häufig werden hierbei drei Hauptkategorien – Qualifizierung von Mitarbeitern, Leistungsfähigkeit des Informationssystems sowie Motivation und Zielausrichtung von Mitarbeitern – genannt. *Potentialperspektive*

Finanzperspektive

Wie sollen wir gegenüber unseren Stakeholdern auftreten, um finanziellen Erfolg zu haben?

Ziel
Ziel

Kunden-
perspektive

Wie sollen wir gegenüber unseren Kunden auftreten, um unsere Vision zu verwirklichen

Ziel
Ziel

Prozess-
perspektive

In welchen Geschäfts-prozessen müssen wir die Besten sein, um unsere Stakeholder und Kunden zu befriedigen?

Ziel
Ziel

Wie können wir unsere Veränderungs- und Wachstumspotenziale fördern, um unsere Vision zu verwirklichen?

Ziel
Ziel

Potentialperspektive

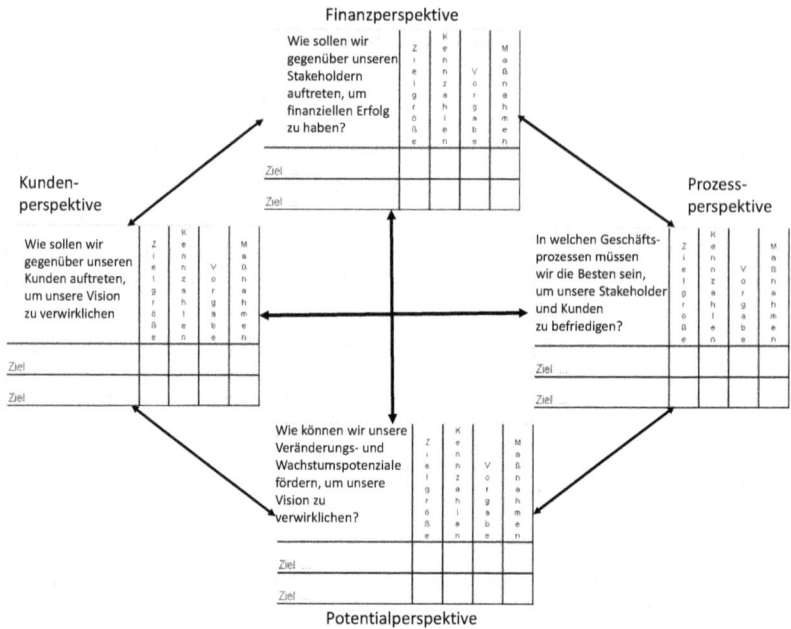

Abb. 3.5   vier Perspektiven der Balanced Scorecard

Mit der Ergänzung finanzieller Kennzahlen um weitere Perspektiven werden die traditionellen Ergebniskennzahlen um Leistungstreiber ergänzt. Diese sind jeweils geschäftsspezifisch zu ermitteln und spiegeln die Wettbewerbsvorteile des Unternehmens wider. Eine Balanced Scorecard zeichnet insbesondere diese Mischung aus. Ergebniskennzahlen ohne Leistungstreiber würden nicht vermitteln, wie die Ergebnisse erreicht werden sollen, umgekehrt ermöglicht die Optimierung von Leistungstreibern ohne Ergebniskennzahlen zwar kurz-fristige Verbesserungen, zeigen aber nicht, ob und inwieweit die strategischen Ziele erreicht werden können.

Innerhalb der Perspektiven sieht das Konzept eine strikte Beschränkung auf wenige (z.B. auf jeweils fünf) Kennzahlen vor. Angesichts des vielfach anzu-treffenden Kennzahlenwildwuchses erfordert dies eine starke Selektion und Konzentration. **Tab. 3.4** zeigt exemplarisch für die vier Perspektiven mögliche strategische Ziele und hierfür passende Kennzahlen.

Tab. 3.4 *Perspektiven und Kennzahlen einer Balanced Scorecard*

Perspektiven	strategische Ziele	Messgrößen
Finanzielle Perspektive Welche Zielsetzungen leiten sich aus den finanziellen Erwartungen der Kapitalgeber ab?	ROCE auf 25% steigern Vertriebskostenstruktur konkurrenzfähig gestalten internationales Wachstum vorantreiben	ROCE % Vertriebskosten Gesamtumsatz und % Umsatz nicht EU
Kundenperspektive Welche Ziele sind hinsichtlich Struktur und Anforderungen der Kunden zu setzen, um die finanziellen Ziele zu erreichen?	Hochpreissegment ausbauen Funktionssicherheit erhöhen Kundenbetreuung aktiver gestalten	Marktanteil im Hochpreissegment, Imagewerte Zielkunden Anzahl Störfälle Wiederverkaufsquote erhöhen Besuche / Zielkunden
Prozessperspektive Welche Ziele sind hinsichtlich der Wertschöpfungsprozesse zu setzen, um die Ziele der Finanz- und Kundenperspektive erfüllen zu können?	Produkte standardisieren Fertigungstiefe an Kernkompetenzen anpassen interne Kundenorientierung erhöhen	Gleichteilekosten / gesamte Materialkosten Kerntechnologiequote Schnittstellenbefragungsindex
Potentialperspektive Welche Ziele sind hinsichtlich der Potentiale zu setzen, um den aktuellen und zukünftigen Herausforderungen gewachsen zu sein?	Entwicklungskompetenz steigern Nutzung neuer Medien Mitarbeitermotivation erhöhen	Entwicklungsassessment (gemeinsam durch F&E, Vertrieb, Produktion und Unternehmensführung) Anzahl der überbetrieblichen Videokonferenzen Kündigung von Toppotentials, Mitarbeiterbefragungswerte

Bei der Selektion der Kennzahlen gelten zwei Bedingungen. Zum einen muss jede Kennzahl einen Strategiebezug aufweisen und damit direkt oder indirekt einen starken Einfluss auf den Unternehmenserfolg haben, zum anderen müssen die Kennzahlen durch das Management maßgeblich beeinflussbar sein. In diesem Sinne ist die Gesamtheit der Kennzahlen über Ursache–Wirkungsbeziehungen miteinander verbunden. Die Beziehungen müssen allerdings nicht als mathematische Verknüpfung bestehen, ein sachlogischer Zusammenhang ist ausreichend.

Obwohl die Balanced Scorecard in den vergangen Jahren in hohem Maße propagiert wurden, zeigen empirische Untersuchungen aus dem Jahr 2003, dass bislang selbst bei den großen deutschen Aktiengesellschaften nur 24% eine „Balanced Scorecard" einsetzen, wobei hiervon mehr als die Hälfte dieser Unternehmen nur Teile des Konzepts implementiert haben. Dies zeigt, dass die Balanced Scorecard nicht nur ein Kennzahlensystem ist, sondern eher ein strategisches Unternehmenssteuerungswerkzeug, dessen Einsatz mit größerem Aufwand verbunden ist, darstellt.

praktischer Einsatz

3.3   Operatives Controlling

3.3.1   Operative Planung

Das operative Controlling baut auf der strategischen Planung auf, allerdings verfolgt es die konkrete Umsetzung, unterstützt stärker, präzisiert die Unternehmensführung und ist häufig bereits auf einzelne Unternehmensbereiche oder Kostenstellen heruntergebrochen. Eine Herausforderung liegt hierbei in der Sicherstellung der Koordinierung der verschiedenen Unternehmensbereiche oder Kostenstellen.

Sachzielplan, Finanzzielplan

In der Unternehmenspraxis besitzt die operative Planung ihrem kurzfristigen Charakter entsprechend einen Planungshorizont von einem Jahr und wird mindestens einmal jährlich neu erstellt. Die Struktur der operativen Planung unterscheidet zwischen Sach- und Finanzzielplanung. Beide beziehen sich auf unterschiedliche Merkmale der Ergebnisse der Unternehmenstätigkeit. Diese Ergebnisse besitzen einerseits eine physische Ausprägung in Form von Mengen, Zeiten oder Qualitäten, andererseits monetäre Konsequenzen zum Beispiel in Kosten eines Produktionsloses oder Liquiditätsänderungen. Beide Planungen sind eng miteinander verbunden, da Sachzielplanungen die Basis für die Finanzplanung (etwa der Absatzplan für den Erlösplan) bilden, jedoch auch umgekehrt von diesen beeinflusst werden. So kommt als eine Maßnahme bei Nichterreichung des erwünschten absoluten Gewinnziels die planerische Erhöhung der Absatzmengen in Frage. Da in der Regel nur die finanziellen Ausprägungen als Zielvorgaben in der Unternehmensführung verankert werden, bezeichnet man dies auch als Formalzielplanung.

Planungsablauf

Die operative Planung (vgl. **Abb. 3.6**) beginnt sinnvollerweise mit der Absatzplanung, die mit der Fertigwarenlagerplanung die Vorgabe für die Produktionsplanung darstellt. Innerhalb der Produktionsplanung sind detaillierte Fertigungsablaufpläne mit Arbeits- und Belegungsplänen zu erstellen. Den Abschluss der Sachzielplanung bildet die Beschaffungsplanung, in der die für die Produktion und den Absatz notwendigen Material-, Personal- und Anlagenbedarfe festgelegt werden.

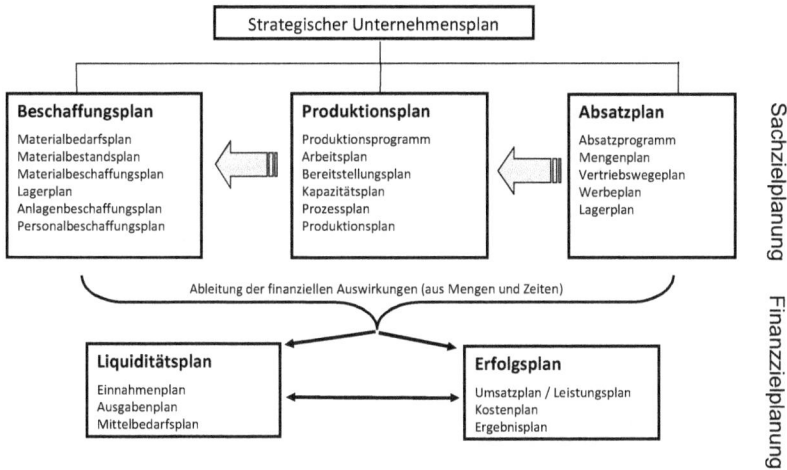

Strategischer Unternehmensplan

Beschaffungsplan
Materialbedarfsplan
Materialbestandsplan
Materialbeschaffungsplan
Lagerplan
Anlagenbeschaffungsplan
Personalbeschaffungsplan

Produktionsplan
Produktionsprogramm
Arbeitsplan
Bereitstellungsplan
Kapazitätsplan
Prozessplan
Produktionsplan

Absatzplan
Absatzprogramm
Mengenplan
Vertriebswegeplan
Werbeplan
Lagerplan

Sachzielplanung

Finanzzielplanung

Ableitung der finanziellen Auswirkungen (aus Mengen und Zeiten)

Liquiditätsplan
Einnahmenplan
Ausgabenplan
Mittelbedarfsplan

Erfolgsplan
Umsatzplan / Leistungsplan
Kostenplan
Ergebnisplan

Abb. 3.6 *Operative Planung*

Die Festlegung der operativen Finanzziele für die einzelnen Ausführungsverantwortlichen, z.B. Produktionsleiter oder Kostenstellenleiter, bezeichnet man
als Budgetierung. Die Bedeutung der Budgets liegt auch darin begründet, dass
die Ausführungsverantwortlichen einerseits innerhalb enger Grenzen an diese
gebunden sind und andererseits die Budgets auch in die Bezahlungsziele der
Verantwortlichen eingehen.

Um die begrenzten Mittel optimal einzusetzen, ist es zweckmäßig, vor der
Festlegung der Budgets die existierenden Handlungsalternativen näher zu
betrachten und Prioritäten für konkurrierende Handlungsalternativen aufzustel-
len. Hierzu sind einerseits die Umweltsituationen zu prognostizieren und andererseits sind die Handlungsalternativen auszuwählen und zu koordinieren. Die
Koordination der Unternehmensbereiche und Stellen ist zur Gesamtunterneh-
mensoptimierung bereits bei der Budgetierung sicherzustellen, da die einzelnen Teilbereiche danach sich an den Budgetvorgaben ausrichten. Die vorge-
nannte Verankerung der Budgets in den Bezahlungszielen der Mitarbeiter
wirkt sich damit dann stark in der Motivation der Handelnden aus.

Prognose, Koordination,
Motivation

3.3.2   Budgetierung

Budget und Budgetierung

Die Budgetierung umfasst die Konkretisierung, Vorgabe und Kontrolle von Formalzielen. Sie bezieht sich auf die finanziellen Auswirkungen von Handlungen und dient der Erreichung wertmäßiger Ergebnisse.

Der Budgetbegriff wurde ursprünglich im Zusammenhang mit der Erstellung öffentlicher Haushalte gebraucht und bezeichnete dabei die Gegenüberstellung von Einnahmen und Ausgaben im Sinne eines Etats. Daran angelehnt meint die betriebswirtschaftliche Bedeutung die Zuordnung finanzieller Ressourcen zu organisatorischen Bereichen. Im Vergleich zu einem Plan beziehen sich Budgets ausschließlich auf finanzielle Größen, während Pläne Sach- und Finanzziele beinhalten können. Ein weiterer Unterschied liegt in der höheren Verbindlichkeit der Budgets. Während Pläne im Sinne einer revolvierenden Planung angepasst werden, bleiben Budgets als Sollgröße im Sinne eines Soll-Ist-Vergleichs unverändert.

Budget

Ein Budget ist ein formalzielorientierter, in wertmäßigen Größen formulierter Plan, der einem Verantwortungsbereich für einen gewissen Zeitraum verbindlich vorgegeben wird.

Budgets weisen damit folgende Merkmale auf:

- Verantwortungsbereich: horizontal können Budgets nach Funktionen, Prozessen, Produkten, Regionen und vertikal nach hierarchischen Ebenen (z.B. Unternehmensbereich oder Abteilung) differenziert werden,
- Geltungsdauer: z.B. Jahres-, Quartals- oder Monatsbudgets,
- Wertdimension: z.B. Umsatzbudget, Kostenbudget, Ausgabenbudget,
- Verbindlichkeitsgrad: In der Regel werden Budgets mit einer fixen Ober- oder Untergrenze starr formuliert. Werden die Budgets flexibel formuliert, passen sie sich automatisch definierten Bezugsgrößen (z.B. der Beschäftigung) an.

Budgetangaben können sowohl inputbezogen den Ressourceneinsatz, in Form von Kosten, Aufwand oder Auszahlungen, als auch outputbezogen die zu erzielenden wertmäßigen Ergebnisse, z.B. in Form von Umsätzen oder Wert der hergestellten Produkte, definieren.

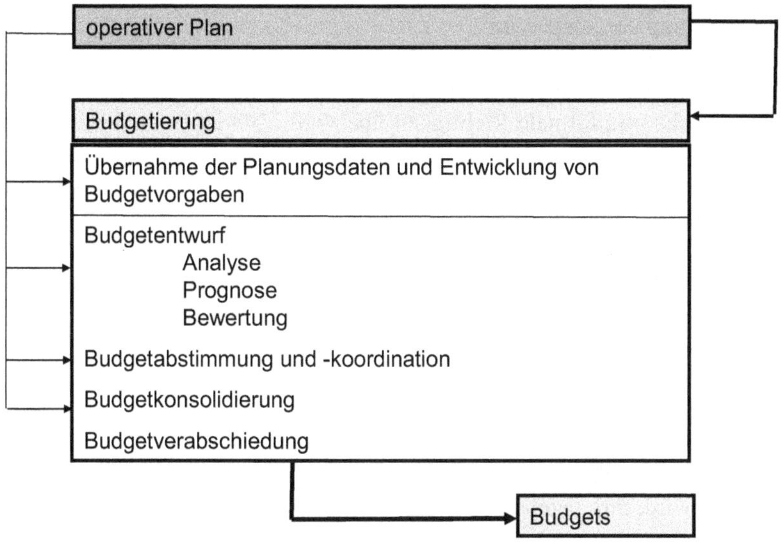

Abb. 3.7 *Budgetierungsprozess*

Der Budgetierungsprozess (vgl. **Abb. 3.7**) beschreibt den zeitlichen und sach-   Budgetierungsprozess
lichen Ablauf der Budgetierungsaktivitäten. Die folgenden wesentlichen Pha-
sen werden dabei durchlaufen:

–   Entwicklung von Budgetrichtlinien: Grundlage der Budgetierung sind die
    Ergebnisse der Planung. Hierbei werden in der operativen Planung auf den
    Ergebnissen der strategischen Planung aufbauend konkrete Maßnahmen-
    pläne für die nächsten ein bis zwei Jahre festgelegt. Darauf aufbauend be-
    stimmt die Unternehmensführung die übergeordneten Erfolgs- und Liquidi-
    tätsziele sowie die einzuhaltenden Absatz- und Ressourcenrestriktionen als
    Richtlinie für die Budgeterstellung der jeweiligen Periode (meist des kom-
    menden Jahres). Darüber hinaus werden im Rahmen des Budgetie-
    rungsprozesses Termine und Verantwortlichkeiten festgelegt.
–   Aufstellung der Teilbudgets: Auf Basis der Budgetvorgaben und gegebe-
    nenfalls vorliegender operativer Pläne erstellen die verantwortlichen Be-
    reichsleiter und Abteilungsleiter für ihren Verantwortungsbereich jeweils
    einen Budgetentwurf.
–   Budgetabstimmung und Budgetkoordination: In der Regel erfolgt die Auf-
    stellung der Teilbudgets kaskadierend entsprechend des hierarchischen
    Aufbaus der Unternehmung. Hierbei sind die Budgets mit der übergeordne-
    ten Instanz abzustimmen. Hierzu finden in der Regel mehrere Budget-

durchsprachen und -verhandlungen statt, bis der Budgetentwurf zur Genehmigung vorgelegt wird.

- Budgetprüfung und Budgetkonsolidierung: Die Budgetentwürfe werden häufig bereits parallel zur Budgetverhandlung durch das Controlling auf inhaltliche und formale Richtigkeit überprüft. Ziel ist es hierbei, mögliche Konflikte und Inkonsistenzen der einzelnen Budgets der Unternehmensteilbereich möglichst früh aufzudecken und sicherzustellen, dass sich die Teilbudgets zum übergeordneten Erfolgs- und Liquiditätszielen hierarchisch konsolidieren.

- Budgetverabschiedung und Vorgabe: Nach erfolgreicher vertikaler und horizontaler Abstimmung werden die Budgets von der Unternehmensführung formal genehmigt und stellen für die Führungskräfte die verbindliche Vorgabe der in der folgenden Budgetperiode zu erreichenden Formalziele dar. Die Vorgabe sollte hierbei möglichst vor Beginn oder zumindest zu Beginn der Budgetperiode erfolgen. Führungskräfte sehen Budgets nicht zwangsläufig als einschränkend, da ihnen damit auch die Kompetenz verliehen wird, ihre eigenen Entscheidungen im Rahmen des Budgets zu treffen.

- Kontrolle und Abweichungsanalyse: Im Rahmen der Budgetkontrolle werden sowohl während als auch nach Ablauf der Budgetperiode die Ziele mit den realisierten Ergebnissen verglichen. Die Abweichungsanalyse dient zur Bestimmung der Ursachen bei Zielabweichungen. Abweichungen können sowohl im Sinne einer Unter- als auch einer Übererfüllung auftreten. Aus Budgetierungssicht weist eine deutliche Budgetübererfüllung auf mögliche Probleme bei der Budgeterstellung hin, entsprechend sind auch diese Abweichungen zu analysieren.

Master Budget

In amerikanischen Unternehmen wird häufig der Begriff Master Budget für eine periodenbezogene finanzielle Gesamtschau der geplanten Maßnahmen aller Bereiche verwendet. Es beinhaltet die schrittweise Ermittlung von Budgetgrößen verschiedener Bereiche und verdeutlicht insbesondere den sachlichen Koordinationsbedarf zwischen den Teilplänen bzw. Teilbudgets. Beispielsweise ist es für die Absatzplanung wichtig, die Produktkosten zu kennen, diese ergeben sich aber erst aus der Produktionsmenge, den Kosten der Inputfaktoren und weiteren Herstellkosten.

Master-Budget-Ablauf   Die Ermittlung (siehe **Abb. 3.8**) erfolgt schrittweise. Aufbauend auf den Absatzprognosen der Absatzplanung wird zunächst das Absatzbudget ermittelt. Unter Berücksichtigung von Veränderungen im Lagerbestand wird aus diesem ein Produktionsbudget abgeleitet, das wiederum die Basis für Materialkosten- und Materialbedarfsbudgets sowie Fertigungslohn- und Fertigungsgemeinkostenbudgets darstellt. Die so ermittelten Herstellkostenbudgets sind um Kosten, die mit dem Absatz der laufenden Periode nicht in einem direkten Zusammenhang stehen, wie zum Beispiel die Forschung- und Entwicklungskosten oder

die Verwaltungs- und Vertriebskostenbudgets, zu ergänzen. Neben der Kos-
tenbetrachtung des laufenden Betriebs sind auch Investitionsvorhaben in Budgets zu erfassen. Während die Kosten- und Umsatzbudgets im Erfolgsbudget
konsolidiert werden, stellt der Finanzplan die vollständige zeitpunkt- und be-
tragsgenaue Aufstellung aller im Unternehmen anfallenden Ein- und Auszahlungen dar. Das Gesamtergebnis des Budgetierungsprozesses wird in einer
Plan-Gewinn- und Verlustrechnung, einer Planbilanz und einer Plan-
Cashflow-Rechnung dargestellt.

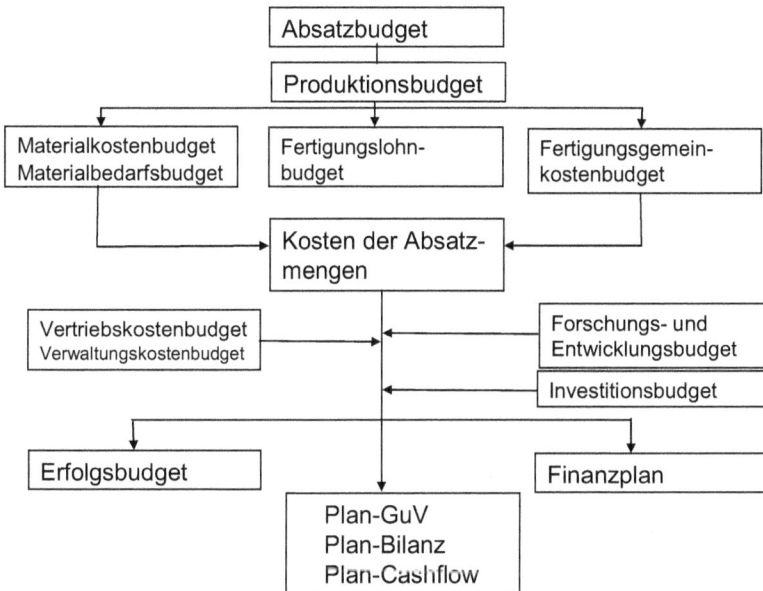

Abb. 3.8   *Master Budget*

3.3.3   Fallstudie Master Budget

Im Folgenden wird beispielhaft das Master Budget bis zur Plan-Gewinn- und
Verlustrechnung für ein Unternehmen mit zwei Produkten abgeleitet.

Tab. 3.5 *Absatz- und Lagerplan*

	Produkt 1	Produkt 2
Absatzangaben		
Absatzmenge (Stück)	20.000	30.000
Absatzpreis (Euro)	100	120
Lagerbestandsplan		
Anfangsbestand (Stück)	1.000	5.000
Endbestand (Stück)	3.000	2.000

Ausgangspunkt (vgl. **Tab. 3.5**) sind die für die folgende Periode geschätzten Absatzmengen und Absatzpreise sowie die geplanten Lageranfangs- und Lagerendbestände.

Im ersten Schritt ist das Produktionsbudget aus dem im Absatzbudget zugrunde liegenden Absatzmengen unter Berücksichtigung der Lageranfangs- und Endbeständen der beiden Produkte zu ermitteln (vgl. **Abb. 3.9**).

Produktionsbudget

	Produkt 1	Produkt 2
Absatzmenge (Stück)	20.000	30.000
Anfangsbestand (Stück)	1.000	5.000
geplanter Endbestand (Stück)	3.000	2.000
Produktionsmengen (Stück)	**22.000**	**27.000**

Abb. 3.9 *Produktionsbudget*

Desweiteren liegen auf Basis der gegebenen Stücklisten beider Produkte Informationen über die zu beschaffenden drei verschiedenen Rohstoffe (Faktoren) vor, sowie über die Planannahmen des Einkaufs, über die Planpreise für diese Materialien und über die Annahmen zu den vorhandenen bzw. geplanten Lagerbeständen der Rohstoffe.

Tab. 3.6 *Produktionsfaktor Material*

Produktionsfaktoren	Faktor 1	Faktor 2	Faktor 3
Produkt 1 (Stück)	5	1	2
Produkt 2 (Stück)	2	3	3
Beschaffungspreis (Euro)	1,00	2,50	2,00
Anfangsbestand (Stück)	10.000	15.000	6.000

Die Materialkosten der Produktion (bzw. des Absatzes) ergeben sich, indem die Verbrauchskoeffizienten einer Materialart mit den jeweiligen Produktionsmengen (bzw. Absatzmengen) multipliziert, über beide Produktarten addiert werden und schließlich mit dem Beschaffungspreis des jeweiligen Faktors multipliziert werden. **Abb. 3.10** zeigt die sich hieraus ergebenen Material-kosten- und Materialbedarfsbudgets.

Materialkostenbudget

	Faktor 1	Faktor 2	Faktor 3
Verbrauchskoeffizienten Produkt A	5	1	2
Verbrauchskoeffizienten Produkt B	2	3	3
Beschaffungspreise	1,00	2,50	2,00
Absatzmengebedarf	160.000	110.000	130.000
Kosten der Absatzmengen	160.000	275.000	260.000
Produktionsmengenbedarf	164.000	103.000	125.000
Kosten der Produktionsmengen	164.000	257.500	250.000

Materialbedarfsbudget

	Faktor 1	Faktor 2	Faktor 3
Produktionsmengenbedarf	164.000	103.000	125.000
Anfangsbestand	10.000	15.000	6.000
geplanter Endbestand	10.000	10.000	10.000
Gesamtbedarf (Menge)	164.000	98.000	129.000
Gesamtbedarf (Wert)	164.000	245.000	258.000

Abb. 3.10   *Materialbedarf- und Materialkostenbudget*

Fertigungslöhne werden in der Regel auch über produktspezifische in Arbeitsplänen dokumentierte Verbrauchskoeffizienten erfasst. Diese geben den Zeitbedarf an, der bei der jeweils betrachteten Arbeitstätigkeit für die Fertigung eines Stücks benötigt wird. Zur Bewertung werden die Planansätze für den jeweiligen Lohn je Zeiteinheit herangezogen.

Tab. 3.7   *Produktionsfaktor Arbeit*

Fertigungseinsatz	Arbeitsart 1	Arbeitsart 2
Produkt 1	1,00	1,00
Produkt 2	0,75	1,50
Lohn	15	17

Abb. 3.11 zeigt das Fertigungslohnbudget.

Fertigungslohnbudget

	Arbeitsart 1	Arbeitsart 2
Verbrauchskoeffizient Produkt A	1,00	1,00
Verbrauchskoeffizient Produkt B	0,75	1,50
Beschaffungspreise	15	17
Kosten der Absatzmengen	637.500	1.105.000
Kosten der Produktionsmengen	633.750	1.062.500

Abb. 3.11   *Fertigungslohnbudget*

Zusätzlich sind noch verschiedenste Fertigungsgemeinkosten sowie andere Gemeinkostenarten zu berücksichtigen (vgl. **Tab. 3.8**). Im Beispiel sind diese Abschreibungen auf Maschinen und Gebäude sowie Wartungs- und Instand-haltungskosten.

Als weitere Gemeinkosten – außerhalb der Herstellkosten – sind Verwaltungs- und Vertriebskosten sowie Kosten der Forschung und Entwicklung zu berück-sichtigen.

Tab. 3.8   *Gemeinkostenplan*

	EURO
Fertigungsgemeinkosten:	
Abschreibungen auf Maschinen (fix)	500.000
Abschreibungen auf Fabrikgebäude (fix)	600.000
Wartung und Instandhaltung (fix)	150.000
weitere Gemeinkostenbudgets	
Vertriebskostenbudget	200.000
Verwaltungskostenbudget	100.000
Forschung und Entwicklung	300.000

Für die Erstellung der Plan-Gewinn- und Verlustrechnung sind zunächst die Herstellungskosten der abgesetzten Menge zu ermitteln. Hierzu werden die Materialkosten der abgesetzten Mengen, die Fertigungslohnkosten der abge-setzten Produkte sowie die Fertigungsgemeinkosten addiert. Im Beispiel betra-gen diese 3.687.500 Euro. Gemeinsam mit den pauschal angenommen Budgets für weitere Gemeinkosten fließen diese in die Plan-Gewinn- und Verlustrech-nung (vgl. **Abb. 3.12**) ein. Diese zeigt den Gesamterfolg der Prognosen und Maßnahmen aller Teilbereiche des Unternehmens in aggregierter Form.

Plan Gewinn- und Verlustrechnung

	EURO
Erlöse der Absatzmengen	5.600.000
Kosten der Absatzmengen	-3.687.500
Vertriebskosten	-200.000
Verwaltungskosten	-100.000
Forschungs- und Entwicklungskosten	-300.000
Budgetierter Gewinn	1.312.500

Abb. 3.12   Master Budget – Plan-Gewinn- und Verlustrechnung

3.3.4   Better und Beyond Budgeting

Obwohl die Budgetierung in den meisten Unternehmen eine zentrale Rolle der Unternehmenssteuerung übernimmt, ist ihre Rolle und Bedeutung nicht unumstritten. Die Kritik an der Budgetierung führt unter anderem an, dass Budgets: *(Kritik an der Budgetierung)*

- in der Regel keine Verbindung zur Strategie haben,
- eine Ausrichtung auf kurzfristige Kostenreduktion und kurzfristige Erfolgsziele, statt langfristiger Wertsteigerung fördern,
- starr sind und nicht ausreichend schnell an eine veränderte Umwelt angepasst werden können,
- keine Messgrößen zur Steuerung weicher Faktoren liefern,
- eine command-and-control-Kultur ohne eigene Verantwortung fördern,
- einen sehr zeitaufwändigen Prozess erfordern.

Insbesondere seit den 1990er Jahren werden Vorschläge von einer Weiterentwicklung des klassischen Budgeting („Better Budgeting") bis hin zu einer radikalen Abkehr von Budgets und des Budgetierungsprozesses („Beyond Budgeting") verstärkt diskutiert und propagiert. *(Better Budgeting und Beyond Budgeting)*

Die Vorschläge des „Better Budgeting" – hierfür gibt es eine ganze Reihe leicht variierender Vorschläge – haben die Zielsetzung, durch eine Marktorientierung und geringere Detaillierung der Budgetierung diese flexibler und weniger aufwändig zu gestalten. Weitere Aspekte sind die Verbesserung der Prognosegüte mit der Möglichkeit, Budgets im Rahmen einer revolvierenden Planung anzupassen und dadurch sowohl operative als auch strategische Anpassungen zu berücksichtigen. *(Better Budgeting)*

Während die „Better Budgeting"-Vorschläge an einzelne Kritikpunkte der klassischen Budgetierung ansetzen und darauf abzielen, den Budgtierungspro- *(Beyond Budgeting Round Table)* zess zu verbessern, zielt das von Jeremy Hope, Robin Fraser und Peter Brunce im Rahmen des CAM-I (Consortium for Advanced Manufactoring International) propagierte „Beyond Budgeting" auf eine radikale Abkehr von der bisherigen Budgetierungspraxis. Sie gründeten 1998 den Beyond Budgeting Round Table (BBRT) mit der Zielsetzung, ein Steuerungsmodell jenseits der Budgetierung zu entwickeln. Der BBRT untersuchte hierzu in ca. 20 Fallstudien Unternehmen (u.a. Swenska Handelsbanken, Ikea, Volvo), die bereits in verschiedener Weise auf Budgetvorgaben verzichteten. Die Ergebnisse dieser Studien bilden die Basis für die zwölf Beyond-Budgeting-Prinzipien. Die vorgeschlagenen Prinzipien sind im Einzelnen schon länger bekannt. Neu ist allerdings die konsequente Anwendung aller Prinzipien und der konsequente Verzicht auf die klassische Budgetierung. Das Beyond-Budgeting-Modell sollte nicht als ein Planungsmodell im traditionellen Sinne verstanden werden. Es handelt sich vielmehr um eine neue Art der Führung, die es Unternehmen ermöglichen soll, in dem veränderten Unternehmensumfeld, flexibler und erfolgreicher zu agieren.

Prinzipien des Beyond Budgeting

Im Rahmen des Beyond-Budgeting-Konzepts (vgl. **Abb. 3.13**) wurden zwei Gestaltungselemente identifiziert, die für den Erfolg eines Managementmodells ohne Budgets maßgeblich verantwortlich sind: eine radikale Dezentralisierung von Entscheidungen und adaptive Managementprozesse.

Denzentralisierung

Das Beyond-Budgeting-Modell verlangt hier eine radikale Dezentralisierung und eine weitgehende Abschaffung von Hierarchien. Die Verantwortung und Kompetenzen sollen in hohem Maße an die Mitarbeiter mit dem meisten Wissen und dem besten Zugang zu den Märkten delegiert werden. Im Folgenden werden die sechs Prinzipien zur Dezentralisierung kurz vorgestellt.

1. Klares Regelwerk
   Das Unternehmen muss ein klares Regelwerk schaffen, das den Rahmen für die dezentrale Entscheidungsfindung bildet. Es müssen hierzu klare Prinzipien und geeignete Grenzen benannt werden, an die sich alle Mitarbeiter halten müssen. Die Führungskräfte sollen beim Beyond Budgeting in die dezentrale Entscheidungsfindung grundsätzlich nicht eingreifen, vielmehr sollen sie als eine Art Mentor unterstützend tätig werden. Diese große Freiheit und Verantwortung setzt ein hohes Maß an Vertrauen gegenüber den dezentralen Mitarbeitern voraus.

2. Empowerment dezentraler Manager
   Die dezentralen Manager müssen schnell in der Lage sein, Entscheidungen innerhalb der vorgegebenen Grenzen zu treffen, damit auf Marktereignisse schnell reagiert werden kann. Dies soll bei dem Beyond-Budgeting-Ansatz durch die Bildung von vielen, untereinander vernetzten, autonomen Profit Centern gewährleistet werden, da diese flexibler auf lokale Ereignisse reagieren können. Die kleinen Profit Center sollen auch das Unternehmertum

im Unternehmen verstärken. Es ist wichtig, dass den Profit Centern ausreichend Ressourcen zur Verfügung stehen, damit geplante Maßnahmen auch realisiert werden können.

3. Dezentrale Ergebnisverantwortung
   Beim Beyond-Budgeting-Modell wird die Ergebnisverantwortung weitgehend an dezentrale Teams übertragen. Durch die dezentrale Ergebnisverantwortung sollen sich die Teams stärker mit den eigenen Zielen (z.B. stetige Suche nach Effizienzverbesserungen) identifizieren und so eine leistungsfähigere Organisation ermöglichen.

4. Netzwerkorganisation
   Um die geforderte Selbststeuerung der dezentralen Führungskräfte zu ermöglichen, muss die Organisation im Sinne eines Netzwerks strukturiert sein. Eine solche Organisationsstruktur ermöglicht den dezentralen Stellen aufgrund der flachen Hierarchie einen schnellen Zugriff auf unternehmerisches Wissen. Außerdem hilft sie dabei, eine vertrauensvolle, verantwortungsvolle und loyale Unternehmenskultur zu schaffen. Die netzwerkartige Struktur ist dabei immer auf große Flexibilität und die richtige Zuordnung von Humanressourcen ausgerichtet.

5. Marktähnliche Koordination
   Die Koordination im Unternehmen erfolgt nicht mehr, wie bei der traditionellen Planung und Budgetierung, über einen zentralen Plan. Beim Beyond Budgeting sollen alle Aktivitäten und Entscheidungen erst dann abgestimmt werden, wenn sie auftreten. Die Entscheidungsfindung soll über einen marktähnlichen Mechanismus, der auf Marktpreisen beruht, erfolgen. Die einzelnen Profit Center haben hierbei die Verantwortung, ihre internen „Kunden" mit wettbewerbsfähigen Preisen und Leistungen zufriedenzustellen.

6. Unterstützender Führungsstil
   Die Führungskräfte übernehmen beim Beyond Budgeting aufgrund der radikalen Dezentralisierung der Entscheidungen hauptsächlich eine unterstützende Rolle. Sie müssen gewährleisten, dass die dezentralen Manager alle nötigen Instrumente (z.B. Informations- und Früherkennungssysteme) zur Verfügung haben und durch ausreichende Schulung und Coachings in der Lage sind, die Vorteile des Beyond-Budgeting-Modells auch zu nutzen. Während es bei der traditionellen Budgetierung hauptsächlich um „kontrollieren und bestrafen" aufgrund der vorgegebenen Budgets ging, soll hier das „Mitdenken, Herausfordern und Fördern" die Hauptaufgabe der Führungskräfte sein.

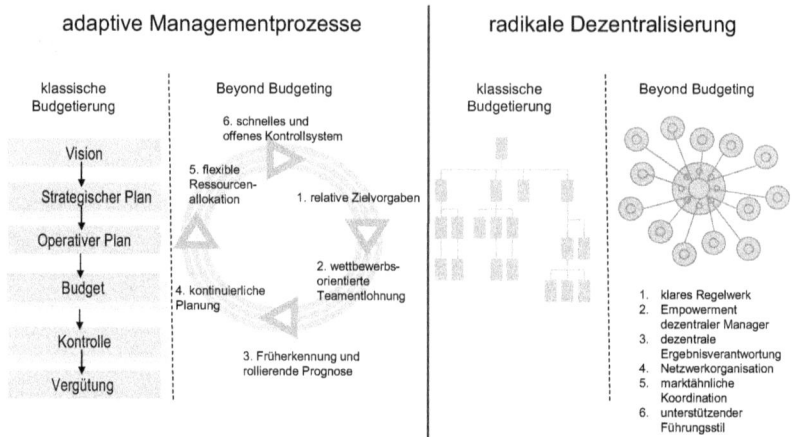

adaptive Managementprozesse | **radikale Dezentralisierung**

klassische Budgetierung — Vision → Strategischer Plan → Operativer Plan → Budget → Kontrolle → Vergütung

Beyond Budgeting:
6. schnelles und offenes Kontrollsystem
5. flexible Ressourcenallokation
1. relative Zielvorgaben
2. wettbewerbsorientierte Teamentlohnung
4. kontinuierliche Planung
3. Früherkennung und rollierende Prognose

klassische Budgetierung

Beyond Budgeting:
1. klares Regelwerk
2. Empowerment dezentraler Manager
3. dezentrale Ergebnisverantwortung
4. Netzwerkorganisation
5. marktähnliche Koordination
6. unterstützender Führungsstil

Abb. 3.13 *Managementprinzipien des Beyond Budgeting*

adaptive Managementprozesse

Die Budgetierung muss laufende Anpassungen an sich ändernde Umweltbedingungen und Kundenanforderungen gestatten und somit ein markt- und kundenorientiertes Agieren erlauben. Hierfür fordert das Beyond-Budgeting-Konzept adaptive Managementprozesse, die anhand von sechs Prinzipien strukturiert werden:

1. Relative Zielvorgaben
   Bei der klassischen Steuerung über Budgets werden die Ziele für ein Geschäftsjahr in Form von finanziellen Zielen vorab festgelegt. Das Beyond-Budgeting-Konzept sieht dagegen vor, die Managerleistung an einem im Nachhinein ermittelten, wettbewerbsbezogenen Zielwert zu messen. Das Ziel wird hierbei als relativer Zielwert angegeben, da dieser sich automatisch an veränderte Umweltbedingungen anpasst. Sollten keine externen Benchmarks verfügbar sein, wäre auch ein relativer Vergleich von internen Bereichen denkbar (z.B. Land vs. Land, Division vs. Division).

2. Wettbewerbsorientierte Teamentlohnung
   Das Anreizsystem soll außerdem nicht mehr so stark an die individuelle Leistung gekoppelt sein, sondern an die Leistung eines Teams. Durch die gemeinsame Erfolgsbeteiligung kann in den Teams eine offene und vertrauensvolle Informations- und Diskussionskultur entstehen und Mitarbeiter sind mehr dazu bereit, wichtige Informationen zu teilen.

3. Früherkennung und rollierende Prognose
   Bei budget basierten Steuerungsmodellen besteht stets die Gefahr, dass das Forecasting den Charakter einer Budgetrevision annimmt, da häufig nur

überprüft wird, ob bis zum Jahresende die im voraus definierten Ziele erreicht werden können. Ein Blick über das Geschäftsjahr hinaus fehlt oft,
dies hemmt die Fähigkeit des Unternehmens zur Vorausschau. Das Beyond
Budgeting setzt zur Verbesserung der Prognose sogenannte Rolling Fore-
casts ein. Die Prognosefähigkeit des Forecasting wird verbessert, indem eine vollständige Loslösung der Prognose von Zielen und Leistungsmanage-
ment erfolgt. Die Ergebnisse des Forecasting sind zwar ein wichtiger Input
für die Planung, allerdings ist der Prozess der Prognose völlig unabhängig
von dem Prozess der Planung.

4. Kontinuierliche Planung
   Bei der traditionellen Budgetierung werden Pläne meist nur einmal im Jahr
   aufgestellt und unterjährig mehr oder weniger nur angepasst. In einem dynamischen Unternehmensumfeld ist der Zeitabstand zwischen den Planungen damit oft zu lang. Das Beyond-Budgeting-Modell sieht deshalb vor,
   dass rollierend und in kürzeren Fristen (monats- oder quartalsweise) geplant wird. Die Aktualisierung der Strategie erfolgt beim Beyond-
   Budgeting-Konzept auch nicht mehr Top-Down wie bei den einmal im Jahr
   stattfindenden Planungssitzungen, sondern dezentral auf Geschäftseinheits-
   ebene nach klar vorgegebenen Grenzen. Als Instrument für die Bildung der
   Strategie und zu ihrer Durchsetzung wird der Einsatz einer Balanced Scorecard vorgeschlagen.

5. Flexible Ressourcenallokation
   Bei der Ressourcenallokation über Budgets besteht immer die Gefahr, dass
   alles was im Budget vorgesehen ist, auch ausgegeben wird, obwohl es
   möglicherweise gar nicht benötigt wird. Dies kann zu einer unnötigen Verschwendung von Ressourcen führen. Beim Beyond-Budgeting-Konzept e-
   xistieren keine Budgets und die Ressourcenallokation soll bedarfsgesteuert
   sein. Das bedeutet, Führungskräfte müssen bei Bedarf schnell auf Ressourcen zugreifen können. Bei einem bedarfsgesteuerten Model kann es bei
   knappen Ressourcen (z.B. Liquidität, qualifiziertes Personal, komplexe
   Bauteile) zu Engpässen kommen, wenn kurzfristig mehrere Teams die gleiche Ressource benötigen.

6. Schnelles und offenes Kontrollsystem
   Bei der klassischen Budgetierung erfolgt meist eine Fremdkontrolle anhand
   der zuvor definierten Budgets und Ziele. Das Beyond-Budgeting-Modell
   hingegen setzt auf Selbstkontrolle durch die dezentralen Teams, denn je
   spezialisierter die Arbeitsabläufe, desto mehr ist das Markt- und Experten-
   wissen dieser Teams gefragt und eine zentrale Kontrolle verliert an Bedeutung. Die zentralen Stellen werden bei Ausnahmen und Abweichungen
   zwar informiert, sollen aber bei der Problemlösung nur unterstützend tätig
   werden. Um ein solches Kontrollsystem implementieren zu können, müs-

sen die benötigten Informationen überall und unmittelbar zur Verfügung stehen, damit eine größtmögliche Transparenz gewährleistet werden kann.

Bei der Betrachtung des Beyond-Budgeting-Konzepts darf nicht vergessen werden, dass ihre Anwendung folgende Bedingungen voraussetzt:

- Existieren keine signifikanten Verbünde zwischen einzelnen Einheiten, die nur von zentraler Stelle überblickt werden können?
- Ist die Umweltdynamik so hoch, dass tatsächlich ein signifikanter Wissensvorsprung der dezentralen Einheiten vorliegt?
- Sind die Mitarbeiter willens und in der Lage, mit den delegierten Aufgaben und Verantwortungen umzugehen? Welcher Aufwand ist notwendig, um die dezentralen Funktion in die Lage zu versetzen, dieser Verantwortung auch gerecht zu werden?

Es gibt keinen „One Size fits all"-Ansatz der Budgetierung

Je nach Unternehmen und Unternehmensumfeld werden diese Bedingungen häufig nicht gegeben sein und damit ist die Anwendbarkeit des Beyond-Budgeting-Konzepts in diesen Fällen eingeschränkt. Insgesamt gesehen muss jedes Unternehmen entsprechend seinen individuellen Anforderungen den Budgetierungsprozess selbst gestalten und anpassen.

3.4   Performance Measurement

3.4.1   Kennzahlen und Kennzahlensysteme

Kennzahlen geben schnell und prägnant Auskunft über die Unternehmenssituation. Sie verdichten per Definition die komplexe wirtschaftliche Realität und ermöglichen erst die Operationalisierung von Zielen sowie die Messung der Zielerreichung. Somit stellen sie ein wichtiges Instrument der Unternehmenssteuerung dar.

Kennzahlen

Kennzahlen lassen sich in ihrer statischen Ausprägung als absolute oder relative Kennzahlen ausdrücken. Absolute Kennzahlen sind einzelne Werte, Summen oder Differenzen, wie zum Beispiel Umsatz, Kosten oder Gewinn. Relative Kennzahlen setzen absolute Größen ins Verhältnis, um diese miteinander vergleichen zu können. Hierbei können folgende Ausprägungen voneinander unterschieden werden:

- Gliederungszahlen drücken den Anteil einer Zahl an einer übergeordneten Zahl aus. Zum Beispiel stellt die Eigenkapitalquote den Anteil des Eigenkapitals am Gesamtkapital dar.

- Beziehungszahlen setzen sachlich unterschiedliche Größen ins Verhältnis zueinander. Die Umsatzrentabilität beschreibt die Relation zwischen Gewinn und Umsatz. Sie verdeutlicht so, die Abhängigkeit des Unternehmens auf Preisrückgänge oder Kostensteigerungen.
- Indexzahlen beschreiben in der Regel die zeitliche Entwicklung von Kennzahlen bezogen auf einen bestimmten Zeitpunkt, als Beispiel sind hier Preis- oder Kostenindizes zu nennen.

Einzelne Kennzahlen haben meist nur eine begrenzte Aussagekraft. Um diese zu erhöhen, können mehrere Kennzahlen miteinander kombiniert werden. Von einem Kennzahlensystem wird dann gesprochen, wenn zwei oder mehr Kennzahlen in einer Beziehung zueinander stehen, einander ergänzen oder erklären. `Kennzahlensystem`

Nach der Ableitung der Ordnung lassen sich zwei Arten von Kennzahlensystemen unterscheiden:

- Die reinen Ordnungssysteme gehen von einem synthetischen Ansatz der Ordnungsermittlung aus. Hier reicht aus, dass übergeordnete Kennzahlen von der betrachteten Größe beeinflusst werden. Eine mathematische Ableitung der Höhe dieses Einflusses ist nicht notwendig. Häufig werden diese Kennzahlen aus empirischen Analysen gewonnen.
- Die mathematischen Rechensysteme dagegen bestehen aus einer das Oberziel repräsentierenden Spitzenkennzahl, die rechnerisch in mehreren Schritten in ihre Bestandteile zerlegt wird. Hieraus ergibt sich eine hierarchische, pyramidenförmige Struktur.

Das wohl älteste und bekannteste Kennzahlensystem ist das bereits 1919 von der Firma E. I. du Pont de Nemours and Company entwickelte DuPont-System of Financial Control. Die Zielsetzung war und ist (das Unternehmen DuPont existiert noch heute) es, die unterschiedlichen Beteiligungen des Konzerns beurteilen und steuern zu können. Ausgehend vom Ziel der Gewinnmaximierung steht der „Return on Investment" (RoI) an der Spitze des Kennzahlensystems. Deshalb wird dieses Kennzahlensystem häufig auch als RoI-Kennzahlensystem bezeichnet. Die weiteren Bestandteile des Kennzahlensystems sind mathematisch miteinander verknüpft und erlauben durch eine schrittweise Analyse das Herunterbrechen der einzelnen Einflussfaktoren auf den Unternehmenserfolg. `DuPont System of Financial Control` `RoI-Kennzahlensystem`

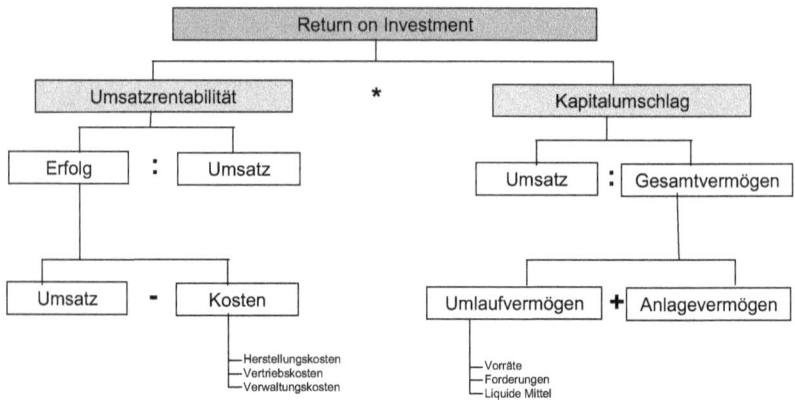

Abb. 3.14   *DuPont System of Financial Control*

Auf Basis dieser Kennzahlen lässt sich nicht nur der Soll-Ist-Vergleich mit der Unternehmensplanung anstellen. Diese Kennzahlen lassen sich auch für unternehmensinterne oder unternehmensübergreifende Benchmarks nutzen, um so mögliche Schwachstellen des Unternehmens identifizieren und geeignete Gegenmaßnahmen einleiten zu können.

ZVEI-Kennzahlensystem   Das DuPont System of Financial Control ist Vorbild für eine Vielzahl von weiteren Kennzahlensystemen. Die in Deutschland bekannteste Weiterentwicklung stellt das 1970 vom Zentralverband Elektrotechnik und Elektronikindustrie e.V. vorgestellte ZVEI-Kennzahlensystem. Als Mischsystem besteht es zum einen aus einem Ordnungssystem zur Wachstumsanalyse und zum anderen aus einem Rechensystem zur Strukturanalyse mit der Rentabilität des Eigenkapitals als Spitzenkennzahl. Die Wachstumsanalyse gibt auf Basis absoluter Zahlen, wie Geschäftsvolumen, Personal und Erfolg, einen Überblick über die zeitliche Entwicklung. In der Strukturanalyse wird aufbauend auf der Spitzenkennzahl „Eigenkapitalrentabilität" in drei Kennzahlengruppen die Erfolgs- und Liquiditätssituation des Unternehmens detailliert untersucht. Die drei Untersuchungsbereiche gliedern sich in „Rentabilität und Liquidität", in „Ergebnis, Vermögen, Kapital und Beschäftigung" sowie „Aufwand, Umsatz, Kosten, Beschäftigung und Produktivität". Das ZVEI-Kennzahlensystem ist kein spezifisches Verfahren für die Elektrotechnik- und Elektronikindustrie, sie es ist auch in anderen Wirtschaftszweigen anwendbar. Da der ZVEI jährlich die für das Kennzahlensystem relevanten Daten bei seinen Mitgliedsfirmen erhebt und diesen anonymisiert wieder zur Verfügung stellt, können diese umfassende Betriebs- und Zeitvergleiche im Rahmen eigener Benchmarkuntersuchungen durchführen.

3.4.2 Traditionelle Kennzahlen zur Unternehmenssteuerung

Zur Unternehmenssteuerung werden häufig absolute Kennzahlen, wie bspw. der Umsatz, oder Periodenerfolgsgrößen, wie der Jahresüberschuss, verwendet. In den letzten Jahren haben hierbei außer Größen der deutschen Rechnungslegung insbesondere Definitionen der internationalen Rechnungslegung eine weite Verbreitung gefunden.

Die „Earnings Before Interest and Taxes" (EBIT) spiegeln das Ergebnis der operativen Geschäftstätigkeit vor Finanzergebnis und Steuern wider.

Earnings Before Interest and Taxes, EBIT

Zwei andere häufig verwendete Größen sind die „Earnings Before Interest, Taxes and Amortization" (EBITA) und die „Earnings Before Interest, Taxes, Amortization and Depreciation" (EBITDA). Im Fall des EBITA wird das E-BIT um den Einfluss aus abzuschreibenden Geschäfts- oder Firmenwerten korrigiert. Beim EBITDA werden noch zusätzlich auch die planmäßigen Abschreibungen eliminiert. Insbesondere der EBITDA entfernt sich damit zwar weit von der im Jahresabschluss ausgewiesenen Gewinngröße, allerdings kann diese Größe auch nicht mehr durch alternative Abschreibungsmethoden „verzerrt" werden.

EBITA, EBITDA

Andere häufige Kennzahlen setzen diese nominalen Größen in Bezug zum Mitteleinsatz. Ziel ist es hierbei, besonders die effiziente Verwendung der knappen Finanzmittel zu berücksichtigen.

An erster Stelle kann hier die bereits aus dem DuPont System of Financial Control-Kennzahlensystem bekannte Kennzahl „Return on Investment" (RoI) genannt werden. Sie wird als Quotient aus dem Erfolg (z.B. Jahresüberschuss nach Zinsaufwand und Steuern) und dem Gesamtkapital ermittelt. Hierbei wird der Erfolg nicht um den Zinsaufwand für das Fremdkapital bereinigt, wohingegen beim Gesamtkapital sowohl Eigen- als auch Fremdkapital berücksichtigt werden. Der RoI vermischt damit die Betrachtung des Eigen- und des Gesamtkapitals.

Return on Investment RoI

Die Kennzahl Gesamtkapitalrentabilität („Return on Assets", RoA) wird als Quotient aus dem Erfolg (nach Zinsaufwand und Steuern) plus Zinsaufwand und dem Gesamtkapital definiert. Diese Kennzahl verdeutlicht den relativen Erfolg des Unternehmens bezogen auf die Ansprüche der Eigen- und Fremdkapitalgeber.

Return on Assets RoA

Eine Weiterentwicklung des RoA stellt die Kennzahl „Return on Capital Employed" (RoCE) dar. Hierbei wird im Zähler des Quotienten die Erfolgsgröße vor Zinsaufwendungen (analog zur Definition des RoA) verwendet. Im Nenner wird das eingesetzte Kapital um nicht verzinsliche Schulden bereinigt. Solche nicht verzinslichen Schulden sind zum Beispiel Verbindlichkeiten aus Liefe-

Return on Capital Employed RoCE

rungen und Leistungen, sonstige Verbindlichkeiten oder Änderungen der Rückstellungspositionen. Da in diesen Fällen die „Fremdkapitalgeber" keinen Zinsanspruch erheben, beanspruchen sie auch keinen Anteil an den Erträgen des Unternehmens.

Return on Sales
RoS

Im Gegensatz zu den vorgenannten Kennzahlen zielt die Kennzahl Umsatzrentabilität („Return on Sales", RoS) nicht auf den effizienten Kapitaleinsatz ab, sondern stellt die Vertriebsleistung in den Mittelpunkt der Betrachtung. Sie wird als Quotient aus Erfolg (nach Zinsaufwand und Steuern) plus Zinsaufwand zu Umsatz definiert. Sie stellt die auf den Umsatz bezogene Gewinnspanne des Unternehmens dar. Auf ihrer Basis können Aussagen über den Erfolg je Euro Umsatz getroffen werden.

3.4.3   Unternehmenssteuerung und Performance Measurement

Traditionelle Kennzahlensysteme werden und wurden für ihre einseitige Finanzorientierung kritisiert. Ein weiterer Kritikpunkt ist die in der Regel ausschließlich operative Ausrichtung und die damit einhergehende mangelnde Ziel- bzw. Strategieausrichtung dieser Systeme. Beide Punkte haben wesentlich dazu beigetragen, dass alternative Konzepte des Performance Measurements oder alternative Kennzahlenkonzepte wie die Balanced Scorecard (vgl. 3.2.2) in den vergangenen Jahren als Alternativen für die Unternehmenssteuerung in den Fokus rückten.

Performance
Measurement

Ein zentrales Thema der Unternehmenssteuerung ist die Ausrichtung auf das Ziel der Shareholder-Value-Maximierung. Der englische Begriff „Performance Measurement" bedeutet soviel wie „Leistungsmessung". Der Kern des Performance Measurement sind die quantifizierten Maßgrößen (Kennzahlen) zur Messung der Leistung eines Unternehmens bzw. Unternehmensteils.

Aus Sicht der Anteilseigner schlägt sich diese Leistung in der Änderung des Unternehmenswertes nieder. Der Wert eines Unternehmens bestimmt sich aus den zukünftig zufließenden Zahlungen. Traditionelle Unternehmenssteuerungskonzepte setzen meist auf Größen des Rechnungswesens, wie Gewinn oder Umsatz, auf. Hieraus ergeben sich zwei Problemfelder. Zum einen sind diese Werte des Rechnungswesens durch vielfältige Ansatz- und Bewertungswahlrechte durch die Unternehmensführung selbst beeinflussbar und damit im Sinne einer Leistungsmessung manipulierbar. Zum anderen beziehen sich diese Größen in der Regel auf abgelaufene Perioden, wogegen das Ziel der Unternehmenssteuerung die Beeinflussung der künftigen Entwicklung ist.

Unternehmenswert,
Discounted Cashflow
(DCF)

Während der Unternehmenswert im Rahmen von Unternehmensbewertungen auf Basis einer mehrperiodischen Discounted-Cashflow-Rechnung bestimmt wird, ist diese für die laufende Unternehmenssteuerung nicht geeignet.

Als Äquivalent hat sich die Messung des Residualgewinns des jeweiligen **Value Reporting** Jahres im Rahmen eines Value Reportings durchgesetzt. Zur Messung des Residualgewinns gibt es unterschiedlichste Vorgehensweisen. Während einige Konzepte auf Gewinn-und-Verlust-Größen des Rechnungswesens aufsetzen – ein Beispiel hierfür ist das Economic Value Added (EVA) Konzept – verwenden andere Konzepte den Cashflow – wie z.B. das Cash Value Added (CVA) Konzept.

Im Gegensatz zu den in Kapitel 3.4.2 vorgestellten Ansätzen werden in wert- **Residualgewinn** orientierten Steuerungskonzepten der Kapitalrendite die Kapitalkosten gegenübergestellt. Nur Unternehmen die über die Kapitalkosten der Fremdkapitalgeber (Zinsaufwand) und Eigenkapitalgeber (kalkulatorische Verzinsung) hinaus Erträge (= Residualgewinn) erwirtschaften, steigern ihren Unternehmenswert. Der Gewinn eines Unternehmens alleine erlaubt noch keine Aussage darüber, ob das Unternehmen auch seinen Unternehmenswert steigern konnte. Der Residualgewinn ermittelt sich aus dem Jahresüberschuss (dieser berücksichtigt Fremdkapitalzinsen bereits) minus den risikoadäquaten kalkulatorischen Eigenkapitalzinsen. Die Höhe der kalkulatorischen Eigenkapitalverzinsung ist vom individuellen unternehmerischen Risiko abhängig. Nur wenn der Jahresüberschuss größer als diese kalkulatorischen Eigenkapitalzinsen ist, wurde vom Unternehmen ein Mehrwert im Vergleich zu alternativen Anlagemöglichkeiten geschaffen.

Der Begriff Economic Value Added (EVA) ist ein geschütztes Markenzeichen **Economic Value Added** der Beratungsgesellschaft Stern Stewart & Co. Im Nachfolgenden wird, analog **(EVA)** auch zum allgemeinen Vorgehen in der Wissenschaft und der Unternehmens- **Cash Value Added** praxis, der Begriff EVA für einen ganzen Typus von Kennzahlen verwendet, **(CVA)** der dem geschützten Begriff in seiner Ausprägung strukturell ähnelt. Analoges gilt auch für den Begriff Cash Value Added, den die Boston Consulting Group propagiert. Auch hier wird im Folgenden der Begriff CVA als Synonym für das Grundkonzept derartiger Kennzahlen verwendet.

3.4.4   Discounted Cashflow Konzept

Das mehrperiodische Konzept des Discounted Cashflows (DCF) basiert auf **Discounted Cashflows** der Diskontierung zukünftiger Cashflow-Überschüsse. Diese Rechnung leitet **(DCF)** den Unternehmenswert und damit das Performance Measurement aus den auf die Zukunft gerichteten Maßnahmen des Managements und deren Auswirkungen auf die zukünftigen Zahlungsströme ab. Diese Philosophie ist deckungsgleich mit dem Vorgehen der dynamischen Investitionsrechnung.

Für den Fall eines unendlichen Zeitraums (ewige Rente) berechnet sich der DCF wie folgt:

$$DCF = \frac{Cashflow}{i}$$

Dabei ist i der als Dezimalzahl ausgedrückte Kapitalkostensatz k ($i = \dfrac{k}{100}$).

Unternehmensbewertung In der Praxis findet das Konzept des Discounted Cashflow insbesondere in der Unternehmensbewertung bei Merger & Acquisitions-Transaktionen Anwendung. Hierbei wird in der Regel zwischen einem überschaubaren Planungszeitraum mit detaillierten Planungsannahmen und einer Restperiode für die Zeit danach unterschieden. Der Unternehmenswert für diese Restperiode wird häufig vereinfachend mit der Annahme einer ewigen Rente ermittelt.

Beispiel:

Wie hoch ist der Wert einer Unternehmung, für die ein potentieller Käufer die folgende Reihe von Überschüssen schätzt (in k€):

Jahr	1	2	3	4	5	...	∞
	1000	1200	1200	1350	1400		1400

Der Kapitalkostensatz beträgt 10%.

Für diese Rechnung konnten für die Jahre eins bis vier detaillierte Planannahmen getroffen werden. Für die Restperiode ab Jahr fünf wird geschätzt, dass sich die Ergebnisse auf geringfügig höherem Niveau fortsetzen.

Betrachtungszeitpunkt		Planungsperiode				Restperiode	
Periode	0	1	2	3	4	5	∞
		Free Cash-flow	Free Cash-flow	Free Cash-flow	Free Cash-flow	Free Cash-flow	Free Cash-flow

1000 1200 1200 1350 1400 1400

1000/1,1   1200/1,1^2   1200/1,1^3   1200/1,1^4

909,09
991,74
901,58
922,07

Abzinsung mit Kapitalmarktsatz

1400/0,1

14000

14000/1,1^4

Wert der Planungsperiode 3724,47

+

Wert der Restperiode 9562,19

=

(Gesamt) Unternehmenswert 13286,66   Kalkulationszinssatz 10%

-

Fremdkapital 0,00   =   Shareholdervalue EK-Wert   13286,66

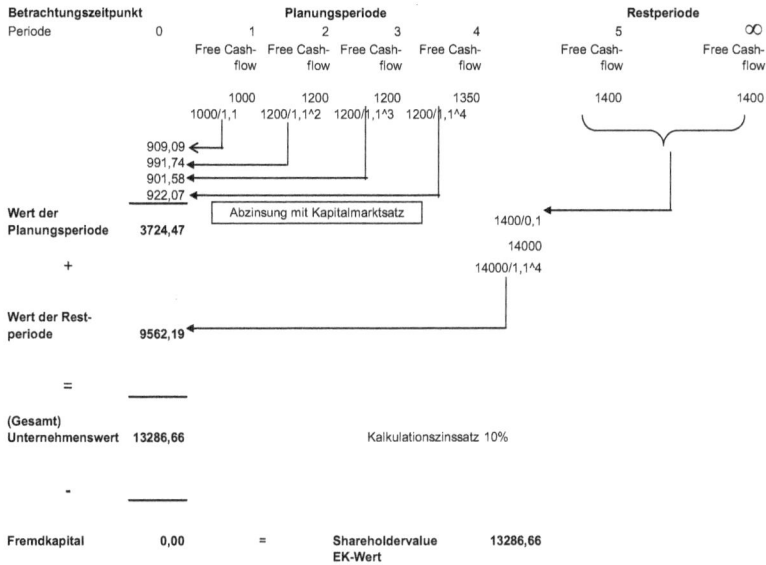

Abb. 3.15 *Beispiel Discounted Cashflow*

Im vorliegenden Beispiel beträgt der Unternehmenswert 13.286,66 k€. Er setzt sich zusammen aus dem Unternehmenswert, der in Planungsperioden 1 bis 4 erwirtschaftet wird (3.724,47 k€), sowie der ewigen Rente für die Restperiode in Höhe von 9.562,19 k€. Das Beispiel zeigt, dass insbesondere eine Investitionspolitik, die Investitionsentscheidungen davon abhängig macht, dass Investitionen positive Nettokapitalwerte aufweisen, den Unternehmenswert steigert. *Investitionspolitik*

Für die laufende Unternehmenssteuerung eignen sich aber in der Regel eher die einperiodischen Kontrollkonzepte des Residualgewinns.

3.4.5   Economic Value Added

Der Economic Value Added (EVA) basiert darauf, dass Unternehmensmehrwert nur dann geschaffen wird, wenn ein Residualgewinn über die risikoangepassten Kapitalkosten des Jahres hinaus erwirtschaftet wird.

Der EVA definiert sich als periodenbezogene Differenz zwischen dem betrieblichen Ergebnis („Net Operating Profit after Taxes", NOPAT) und den mit dem Kapitaleinsatz verbundenen Kapitalkosten. Die Kapitalkosten werden durch Multiplikation des für die Erwirtschaftung der NOPAT eingesetzten *Economic Value Added (EVA)* betriebsnotwendigen Vermögens („Invested Capital") mit dem Kapitalkosten-satz („Weighted Average Cost of Capital", WACC) ermittelt.

$$EVA = NOPAT - Invested\ Capital * WACC$$

Dabei gilt:

NOPAT: Ergebnis der betrieblichen Tätigkeit des Unternehmens nach Abzug der Ertragsteuern, jedoch vor kapitalgeberbezogenen Zahlungen (Fremdkapi-talzinsen oder Dividenden)

NOPAT: betriebliches Ergebnis nach Steuern

Invested Capital: in betriebsnotwendigen Vermögen gebundenes Kapital des Unternehmens

Invested Capital: betriebsnotwendiges Kapital

WACC: Der Kapitalkostensatz reflektiert die Verzinsungsansprüche von Fremd- und Eigenkapitalgebern. Er wird als mit den jeweiligen Anteilen des Fremd- und Eigenkapitals gewichteten Mittelwert der Verzinsungsansprüche der Fremd- und Eigenkapitalgeber bestimmt. Während die Verzinsungsansprü-che der Fremdkapitalgeber meist durch Vereinbarungen festgelegt sind, wird zur Berechnung der Eigenkapitalkosten auf Modelle, wie zum Beispiel das Capital Asset Pricing Model (CAPM), zurückgegriffen.

WACC: Durchschnittszins aus Fremd- und Eigenkapitalkosten

Der EVA stellt das Bindeglied zwischen einer mehrperiodigen Investitions-rechnung und einer einperiodigen ROI-Betrachtung dar. Diskontiert man die erwarteten EVAs aus einem Investitionsprojekt ab, so entspricht diese Summe dem Nettokapitalwert.

Eine allgemeingültige Herleitung des EVA aus dem Rechnungswesen existiert trotz der inzwischen weiten Verbreitung nicht. Charakteristisch ist jedoch die Überführung von Daten des Rechnungswesens, dem sogenannten Standard Accounting Book Value, in der Regel aus der Bilanz oder GuV, in einen so genannten Econmic Book Value. Diese Anpassungen (conversions) sind letzt-lich Ausprägungen von Überleitungspositionen, die im Kontext einer integrier-ten Rechnungslegung bei der Ermittlung des EVA zum Beispiel auf IFRS-Basis gebildet werden müssen.

Conversion

3.4.6   Cash Value Added

Ein alternatives wertorientiertes Steuerungskonzept stellt das Konzept des Cash Value Added (CVA) dar. Beide EVA und CVA bestimmen den Unter-nehmenswert auf Basis des Residualgewinns. Im Gegensatz zum EVA wird der CVA jedoch nicht ausgehend von Gewinngrößen ermittelt, sondern baut auf dem aus der laufenden Geschäftstätigkeit resultierenden Brutto-Cashflow (BCF) auf. Insbesondere die Finanz- und Wirtschaftskrise 2008/2009 zeigt die besondere Bedeutung einer nachhaltigen Cashflow-Erzielung für die Unter-

nehmen und damit die Unternehmensführung. Der Cashflow steht im Mittelpunkt der finanzwirtschaftlichen Überlegungen (vgl. Käppeli, 2009, S. 110).

Der CVA als absolute Wertsteigerungsgröße wird aus dem Rendite-Spread   Cash Value Added (CVA)
zwischen dem Cashflow Return on Investment (CFROI) und dem Kapitalkostensatz WACC auf Basis der Brutto-Investitionsbasis (BIB) ermittelt. Dabei
wird der Brutto-Cashflow um die sogenannte ökonomische Abschreibung
(öAB) vermindert. Die ökonomische Abschreibung ist hierbei als Ansparrate
für notwendige Ersatzinvestitionen zu interpretieren.

$$CVA = (CFROI - WACC) * BIB$$

mit

$$CFROI = \frac{BCF - öAb}{BIB}$$

damit ergibt sich

$$CVA = BCF - öAB - BIB * WACC$$

Obwohl der CVA auf finanzwirtschaftlichen Kenngrößen basiert, werden in
der Praxis in der Regel bilanzielle Größen als Ausgangspunkt einer Überleitung verwendet. Im Folgenden werden auf Basis der Jahresabschlussinformati-
onen entsprechende Überleitungsbrücken (vgl. Hauer / Schneider, 2008,
S. 257) vorgestellt.

Jahresüberschuss / Jahresfehlbetrag	
+/-	außerordentliche Aufwendungen / Erträge bzw. unregelmäßige Ergebniskomponenten
+/-	Zinsaufwendungen / Zinserträge
-/+	Beteiligungsertrag / Beteiligungsaufwand
+	Zinsanteil Pensionsrückstellungen
+	Abschreibungen auf aktiviertes nicht betriebsnotwendiges Vermögen
+/-	Ertragsteueraufwendgen / -erträge lt GuV
= bereinigtes operatives Ergebnis vor Steuern und Zinsen	
+	Abschreibungen
+/-	Zuführungen zu / Auflösungen von Pensionsrückstellungen
+	Miet- und Leasingaufwand
+	Aufwendungen mit Investitionscharakter
-/+	Ertragsteuerzahlungen auf das bereinigte operative Ergebnis vor Steuern und Zinsen
= Brutto-Cashflow	

Abb. 3.16 Überleitung vom Jahresergebnis zum Brutto-Cashflow

Ermittlung des Cashflows   Der erste Schritt der Überleitungen bezieht sich jeweils auf die Eliminierung
von nicht betriebsnotwendigem Vermögen (**Abb. 3.17**) bzw. von nicht opera-
tiven Geschäftsvorfällen (**Abb. 3.16**). Im zweiten Schritt erfolgt dann die Ü-
berleitung von Gewinngrößen zur Cashflow-Größe im Fall des Brutto-
Cashflows, bzw. Anpassungen in Form der kumulierten Abschreibungen, um
die Brutto-Investitionsbasis zu erhalten.

Vermögen (Bilanzsumme)	
-	aktiviertes aber nicht betriebsnotwendiges Vermögen (z.B. Kasse, Wertpapiere, Beteiligungen)
-	unverzinsliche Verbindlichkeiten (Verbindlichkeiten aus Lieferungen und Leistungen, Anzahlungen, kurzfristige Rückstellungen)
= operatives Nettovermögen zu Buchwerten	
+	kumulierte Abschreibungen auf betriebsnotwendiges Vermögen
+/-	Inflationsanpassungen
+	Aktivierung von Miet- und Leasingobjekten (inkl. kumulierte Abschreibungen)
+	aktivierte Aufwendungen mit Investitionscharakter (ink. kumulierte Abschreibungen)
-	aktive latente Steuern
= Brutto-Investitionsbasis	

Abb. 3.17   *Überleitung von der Bilanzsumme zur Brutto-Investitionsbasis*

Auch beim CVA ist die Überleitung unternehmensindividuell zu gestalten. Im
Vergleich zum EVA-Konzept erweist sich der Cashflow Value Added insbesondere bei kapitalintensiven Unternehmen als robuster, da es von vornherein
Verzerrungen durch den Buchwerteffekt und durch Abschreibungen aus-
schließt. Allerdings erweisen sich die Überleitungen als komplexer und vor
allem sind die zugrunde liegenden Größen bei Nicht-Controllern weniger bekannt und entsprechend weniger akzeptiert.

3.4.7   Fallstudie Unternehmenssteuerung und Performance Measurement der Henkel AG & Co KGaA

Performance Measurement System bei Henkel

Fallstudie
Unternehmenssteuerung –
Henkel AG KGaA

Der Henkel-Konzern ist ein börsennotierter Markenartikelhersteller. Er erzielte
2008 weltweit 14,1 Mrd. Euro Umsatz. Das Unternehmen ist in 125 Ländern

der Welt vertreten. Von den über 55.000 Mitarbeitern sind mehr als 80 % außerhalb Deutschlands tätig. Der Konzern ist auf drei strategischen Geschäftsfeldern aktiv: „Wasch- und Reinigungsmittel", „Kosmetik und Körperpflege" sowie „Adhesive Technologies" (Klebstoffe, Dichtstoffe und Oberflächentechnik).

Die Henkel AG & Co KGaA – persönlich haftender Gesellschafter ist seit 2008 die Henkel Management AG – ist seit Längerem börsennotiert, wobei die Familie Henkel weiter die Mehrheit der Anteile hält. Um deutlich zu machen, dass die Unternehmenssteuerung auf die Interessen der Aktionäre ausgerichtet ist, wurde bereits 1996 ein Shareholder-Value orientiertes Unternehmenssteuerungskonzept eingeführt. Das hierbei eingesetzte Kennzahlensystem berechnet die Wertzuwächse und Renditen der Henkel-Gruppe und ihrer Unternehmensbereiche kapitalmarktorientiert.

Als wichtige interne Steuerungsgröße und zur Beurteilung der bereits realisierten und zukünftigen Wachstumsschritte wird die Kennzahl „Economic Value Added" (EVA) verwendet (Vgl. Schmidt / Heberle, 2005, S. 265). Dieses Maß gibt den wirtschaftlichen Mehrwert an, den ein Unternehmen in einem bestimmten Zeitraum erwirtschaftet. Ein Unternehmen erzielt einen positiven EVA, wenn das betriebliche Ergebnis die Kapitalkosten übersteigt. Die Kapitalkosten entsprechen der vom Kapitalmarkt erwarteten Verzinsung des eingesetzten Kapitals (Capital Employed). _EVA_

Die operative Geschäftsentwicklung bildet das betriebliche Ergebnis in Form der Kennziffer „Earning before Interest and Taxes" (EBIT) ab. Hierbei werden sowohl Zinsen als auch Steuern nicht berücksichtigt. _EBIT_

Das eingesetzte Kapital wird über die Aktivseite der Bilanz ermittelt. _Capital Employed_

Der Kapitalkostensatz (Weighted Average Cost of Capital – abgekürzt WACC) wird als gewichteter Durchschnittskostensatz aus Eigen- und Fremdkapitalkosten errechnet. Da das EVA-Konzept von Henkel auf Vorsteuergrößen basiert, ist auch ein Kapitalkostensatz vor Steuern zu verwenden. Im Geschäftsjahr 2005 rechnet Henkel mit einem Kapitalkostensatz vor Steuern von 11 %. _WACC_

Die Zielsetzung der Unternehmenssteuerung mit Performance-Measurement-Kennzahlen ist es, wertschaffende Entscheidungen und ein profitables Wachstum in sämtlichen Unternehmensbereichen zu fördern. Geschäftsbereiche mit negativen Wertbeiträgen werden mittelfristig desinvestiert, sofern keine Möglichkeit gesehen wird, zukünftig positive EVA-Werte zu erzielen. Um unterschiedlich große Geschäftseinheiten besser miteinander vergleichen zu können, enthält das Unternehmenssteuerungskonzept zusätzlich eine Renditekennziffer, die Rendite auf das eingesetzte Kapital, den sogenannten „Return on Capital Employed" (ROCE).

ROCE

Der ROCE repräsentiert die durchschnittliche Verzinsung des eingesetzten Kapitals. Hierbei wird Wert geschaffen, wenn die Rendite des eingesetzten Kapitals die Kapitalkosten übertrifft.

Ermittlung der Performance-Kennzahlen

Die Ermittlung und Ausweis des EVA ist voll in die monatliche operative Berichterstattung integriert. Aus diesem Grund ist es sehr wichtig, dass sich alle Parameter zur Bestimmung des EVA aus dem monatlichen Zahlenmaterial des Konzerns ohne großen weiteren Aufwand ableiten lassen. Als weiterer Vorteil ist zu nennen, dass die Entwicklung der Steuerungsgröße EVA für die Konzerneinheiten transparent wird.

So leitet sich der EBIT (Earnings Before Interest and Taxes) aus der Konzern-Gewinn- und Verlustrechnung ab:

Henkel - Geschäftsbericht 2005
Konzern-Gewinn- und Verlustrechnung

in Mio. Euro	2005
Umsatzerlöse	**11.974**
Kosten der umgesetzten Leistungen	-6.533
Bruttoergebnis vom Umsatz	**5.441**
Marketing- und Vertriebskosten	-3.409
Forschungs- und Entwicklungskosten	-324
Verwaltungskosten	-627
Sonstige betriebliche Erträge	183
Sonstige betriebliche Aufwendungen	-78
Planmäßige Geschäftswertabschreibungen	–
Aufwendungen für laufende Restrukturierungen	-24
Betriebliches Ergebnis (EBIT)	**1.162**
Erträge aus assoziierten Unternehmen	72
Sonstiges Beteiligungsergebnis	18
Zinsertrag	70
Zinsaufwand	-280
Finanzergebnis	**-120**
Ergebnis vor Steuern	**1.042**
Steuern vom Einkommen und vom Ertrag	**-272**
Jahresüberschuss	**770**
Anteile anderer Gesellschafter	-13
Ergebnis nach Anteilen anderer Gesellschafter	**757**

Abb. 3.18 Ermittlung des EBIT (vgl. Henkel (Hrsg.), Geschäftsbericht 2005, S. 60)

Während im eigentlichen EVA-Konzept der Wert des eingesetzten Kapitals (Capital Employed) auf Basis von Marktwerten bestimmt wird, wird aus Gründen der Praktikabilität als operatives Steuerungsinstrument bei Henkel auf den Buchwert des eingesetzten Kapitals zurückgegriffen. Hiermit wird auch sichergestellt, dass sowohl die Erfolgsgröße als auch die Kapitalgröße miteinander kompatibel sind und unkompliziert aus den monatlichen Berichtswesen ermittelt werden können.

Das Capital Employed wird auf Basis der Aktiva der Bilanz ermittelt. Diese Ableitung ist in das monatliche Berichtswesen integriert.

Henkel - Geschäftsbericht 2005

Überleitung vom operativen Vermögen/eingesetzten Kapital zu den Bilanzwerten	Operatives Vermögen		Bilanzwerte	
in Mio. Euro	Jahresdurch-schnitt[1] 2005	31.12.2005	31.12.2005	
Geschäftswerte zu Buchwerten	3.792	3.981	3.981	Geschäftswerte zu Buchwerten
Übrige Immaterielle Vermögenswerte und Sachanlagen (gesamt)	3.542	3.724	3.724	Übrige Immaterielle Vermögenswerte und Sachanlagen (gesamt)
			681	Finanzanlagen
			456	Latente Steuern
Vorräte	1.355	1.232	1.232	Vorräte
Forderungen aus Lieferungen und Leistungen an Fremde	1.973	1.794	1.794	Forderungen aus Lieferungen und Leistungen an Fremde
Konzerninterne Forderungen aus Lieferungen und Leistungen	655	770		
Andere Forderungen und Sonstige Vermögenswerte[2]	387	371	722	Andere Forderungen und Sonstige Vermögenswerte
			1.212	Flüssige Mittel/Wertpapiere
			142	Zur Veräußerung gehaltene Vermögenswerte
Operatives Bruttovermögen	**11.704**	**11.872**	**13.944**	**Aktiva gesamt**
– Operative Verbindlichkeiten	3.316	3.432		
davon:				
Verbindlichkeiten aus Lieferungen und Leistungen an Fremde	1.220	1.333	1.333	Verbindlichkeiten aus Lieferungen und Leistungen an Fremde
Konzerninterne Verbindlichkeiten aus Lieferungen und Leistungen	654	769		
Andere Rückstellungen und Andere Verbindlichkeiten[2]	1.442	1.330	1.873	Andere Rückstellungen und Andere Verbindlichkeiten
Operatives Vermögen	**8.388**	**8.440**		
– Geschäftswerte zu Buchwerten	3.792			
+ Geschäftswerte zu Anschaffungswerten	4.141			
Eingesetztes Kapital	**8.737**			

Abb. 3.19 *Ableitung des eingesetzten Kapitals (vgl. Henkel (Hrsg.), Geschäftsbericht 2005, S. 102)*

Der Henkel Konzern hat im Geschäftsjahr 2005 einen positiven EVA in Höhe von 201 Mio. Euro erwirtschaftet und damit den vergleichbaren Vorjahreswert von 156 Mio. Euro übertroffen. Auch der Return on Capital Employed konnte von 13,0 % auf 13,3 % verbessert werden.

Berechnung von EVA und RoCE

Kennzahl		2005
	betriebliches Ergebnis (EBIT)	1.162
	Capital Employed	8.737
	Kapitalkosten %	11%
Economic Value Added in Mio Euro	EBIT - (Capital Employed x WACC)	201
Return on Capital Employed %	EBIT / Capital Employed	13,3%

Abb. 3.20 Ermittlung des EVA und RoCE des Geschäftsjahres 2005 der Henkel AG

Unternehmenssteuerung auf Geschäftsbereichsebene

Performance Measurement als Instrument der Unternehmenssteuerung ist nicht nur für das Gesamtunternehmen notwendig, sondern muss sich über alle Unternehmensbereiche und Hierarchien erstrecken. Grundsätzlich eignen sich auch hierfür die vorher vorgestellten Performance-Measurement-Instrumente.

Das Beispiel der Henkel AG zeigt die Implementierung des vorgestellten Performance-Measurement-Ansatzes auch auf Ebene der Geschäftsbereiche.

Henkel - Geschäftsbericht 2005

EVA® und ROCE nach Unternehmensbereichen[1]						
in Mio. Euro	Wasch-/Reinigungsmittel	Kosmetik/ Körperpflege	Konsumentenklebstoffe	Henkel Technologies	Corporate	**Konzern**
EBIT	433	321	185	345	-122	1.162
Eingesetztes Kapital	3.184	2.184	1.186	2.350	-167	8.737
Kapitalkosten (11 %)	350	240	130	259	-18	961
EVA® 2005	**83**	**81**	**55**	**86**	**-104**	**201**
EVA® 2004	90	63	72	49	-118	156
ROCE 2005 (in %)	**13,6**	**14,7**	**15,6**	**14,7**	–	**13,3**
ROCE 2004 (in %)	14,8	14,0	19,3	13,2	–	13,0

1) 2004 restated und vergleichbar

Abb. 3.21   Performance Measurement der Geschäftsbereiche der Henkel AG (vgl. Henkel (Hrsg.), Geschäftsbericht 2005, S. 27)

Hervorzuheben ist hierbei die Notwendigkeit, das externe und interne Berichtswesen so zu verzahnen, so dass die notwendigen Überleitungsrechnungen zur Ermittlung des eingesetzten Kapitals je Unternehmensbereich durchgeführt werden können. In der Praxis ist in den letzten Jahren eine verstärkte Integration des externen Rechnungswesens (Buchführung, Bilanzierung) mit dem internen Rechnungswesen (Kostenrechnung, Controlling) zu beobachten.

Bemerkenswert in dieser Fallstudie ist auch die Einführung eines Unternehmensbereichs „Corporate". Dieser separate Bereich, der der Gesamtunternehmensleitung zugeordnet ist, erlaubt es, die Unternehmenssteuerung der Unternehmensbereiche auf deren Geschäftstätigkeit im Sinne eines Soll-Ist-Vergleichs zu konzentrieren. Außerordentliche Effekte, wie z.B. Aquisitionen oder Desinvestitionen, aber auch Kapitalmarkteinflüsse, wie Zinsänderungen, werden nicht den Unternehmensbereichen zugeordnet, sondern im Bereich „Corporate" belassen. Dieses Konzept stellt sicher, dass die Zielgrößen der Unternehmensbereiche nicht unterjährig an diese Umwelteinflüsse angepasst werden müssen.

3.5   Verständnisfragen

1. Welche Bestandteile sind für einen Plan zwingend notwendig?

2. Bei der Planerstellung können zwei grundsätzlich gegenläufige Verfahren angewandt werden. Wie können diese beiden Verfahren miteinander kombiniert werden?

3. Was bedeuten die Begriffe „Manager", „Controller" und „Controlling" und in welchem Zusammenhang stehen diese Begriffe zueinander?

4. In einer Balanced Scorecard werden neben finanziellen auch nicht-finanzielle Größen betrachtet, dabei sind alle Perspektiven und Kennzahlen über Ursache-Wirkungsketten miteinander verbunden. Welche Rolle spielt hierbei die finanzielle Perspektive?

5. Welcher Planungsablauf liegt der operativen Planung zugrunde?

6. Welche Unterschiede bestehen zwischen der operativen Planung und der klassischen Budgetierung im Sinne eines Master Budgets?

7. Better Budgeting und Beyond Budgeting sind aktuelle Konzepte zur Weiterentwicklung der Budgetierung. Wie unterscheiden sich beide Ansätze konzeptionell?

8. Welches Unternehmensziel wird durch das Kennzahlensystem „Du Pont System of Financial Control" abgebildet und welche Kritik wird vielfach gegenüber derartigen Kennzahlensystemen geäußert?

9. Welche konzeptionellen Unterschiede besteht zwischen dem Discounted Cashflow und Konzepten wie dem Economic Value Added bzw. Cash Value Added?

10. Wie können Performance Measurementkonzepte zur Steigerung des Share-holder-Values für die unternehmensinternen Leistungsmessung adaptiert werden?

3.6   Weiterführende Literaturhinweise

Controlling

Hans, L. / Waschburger, V.: Controlling, 3. Aufl., München 2008.

Hilton, R. W.: Managerial Accounting, 7th ed., New York 2007.

Horvath, P.: Controlling, 11. Aufl., München 2008.

Küpper, H.-U.: Controlling, 4. Aufl., Stuttgart 2005.

Ossadnik, W. / Corsten, H.: Controlling, 4. Aufl., München 2009.

Reichmann, Th:, Controlling mit Kennzahlen und Managementberichten, 7. Aufl., München 2006.

Weber, J. / Schäffer, U.: Einführung in das Controlling, 12. Aufl., Stuttgart 2008.

Strategisches Controlling

Baum, H.-G. / Coenenberg, A. G. / Günther, Th.: Strategisches Controlling, 4. Aufl., Stuttgart 2007.

Balanced Scorecard

Atkinson, A. A. / Kaplan, R. S. / Matsumura, E. M. / Young, S. M.: Manage-ment Accounting, 5. Aufl., Upper Saddle River, New Jersey 2007.

Horváth & Partner (Hrsg.): Balanced Scorecard umsetzen, 4. Aufl., Stuttgart 2007.

Kaplan R. S. / Norton D.: Balanced Scorecard, Stuttgart 1997.

Weber, J. / Schäffer, U.: Balanced Scorecard & Controlling Implementierung – Nutzen für Manager und Controller – Erfahrungen in deutschen Unternehmen, 3. Aufl., Wiesbaden 2000.

Budgetierung

Rieg, R.: Planung und Budgetierung – was wirklich funktioniert, Wiesbaden 2008.

Schäffer, U. / Zyder, M.: Beyond Budgeting – ein neuer Management Hype?, in: Zeitschrift für Controlling und Management, 2003, Sonderheft 1, S. 101–110.

Weber, J. / Linder, S.: Neugestaltung der Budgetierung mit Better und Beyond Budgeting?: Eine Bewertung der Konzepte, Weinheim 2008.

Unternehmenssteuerung und Performance Measurement

Gladen, W.: Performance Measurement, 4. Aufl., Wiesbaden 2008.

Hauer, G.: Hierarchische kennzahlenorientierte Entscheidungsrechnung: ein Beitrag zum Investitions- und Kostenmanagement, München 1994.

Preißler, P. R.: Betriebswirtschaftliche Kennzahlen: Formeln, Aussagekraft, Sollwerte, Ermittlungsintervalle, München 2008.

Rappaport, A.: Shareholder Value, Stuttgart 1999.

Sandt, J.: Performance Measurement, in: Zeitschrift für Controlling und Management 2005, S. 429–447.

Weber, J., et al: Wertorientierte Unternehmenssteuerung: Konzepte – Implementierung – Praxisstatements, Wiesbaden 2004.

4 Die Unternehmensorganisation

4.1 Organisation und Management

Wie im ersten Kapitel bereits dargestellt, besteht ein wesentlicher Teil des Managements im „Organisieren". Im Folgenden wird der Begriff der Organisation näher beleuchtet. Organisieren wird hierbei als rationales, zweckgerichtetes Handeln verstanden. Es schafft Strukturen für das Zusammenwirken von Personen, Maschinen und Informationen. Als Ergebnis der organisatorischen Gestaltung entsteht eine Unternehmensorganisation, die die Unternehmensstruktur darstellt.

4.1.1 Der Organisationsbegriff

Die Organisation legt dauerhafte Regeln zur Aufgabenerfüllung fest. Im Gegensatz dazu bezieht sich die Disposition auf eine fallweise, situationsbezogene Ordnung, die auf Dauer angelegt ist, während die Improvisation nur eine vorläufige Ordnung für einen begrenzten Zeitraum schafft. Die drei Instrumente Organisation, Disposition und Improvisation bilden den strukturellen Rahmen eines Unternehmens. Allerdings sind die Grenzen zwischen diesen Instrumenten fließend. Zwar sind organisatorische Regelungen meist auf Dauer angelegt, müssen sich aber andererseits veränderten Umweltbedingungen anpassen können. Entsprechend sind dispositive Freiheiten oder gar die Improvisationsfreiheit im Managementkonzept mit zu berücksichtigen.

Improvisation, Disposition, Organisation

Nach dem Substitutionsgesetz der Organisation (vgl. Gutenberg, 1983, S. 239–242) wird mit zunehmender Gleichartigkeit und Wiederholungsrate Improvisation durch Disposition und Disposition durch Organisation ersetzt.

Substitutionsgesetz der Organisation nach Gutenberg

Die organisatorische Gestaltung lässt sich zu drei Bereichen zusammenfassen:

Aufbauorganisation: Festlegung, wer (welche Person/en), was (welche Aufgabe/n) unter Einsatz welcher Mittel und Informationen erledigt. Die Vorausset-

Aufbauorganisation

zung hierfür ist, die Unternehmensgesamtaufgabe zunächst zu zerteilen (Aufgabensynthese) und danach nach bestimmten Kriterien (neu) zusammenzufassen und einzelnen Aufgabenträgern (Person/en) zuzuweisen.

Ablauforganisation

Ablauforganisation: Regelung, in welcher zeitlichen Reihenfolge und an welchen Orten die Aufgaben zu erfüllen sind.

Formalisierung

Fremd- und Selbstorganisation: Festlegung des Ausmaßes an Formalisierung. Neben den formalen Regelungen (z.B. Arbeitsanweisungen) sind auch ungeregelte, nicht explizit festgelegte Verhaltensweisen und informelle organisatorische Strukturen, Prozesse und Normen zu beachten. Entsprechend kann der Begriff der Organisation unterschiedlich als Ergebnis oder als Regelsystem verstanden werden.

- Organisation als Ergebnis:
  betrachtet die Institution „Organisation", d.h. alle auf Dauer eingerichteten, zweckorientierten Sozialgebilde mit mehreren Personen,
- Organisation als Regelsystem:
  betrachtet das formale System von Regeln innerhalb zweckorientierter Gebilde, wie z.B. die Struktur der Institution „Organisation",
- Organisation als Tätigkeit:
  betrachtet Aktivitäten bzw. den Prozess der effizienten Gestaltung des formalen Systems von Regelungen und damit der Institution „Organisation".

formelle und informelle Organisation

Organisationen können sowohl formell als auch informell aufgebaut sein. Die formelle Organisation ist eine bewusst geschaffene, rational gestaltete Organisation zur Realisierung unternehmerischer Ziele, während die informelle Organisation ein System menschlicher Beziehungen innerhalb des Unternehmens darstellt, welches die formelle Organisation unterstützen oder behindern kann. Dieses System menschlicher Beziehungen stellt die soziale Struktur dar, die durch persönliche Ziele, Wünsche, Sympathien und Verhaltensweisen der Mitarbeiter entsteht.

4.1.2   Die Organisationsgestaltung

Die Kernaufgabe der Organisationsgestaltung liegt in der Abwägung zwischen Arbeitsteilung (Differenzierung) einerseits und der Arbeitsvereinigung (Integration) andererseits.

Differenzierung und Integration bedingen sich wechselseitig, d.h. mit der Arbeitsteilung (Differenzierung) in Organisationen ist stets die Notwendigkeit der Integration und Koordinierung der Tätigkeiten verbunden. Die organisatorische Differenzierung bezieht sich auf folgende Merkmale:

- Verrichtung: Wie soll eine Aufgabe gelöst werden?
- Objekt: Woran soll eine Verrichtung vollzogen werden?
- Hilfsmittel: Womit soll eine Verrichtung ausgeführt werden?

- Zeit: Wann soll eine Aufgabe ausgeführt werden?
- Raum: Wo soll eine Aufgabe ausgeführt werden?

Neben der Häufigkeit, die beschreibt wie oft eine Teilaufgabe bewältigt werden muss, spielt die Komplexität der Aufgaben und die Möglichkeit der eindeutigen Abgrenzung bei der Differenzierung eine große Rolle. Aber auch strategische Überlegungen etwa, wie viel trägt die Erfüllung einer Teilaufgabe zum Kundennutzen beiträgt, sind zu berücksichtigen.

Bei der Differenzierung lassen sich zwei Grundformen unterscheiden: *Spezialisierung und Hierarchisierung*

- Spezialisierung (horizontale Differenzierung)
  Ausdifferenzierung der Tätigkeiten in der Organisation in unterschiedliche Stellen. Die Spezialisierung kann hierbei funktional, arbeitsmittelorientiert oder objektorientiert erfolgen. Die der funktionalen Spezialisierung werden die zu erfüllenden Aufgaben so auf die Aufgabenträger verteilt, dass jeder von Ihnen nur eine bestimmte Funktion oder Verrichtung erfüllt, allerdings übt er diese an unterschiedlichen Objekten aus. Dagegen orientiert sich die objektorientierte Spezialisierung am Objekt (zum Beispiel Kunde oder Produkt des Unternehmens) an denen verschiedene Tätigkeiten vollbracht werden. Die arbeitsmittelorientierte Spezialisierung fasst Tätigkeiten nach den zu verwendenden Arbeitsmitteln (zum Beispiel alle Tätigkeiten an einer Maschine) zusammen.
- Hierarchisierung (vertikale Differenzierung)
  Ausdifferenzierung in leitende und ausführende Tätigkeiten im Unternehmen. Hierbei werden Hierarchieebenen gebildet.

In diesem Rahmen erfolgt eine Ressourcen- und Kompetenzverteilung durch Verteilung und Zuordnung von Ressourcen und Kompetenzen bzw. Entscheidungsbefugnissen nach Ebenen und Stellen innerhalb der Organisation.

Die Differenzierung erfordert eine systematische Durchdringung der Aufgaben in Form einer Aufgabenanalyse (vgl. Kosiol, 1976, S. 42). *Aufgabenanalyse*

Aufgabenanalyse:
Zerlegung der Gesamtbetriebsaufgabe in Aufgabenelemente, die in zweckmäßiger Weise kombiniert werden können. Hierbei soll die Gesamtaufgabe anhand der folgenden sechs Dimensionen in Elementaraufgaben zerlegt werden:

1. Verrichtung (z.B. Schweißen, Nieten, Sägen)
2. Objekt (z.B. Aufgaben an Produkten)
3. Sachmittel (z.B. Arbeiten an der Schleifmaschine)
4. Rang (nach Entscheidungs- oder Ausführungsaufgaben)
5. Phase (nach Planungs-, Realisierungs- und Kontrollaufgaben)
6. Raum (z.B. Werkstätten oder Betriebsstätten).

Aufgabensynthese

In einem zweiten Schritt sind dann in der Aufgabensynthese Elementaraufgaben nach bestimmten leitenden Prinzipien zu organisatorischen Einheiten zusammenzuführen. **Abb. 4.1** zeigt das Gesamtsystem von Aufgabenanalyse und Aufgabensynthese.

Aufgabensynthese:
Abgrenzung der im Rahmen der Aufgabenanalyse entstandenen Elementaraufgaben und Übertragung an einem mit Sachmitteln ausgestatteten Aufgabenträger.

Hierarchie

Die erste zu bildende Verteilungseinheit heißt Stelle. Der Leitungsaufbau stellt eine hierarchische Verknüpfung der Stellen durch ihre rangmäßige Zuordnung her. Die Basisleitungseinheit heißt Instanz, dies ist eine Stelle mit Anordnungsbefugnis. Die Zusammenfassung mehrerer Stellen unter der Leitung einer Instanz bezeichnet man als Abteilung. In größeren Organisationen ist eine weitere Zusammenfassung von Abteilungen zu Hauptabteilungen und ggf. zu Unternehmensbereichen sinnvoll.

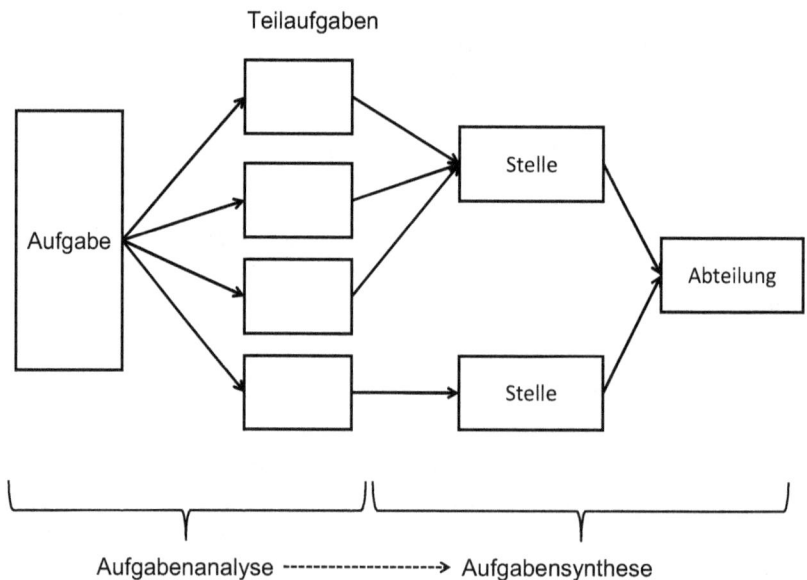

Abb. 4.1 *Aufgabenanalyse und Aufgabensynthese*

Dieser doch eher theoretische Ansatz hat sich im konkreten betrieblichen Alltag wegen des doch sehr formalen Vorgehens bei der Aufgabenanalyse als wenig praktikabel erwiesen. Pragmatische Lösungsansätze zur Festlegung der

Analysetiefe sehen zum Beispiel vor, die Zerlegung einer Aufgabe innerhalb der Aufbauorganisation nur soweit zu verfolgen, bis sie von einem Aufgabenträger bewältigt werden kann („Zuordnungsreife").

Ein derartig pragmatischer Ansatz ermöglicht die Zusammenfassung von „ähnlichen" Elementaraufgaben zur Nutzung von Spezialisierungsvorteilen im Hinblick auf gedachte Aufgabenträger. Damit sind die Kriterien der Synthese identisch mit denen der Analyse.

Mit der Stellenbildung stehen die zentralen Merkmale der Aufbauorganisation fest:

- Art und Grad der Spezialisierung,
- Grad der Entscheidungsdelegation bzw. Grad der Entscheidungszentralisierung,
- Leitungssystem.

Im Folgenden werden die grundlegenden Formen der organisatorischen Differenzierung und Integration vorgestellt.

4.1.3   Die Organisationsformen

Die Organisationsformen unterscheiden sich hinsichtlich der Ausprägung der Aufgabenspezialisierung.

Funktionale Organisation
Die bekannteste Form der organisatorischen Arbeitsteilung ist die Spezialisierung auf Verrichtungen oder Funktionen. Gleichartige Verrichtungen werden zusammengefasst, dies gilt sowohl für die Stellenbildung als auch für die Abteilungsbildung.

Von einer funktionalen Organisation (vgl. **Abb. 4.2**) spricht man, wenn die zweitoberste Hierarchieebene eines Unternehmens eine Spezialisierung nach Sachfunktionen vorsieht. Die Kernsachfunktionen eines Industriebetriebs sind Einkauf, Forschung und Entwicklung, Produktion, Marketing und Vertrieb. Daneben sind auch unterstützende Sachfunktionen wie Finanzen oder Personal von Bedeutung.

funktionale Organisation

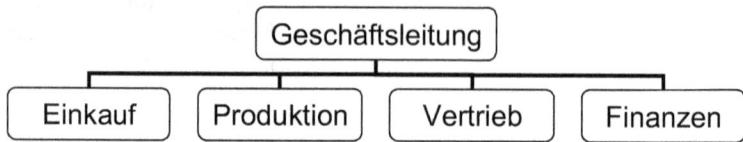

Abb. 4.2 Beispiel einer funktionalen Organisation

Die funktionale Organisation findet sich am häufigsten bei Unternehmen, die ein homogenes Produktprogramm aufweisen. **Abb. 4.3** zeigt das Beispiel des Organigramms der Porsche AG Stuttgart (Stand 2009) mit weiterer Differenzierung der Logistikfunktion auf Hauptabteilungs- und Abteilungsebene.

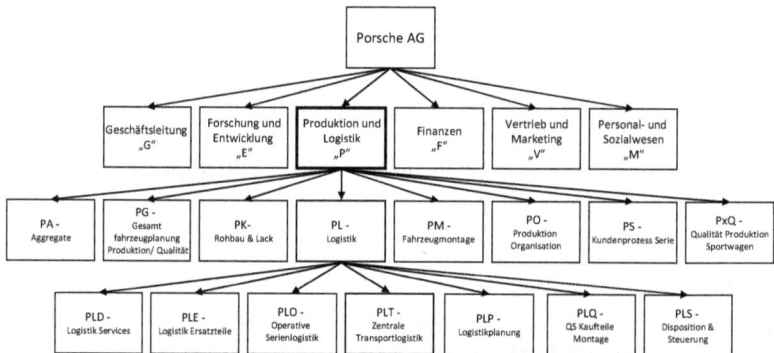

Abb. 4.3 Organisationsstruktur der Porsche AG

Objektorientierte (Divisionale) Organisation

Bei einer Organisation nach Objekten bilden Produkte, Güter und Dienstleistungen oder alternativ Regionen und Märkte das gestaltende Kriterium für die Arbeitsteilung und Spezialisierung. Es werden also nicht gleichartige Verrichtungen gebündelt, sondern ausgehend von Objekten werden verschiedenartige Verrichtungen, die zur Erstellung eines Objekts notwendig sind, zusammengefasst.

Die divisionale Organisation wird auch Spartenorganisation oder Geschäftsbereichsorganisation genannt. Häufig kommt hinzu, dass die Divisionen auch eine weitgehende Autonomie im Sinne eines Profit Centers erhalten.

Alternative Gliederungen sind regionale oder abnehmerorientierte Gliederungen. Dies ist häufig in vertriebsorientierten Organisationen zu finden. Regional werden z.B. Kontinente, Länder oder Ländergruppen, Bundesländer, „Nielsen"-Gebiete unterschieden. Bei Abnehmergruppen unterscheidet man z.B. zwischen Großhandel und Einzelkunden.

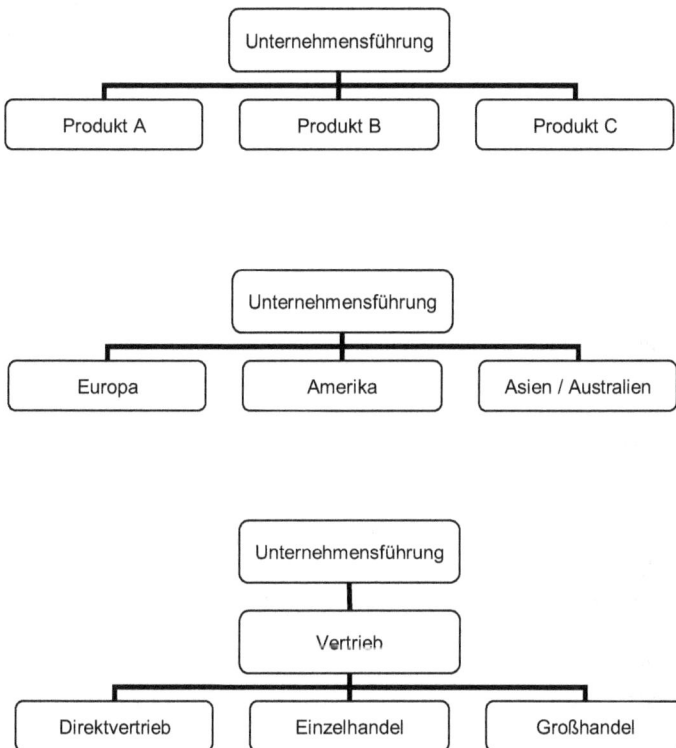

Abb. 4.4   *Beispiele objektorientierter Organisationsgestaltung*

4.1.4   Die Organisationsleitung

Bei der Organisationsgestaltung spielen nicht nur die oben dargestellten Formen der vertikalen Differenzierung im Sinne der Spezialisierung eine Rolle, sondern auch die hierarchische Organisation der Entscheidungsvorbereitung und Entscheidungskompetenz der verschiedenen Instanzen und Stellen. Eine wesentliche Funktion der Hierarchie ist hierbei die Festlegung der Abstimmungs- und Koordinationsaufgaben innerhalb des Unternehmens. Hierbei lassen sich zwei Grundstrukturtypen, die Einlinien- und die Mehrlinienorganisation, sowie als Sonderformen die Stab-Linien-Organisation und Matrixorganisation unterscheiden.

Einlinienorganisation

Einlinienorganisation

Bei der Einlinienorganisation (vgl. **Abb. 4.5**) ist die Hierarchie bzw. die persönliche Anweisung durch den jeweiligen Vorgesetzten das klassische Integrations- und Kontrollinstrument.

Aufträge oder Konflikte werden hierbei entsprechend der hierarchischen Linie verfolgt. Wird zum Beispiel in der Produktentwicklung ein neuer Prototyp erstellt, erfolgt die Beauftragung über den Leiter „Forschung und Entwicklung" und über den Unternehmensgeschäftsführer an den Leiter „Produktion" und von diesem an den Leiter „Musterbau". In Konfliktfällen wird in einer klassischen Einlinienhierarchie solange nach „oben" eskaliert, bis der beide Bereiche koordinierende Vorgesetzte erreicht ist. In letzter Konsequenz wie im Beispiel mitunter auch an die oberste Instanz des Unternehmens. Die Einlinienorganisation geht von dem Prinzip der Einheit der Auftragserteilung aus, wonach ein Mitarbeiter nur einen direkt weisungsbefugten Vorgesetzten haben soll („one man, one boss"). Umgekehrt ist dies aber durchaus möglich, so ist eine Instanz häufig mehreren untergeordneten Stellen gegenüber weisungsbefugt. In **Abb. 4.5** ist die Produktionsleitung den Abteilungen „Musterbau", „Umformung" und „Stanzen" gegenüber weisungsbefugt. Die Einlinienorganisation zeichnet sich durch Klarheit der Entscheidungswege und der Entscheidungskompetenzen aus, allerdings zu Lasten langer Kommunikationswege und entsprechender Schwerfälligkeit, Entscheidungen herbeizuführen. Die arbeitsteilige Aufgabenerfüllung fördert tendenziell die Rivalität zwischen den Stellen und begrenzt das Engagement und die Kreativität und führt meist zu einem Risikovermeidungs- und Sicherheitsdenken.

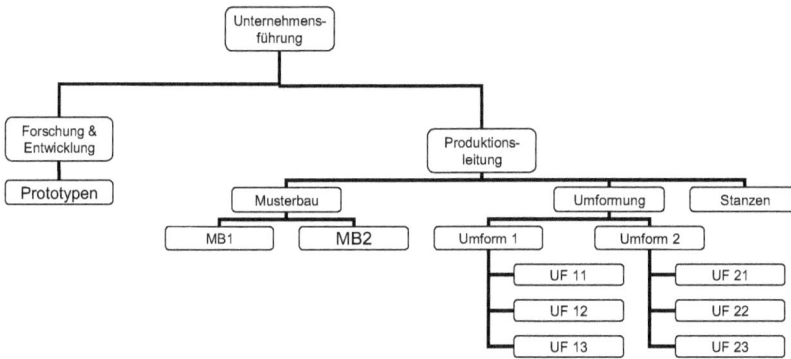

Abb. 4.5   *Beispiel einer Einlinienorganisation*

Mehrlinienorgansiation

Demgegenüber baut das Mehrliniensystem (vgl. **Abb. 4.6**) auf dem Speziali-   Mehrlinienorganisation
sierungsprinzip auf und verteilt die Führungsaufgabe auf mehrere spezialisierte
Instanzen mit der Folge, dass eine Stelle mehreren weisungsbefugten Instanzen
untersteht. Ein Mitarbeiter berichtet an mehrere Vorgesetzte.

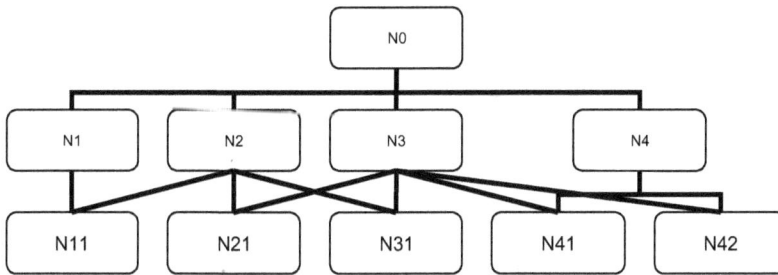

Abb. 4.6   *Strukturtyp einer Mehrlinienorganisation*

Stab-Linien-Organisation

Ein Spezialfall der Einlinienorganisation stellt die Stab-Linien-Organisation   Spezialfall der
(vgl. **Abb. 4.7**) dar. Eine Stab-Linien-Organisation delegiert die Entschei-   Einlinienorgansiation
dungsvorbereitung auf Stabstellen, während die Entscheidungskompetenzen
bei den Instanzen verbleiben.

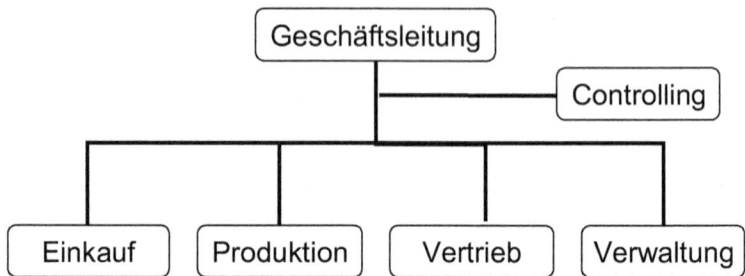

Abb. 4.7   *Stab-Linien-Organisation am Beispiel einer Controlling-Stabsstelle*

Stab-Linien-Organisation   Bei der Stab-Linien-Organisation sind folgende Ausprägungen möglich:

Stab-Linien-System mit Führungsstab. Hierbei besitzt nur die oberste Instanz der Geschäftsführung einen Stab, zum Beispiel die Abteilung Controlling zur Entscheidungsvorbereitung.

Stab-Linien-System mit zentraler Stabsstelle. Hierbei übernimmt der Stab Beratungs- und Unterstützungsfunktionen für alle untergeordneten Instanzen. Zum Beispiel versorgt die Abteilung Controlling alle Unternehmensbereiche mit Informationen und koordiniert die Pläne aller Teilfunktionen.

Stab-Linien-System mit Stäben auf mehreren hierarchischen Ebenen. Hierbei existieren mehrere Stabsstellen. Die Stabstelle übernimmt eine Beratungs- und Unterstützungsfunktion für die jeweilige zugeordnete Instanz, aber nicht für über- oder untergeordnete Instanzen. Zum Beispiel kann eine Controllerstelle neben der Unternehmensführung auch jeder der Funktionsbereiche zugeordnet sein.

Stab-Linien-System mit Stabshierarchie. Hierbei besteht zwischen den Stäben der verschiedenen Hierarchieebenen ebenfalls ein hierarchisches Gefüge, z.B. eine Controllinghierarchie. Dabei verfügt das zentrale Controlling als Stabs-stelle der Unternehmensführung über Führungskompetenzen gegenüber den Controlling-Stäben der untergeordneten Instanzen.

Matrixorganisation

Spezialfall der   Die Matrixorganisation ist eine Spezialform der Mehrlinienorganisation, in der
Mehrlinienorganisation   Regel in Form eines Zweiliniensystems, das gleichzeitig nach zwei Kriterien aufteilt. Eine Stelle ist somit zwei Instanzen unterstellt, von denen eine über Kompetenzen in einem bestimmten Funktionsbereich verfügt, während die zweite Instanz objektbezogene Kompetenzen wahrnimmt.

Matrixorganisation   Eine Matrixorganisation besteht aus der Matrixleitung, den Matrixstellen sowie den Matrixschnittstellen. An der Schnittstelle kommt es zur absichtlichen

Überkreuzung von Zuständigkeiten. Die beiden Matrixinstanzen, die in der Regel mit Funktions- bzw. Objektaufgaben betraut sind, sind gezwungen, sich für die eigentliche Aufgabenerfüllung an der Schnittstelle miteinander abzustimmen. Die Schnittstelle wird nach dem Mehrliniensystem geführt.

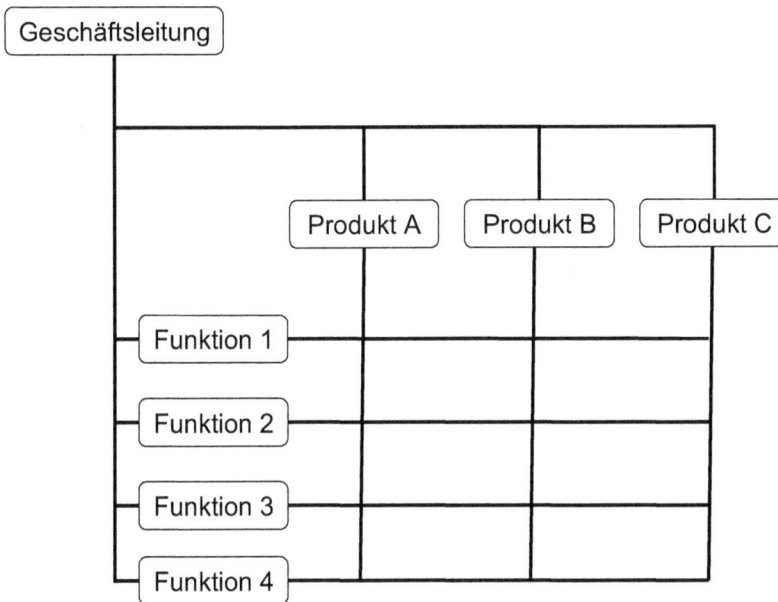

Abb. 4.8 *Matrixorganisation*

In der Grundform der Matrixorganisation werden die Weisungsbefugnisse gleichberechtigt auf die beiden Führungsebenen verteilt, d.h. die betroffenen Mitarbeiter auf der untergeordneten Ebene bekommen von beiden gleichberechtigte Weisungen. Das Ziel ist die Optimierung der unternehmensinternen Koordination durch den „Zwang" zur Abstimmung der beiden Führungsinstanzen. Die ausgewogene Berücksichtigung von Funktions- und Objektinteressen soll qualitativ bessere Entscheidungen gewährleisten. Der Zwang zur Abstimmung führt zwangsläufig zu Konflikten zwischen den Leitern der Führungsinstanzen, die von diesen „produktiv" aufzulösen sind.

gleichberechtigte Weisungsbefugnisse

In Konzernstrukturen herrscht die Matrixorganisation vor. Hierbei kommt es auch zu Mischformen. Zum Beispiel werden bei Henkel zentrale Funktionen wie Finanzen, IT, Einkauf oder Personal in Form von einer Matrixorganisation geführt, während spezifische Aufgaben, z.B. Produktion oder Vertrieb, in Ein-

Konzernmatrix

oder Mehrlinienorganisationen des jeweiligen Geschäftsbereichs geführt werden.

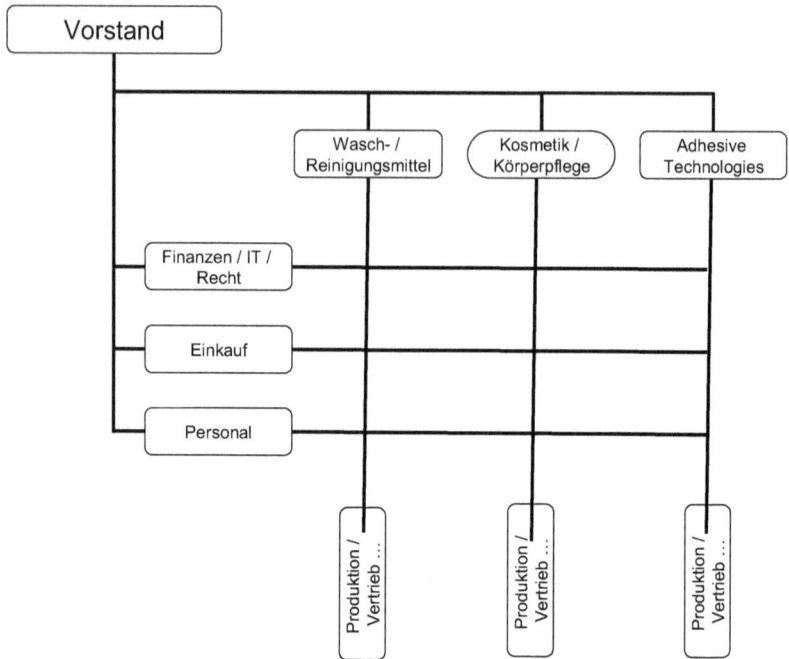

Abb. 4.9   *Konzernorganisation am Beispiel von Henkel*

Bedingungen an eine
Matrixorganisation

Die Matrixorganisation stellt hohe Anforderungen an die beteiligten Stellen insbesondere durch die notwendigen zeitintensiven Abstimmprozesse. Ihre Umsetzung erscheint nur sinnvoll, wenn die zu lösende Aufgabenstellung so komplex ist, dass mindestens zwei Gliederungskonflikte erforderlich sind. Hierbei wird davon ausgegangen, dass sich die Entscheidungsfindung durch die unterschiedlichen Blickwinkel erheblich verbessert und die Nutzung gemeinsamer Ressourcen durch Funktionen und Objekte erforderlich ist. Wären die Ressourcen problemlos aufteilbar, wäre diese Bedingung nicht erfüllt.

Vorteile der
Matrixorganisation

Die Matrixorganisation ist entstanden, um die Stärken der beiden eindimensionalen Organisationsformen zu kombinieren und ihre Schwächen zu vermeiden. Insbesondere ermöglicht sie eine mehrdimensionale Entscheidungsfindung, da zwei oder mehr Ausrichtungen der Organisation verankert sind und ihre jeweilige Sicht einbringen. Die Matrixorganisation führt bereits durch ihr Setup unterschiedliche Sichtweisen in ein System gegenseitiger Kontrolle („check and balance") zusammen.

Kritisch sind dagegen potentielle institutionelle Konflikte zu sehen. Das Konfliktpotential zwischen den einzelnen Stellen ist relativ hoch. Die unterschiedlichen Interessen können zwar zu produktiven Problemlösungen führen, sie
können aber auch zu Machtkämpfen zwischen den Führungsinstanzen führen,
die Entscheidungsprozesse verlangsamen und allenfalls zu wenig sachgerech-
ten Kompromisslösungen führen. Im Falle einer Eskalation ist meist die Unternehmensleitung als Matrixleitung gefordert, was deren Belastung weiter
erhöht.

Nachteile der
Matrixorganisation

Das zentrale Gestaltungsproblem der Matrixorganisation besteht in der Kompetenzabgrenzung zwischen den beiden Linien. Abweichend vom Grundmo-
dell wird in der Praxis jeweils einer Führungsebene mehr Kompetenz einge-
räumt. Dann entsteht eine asymmetrische Matrixorganisation. Diese Matrixor-
ganisationsform ist vergleichbar mit speziellen eindimensionalen Organisationsformen, zum Beispiel mit einer divisionalen Organisation mit Zentralberei-
chen. Die Kompetenzverteilung kann so aussehen, dass eine Linie entscheidet,
was und wann etwas zu tun ist, während die zweite Linie über die Ressourcen
entscheidet. Im Beispiel der Baureihenorganisation (vgl. **Abb. 4.10**) der Porsche AG berichtet die Abteilung „Controlling Panamera" an den Verantwortlichen der Baureihe „Panamera" als auch an den Leiter „Produktcontrolling".
Hierbei bestimmt der Leiter „Produktcontrolling" die Instrumente des Controllings und führt die Abteilung „Controlling Panamera" disziplinarisch, während
der Baureihenleiter „Panamera" die inhaltlichen Anforderungen formuliert. Da
im Organigramm die Berichtslinie zur „schwächeren" Funktion, hier zum
Baureihenleiter, gestrichelt dargestellt wird, bezeichnet man diese auch als
dotted-line-Berichtslinie.

Kompetenzabgrenzung
der Linien

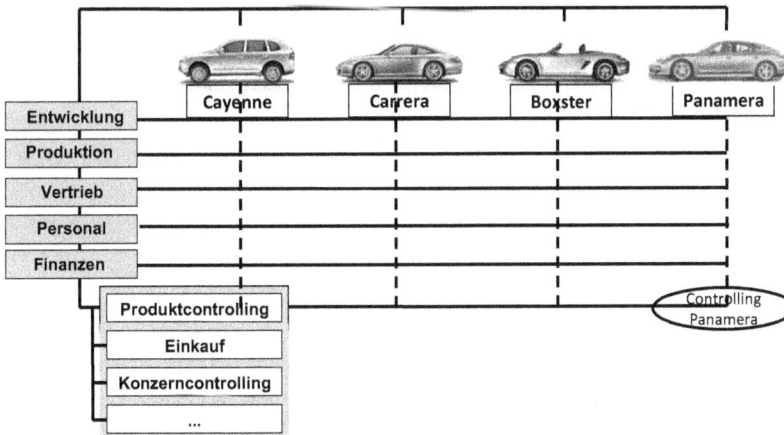

Abb. 4.10 *Matrixorganisation am Beispiel der Baureihenorganisation der Porsche AG*

4.2   Spezielle Organisationsformen

Fusionen und Übernahmen haben insbesondere in Großunternehmen zu immer komplexeren Unternehmensstrukturen geführt, aber auch die Internationalisierung und Globalisierung der Geschäftsabläufe führten zu komplexeren Strukturen in Form von Holding-Strukturen, Center-Konzepten oder zur Bildung von Allianzen.

4.2.1   Holdingorganisation

Konzern

Nach dem Aktienrecht ist ein Konzern ein unter einheitlicher Leitung stehendes Unternehmen mit mindestens zwei rechtlich selbstständigen Teilgesellschaften (vgl. § 18 AktG). Beim Umfang der Verbindung wird in Abhängigkeit vom Einfluss auf die Teilgesellschaften zwischen Minderheitsbeteiligung, beherrschendem Einfluss und Konzerngesellschaften unterschieden. Ein beherrschender Einfluss beschreibt die Situation, bei der ein herrschendes Unternehmen unmittelbar oder mittelbar auf ein Unternehmen einwirkt. Ein Kennzeichen von Konzerngesellschaften ist die einheitliche Leitung. Dokumentiert wird dies häufig durch einen Beherrschungsvertrag.

Im Folgenden soll der Konzernbegriff nicht als Rechts-, sondern als Organisationsform betrachtet werden und neben den beschriebenen Teilgesellschaften auch unselbstständig operierende Unternehmen oder Geschäftsbereiche umfassen.

Holdingorganisation

Eine Holdingorganisation ist ein Verbund mehrerer, rechtlich selbstständiger Unternehmer oder unselbstständiger aber operativ tätiger Unternehmensteile unter einer einheitlichen Leitung.

Eine Holdingorganisation gliedert sich in der Regel objektorientiert in Divisionen (vgl. auch Kap. 4.1.3). Im Unterschied zu divisionalen Organisation können in der Holding die einzelnen Divisonen auch selbstständige Unternehmen darstellen. Die Rollenverteilung zwischen der Holding als Obergesellschaft und den Teilgesellschaften (z.B. Beteiligungen, Auslandsgesellschaften oder Unternehmensbereichen) kann unterschiedlich ausgestaltet sein. Extrempositionen stellen die reine Finanz-Holding oder die reine Management-Holding dar. In der Praxis finden sich allerdings meist Zwischenformen in unterschiedlichster Ausgestaltung.

Finanz-Holding

Eine reine Finanz-Holding betrachtet die Teilbereiche als Beteiligungen im Sinne eines Investitionsobjekts. Sie beschränkt ihren Einfluss auf die juristische Verwaltung, die Sicherstellung der Finanzierung und der Kontrolle der untergeordneten Unternehmen. Die strategische und operative Unternehmensführung liegt in der alleinigen Entscheidungsbefugnis der Teilbereiche.

Bei einer Management-Holding nimmt die übergeordnete Holding inhaltlichen Einfluss auf die Führung der Teilbereiche. Sie legt die Gesamtstrategie fest, trifft Entscheidungen über Ressourcen und besetzt die wichtigsten Führungspositionen. Die Überwachung der einzelnen Teilbereiche erfolgt im Vergleich zur Finanz-Holding wesentlich detaillierter. Eine Management-Holding realisiert gleichsam die strategische Zweiteilung in Gesamtunternehmen und Geschäftseinheiten. Die Unternehmensleitung der Holdingobergesellschaft trägt die Gesamtverantwortung und legt übergeordnete Ziele und Strategien fest. Meist erfolgt auf dieser Ebene auch die unternehmensweite Finanz-, Liquiditäts- und Erfolgsplanung. Außerdem zeichnet sich die Holdingobergesellschaft für Mergers & Acquisitions-Aktivitäten zum Kauf und Verkauf von Unternehmen oder Unternehmensteilen verantwortlich. Die Ziele und Strategien der Holding geben dem Management der Teilgesellschaften deren Rahmen vor. Innerhalb dieses Rahmens sind sie für die Ableitung der Vertriebs-, Produktions- und Entwicklungsstrategie sowie für das Tagesgeschäft verantwortlich. Die Organisationsform der Management-Holding eignet sich insbesondere für diversifizierte Großunternehmen. | *Management-Holding*

4.2.2   Shared Service Center

Center Konzepte

Die Ergebnisverantwortung kann unabhängig von der rechtlichen Struktur eines Unternehmens unterschiedlich stark delegiert werden. Hierbei werden – unabhängig von der rechtlichen Struktur – auf organisatorischer Ebene Center gebildet. Center sind Organisationseinheiten, die Aufgaben bereichsübergreifend wahrnehmen. Sie erbringen Leistungen für mehrere interne Kunden, können aber auch gegenüber externen Kunden auftreten, und sind für einen bestimmten Leistungsumfang verantwortlich. | *Organisationseinheiten unabhängig von der rechtlichen Struktur*

Entsprechend der verfolgten Zielsetzung der Organisationseinheiten lassen sich folgende Center unterscheiden:

Cost Center: Die Leistung des Bereichs ist für die Einhaltung von Kostenbudgets verantwortlich. Dies kann sowohl in Form absoluter Kostenbudgets als auch über Kosten-Leistungsverhältnisse, z.B. in der Fakturierung Kosten je Faktura. In der Praxis sind Cost Center am häufigsten anzutreffen. | *Cost Center*

Revenue Center: Die Leitung dieses Bereichs ist für den Umsatz verantwortlich. In der Regel handelt es sich hier um Vertriebsabteilungen. | *Revenue Center*

Profit Center: Die Führung dieses Unternehmensbereichs hat Ergebnisverantwortung. In der Regel handelt es sich hier um die Leitung eines Unternehmensbereichs, der seinerseits Cost- und Revenue Center führt. | *Profit Center*

Investment Center

Investment Center: In dieser Ausprägung trägt die Leitung des Unternehmensbereichs neben der Ergebnisverantwortung auch die Verantwortung für Investitionsentscheidungen des Geschäftsbereichs. Häufig sind in diesem Center auch mehrere Profit Center zusammengefasst oder es umfasst gar das Gesamtunternehmen.

Center-Konzepte stellen eine Spezialform der eindimensionalen Leitungskonzepte dar. Der Vorteil einer centerorientierten Unternehmensführung liegt darin, dass die Verantwortungsbereiche unabhängig von rechtlichen Strukturen gebildet werden können und Zielvorgaben der jeweiligen Organisationseinheiten eindeutig geregelt sind.

Shared Service Center

Der verstärkte globale Wettbewerb der letzten Jahre in Verbindung mit neuen Möglichkeiten der Informations- und Kommunikationstechnologien führten nicht nur zum verstärkten Druck, innovative Produkte anzubieten, auch die Effizienz der Leistungserstellung wird herausgefordert. Dezentrale Einheiten weisen tendenziell eine hohe Markt- und Kundenorientierung auf, allerdings führen lokale Prozesse und Systeme auch zu höheren Gemeinkosten im Vergleich zu zentralisierten Einheiten, die Skaleneffekte realisieren können.

Shared Service Center

In Shared Service Centern werden zuvor verteilt wahrgenommene interne Dienstleistungen zur Unterstützung der Geschäftsbereiche in einer eigenen Organisationseinheit zusammengefasst.

Shared Service Center bieten Dienstleistungen innerhalb eines Unternehmens an. Dazu werden ähnliche, meist administrative Prozesse zusammengefasst und von einer separaten Einheit zur Verfügung gestellt. Vergleichbar ist die Implementierung eines Shared Service Centers mit dem Outsourcing (vgl. hierzu auch Kapitel 2.6.3) verschiedener Leistungen, wobei diese dann nicht von Externen angeboten werden, sondern im eigenen Unternehmen bleiben. Dabei handelt es sich überwiegend um Unterstützungsprozesse, die standardisierbar sind und keine Entscheidungskompetenzen zum Inhalt haben.

Kundenorientierung

Shared Service Center bedienen vorwiegend interne Kunden im Sinne anderer Unternehmensbereiche der gleichen Holding, wobei gelegentlich auch externen Kunden, je nach Organisation und Aufgabenfeld des Centers, die Leistungen angeboten werden. Wird diese Möglichkeit der Erweiterung der Zielgruppe in Erwägung gezogen, bedeutet dies den Markteintritt für das Shared Service Center und damit möglicherweise einhergehend zusätzlicher Gewinn. Dies setzt jedoch voraus, dass die Leistung so allgemein konzipiert ist, dass sie von externen Dritten benötigt wird und angenommen werden kann.

Captive Outsourcing
Non-Captive Outsourcing

Bei einer Verlagerung in ein Shared Service Center, welches ausschließlich Dienstleistungen für den eigenen Konzern erbringt, spricht man von Captive Outsourcing. Dagegen bezeichnet Non-Captive Outsourcing die Auslagerung von Geschäftstätigkeiten an einen externen, nicht zum gleichen Konzern gehörenden Partner.

Diese Einheit ist in der Regel wirtschaftlich und rechtlich eigenständig. Mit der Entscheidung der Selbstständigkeit sind verschiedene Konsequenzen verbunden. Kann das Shared Service Center als autonome Einheit betrachtet werden, bedeutet dies zum einen eine einfachere finanzielle Steuerung, zum anderen bietet die Autonomie den Mitarbeitern zusätzlich Anreiz und Motivation durch die Ergebnisverantwortlichkeit und die daran gemessene Leistungsbewertung. Darüber hinaus ist die Folge einer rechtlichen Selbstständigkeit die unmittelbare Auslieferung im Wettbewerb. Die Einheit konkurriert mit anderen, ähnlichen „Dienstleistungsunternehmen".

Die Leistungsbewertung in Shared Service Centern geschieht primär durch Service Level Agreements. Dabei handelt es sich um vertragliche Vereinbarungen zwischen dem anbietendem Shared Service Center und den annehmenden Unternehmensbereichen (internen Kunden).

Service Level Agreement

Für die Zusammenführung von Prozessen und deren Bündelung zu einer Einheit kommen nur bestimmte Prozessarten in Frage. Geeignete Prozesse sind solche, aus denen man standardisierbare Tätigkeiten ableiten kann und die keine Kernkompetenzen des Unternehmens darstellen. Dieses Vorgehen macht nur dann Sinn, wenn die Prozesse im Unternehmen mehrmals, parallel und beispielsweise an verschiedenen Stellen vollzogen und von mehreren Unternehmensbereichen angefragt werden. Zweckmäßige Prozesse sind hauptsächlich welche aus dem Dienstleistungs- und Verwaltungsbereich, wie z.B. Aufgaben aus dem Personal- oder Finanzwesen, dem IT- Bereich, der Lohn- und Gehaltsbuchhaltung oder dem Einkauf. Dies wird auch aus der Entwicklung des Shared Service Center deutlich. Als eines der ersten Shared Service Center wurde 1981 von Ford ein Finance Shared Service Center für die USA eingerichtet. Während sich die ersten „Versuche" wegen der unterschiedlichen Prozesse und rechtlichen Vorschriften noch auf nationale Center beschränkten, wurden begünstigt durch Fortschritte in der Informations- und Kommunikationstechnologie in den letzten Jahren verstärkt international oder global operierende Shared Service Center implementiert.

Durch die Einrichtung von Shared Service Centern werden in der Regel Kosten-, Qualitäts- und strategische Vorteile (vgl. **Abb. 4.11**) erwartet.

Kostenvorteile finden ihren Ursprung in mehreren Aspekten. Kostensenkungspotenziale können durch die Nutzung von Skalen- und Synergieeffekten erzielt werden. Diese resultieren u.a. aus standardisierten Prozessen, abgebauten Personalkosten und ggf. Personalkostenvorteile durch den Standort des Shared Service Centers. Dabei ist anzumerken, dass die Verlagerung eines Shared Service Centers an einen anderen Standort nur dann möglich ist, wenn die angebotenen Dienstleistungen einer räumlichen und ggf. auch zeitlichen Distanz standhalten können.

Qualitätsvorteile können durch die schnellere Abwicklung der Prozesse aufgrund der Standardisierung und der Vermeidung von parallel ablaufenden identischen Prozessen entstehen. Des Weiteren liegt der Schwerpunkt einer SSC-Organisation auf der Service- und Kundenorientierung. Die Qualität der angebotenen Leistungen gegenüber den internen Kunden spielt demnach eine wichtige Rolle. Ein weiterer Gesichtspunkt ist die Bündelung der Ressourcen und die Mitarbeiterentwicklung zu Spezialisten innerhalb einer Einheit. Durch die zusätzliche Verbesserung der Informationsverarbeitung entstehen im Ganzen somit qualitativ wertvollere Prozesse.

Strategische Vorteile beinhalten den Wettbewerbsaspekt, also den Vorsprung gegenüber der Konkurrenz, die Kosteneinsparungspotenziale, die damit einhergehende Steigerung des Unternehmenswertes und die Gegebenheit, dass die Unternehmung sich besser auf die eigentliche Kernkompetenz konzentrieren kann.

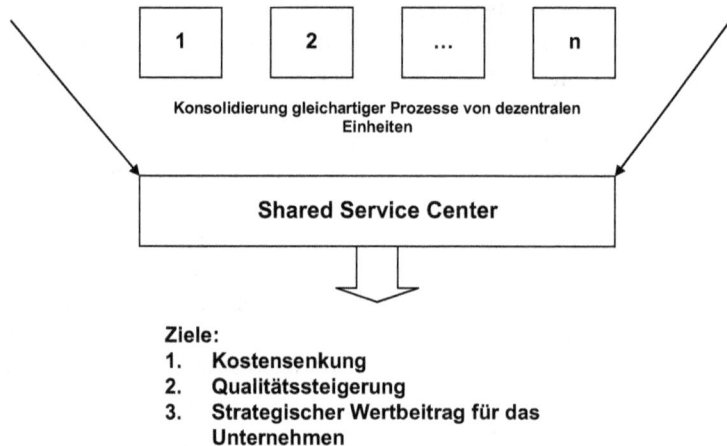

Abb. 4.11   Shared Service Center: Konzept und Zielsetzung

Praxisbeispiel: Bayer AG – Geschäftsbereich Polyurethane

Am 01. April 2001 eröffnete die Bayer AG ein Business Service Center (BSC) in Neuss. Die Zielsetzung war es, Abläufe bei der Integration des neu akquirierten Lyondell-Polyether-Geschäftes zu optimieren. Dieses neu gegründete Shared Service Center ist für die Koordination der Auftragsabwicklung für die Region Europa und Middle East/Africa verantwortlich. Im Einzelnen umfasst ihr Aufgabengebiet die Funktionen Customer Service, Logistics und Operations Planning + Procurement.

Lyondell besaß bereits zum Zeitpunkt der Akquisition ein „europäisches" Shared Service Center in Rotterdam, welches die Funktionen Purchase to Payment, Order to Cash und Reports to Record begleitete. Der Geschäftbereich Polyurethane der Bayer AG war in dieser Zeit in nationale Niederlassungen in ganz Europa organisiert, die Mitarbeiter im Außen- und Innendienst beschäftigten. Das Koordinieren der Auftragsabwicklung war hierbei die Hauptaufgabe des Innendienstes. Im Einzelnen bedeutet dies eine Auftragsannahme und die Auftragserfassung mittels eines EDV-Systems, um die Auftragsdaten dann im Bayer-Stammhaus in Leverkusen marketing- und logistiktechnisch abzustimmen. Sie waren hierbei auch direkte Ansprechpartner für die Kunden vor Ort. Der Außendienst war hingegen für die technische und kaufmännische Betreuung der Kunden verantwortlich.

Der Auftragsabwicklungsprozess eignet sich vor allem deswegen sehr gut zur Überführung in ein Shared Service Center, weila er eine Vielzahl von sich wiederholenden Tätigkeiten umfasst. Mit der Überführung in ein Shared Service Center konnten aber nicht nur Mengenskaleneffekte erzielt werden, es wurde auch sichergestellt, dass die unterschiedlichen Auftragsabwicklungsprozesse der beiden früheren Einheiten in einen gemeinsamen Prozess überführt wurden.

4.2.3   Kooperationen, Allianzen und Netzwerke

Kooperationen, Allianzen und Netzwerke sind Organisationsformen eines Unternehmens, die über Unternehmensgrenzen hinweg reichen.

Kooperationen

Eine Kooperation ist eine längerfristige Zusammenarbeit mit gemeinsamer Nutzung von Ressourcen zwischen rechtlich selbstständigen Unternehmen.   *Kooperationen*

Voraussetzung einer Kooperation ist die Bereitstellung von Schnittstellen in den beteiligten Unternehmen, mittels deren die gemeinsame Aufgabenerfüllung organisiert werden kann.

Kooperationen können sowohl durch bisher unabhängige Unternehmen initiert werden, zum Beispiel durch die Zusammenarbeit in einem Joint Venture. Diese Form bezeichnet man als Internalisierung. Bei einer Externalisierung dagegen werden Aktivitäten rechtlich verselbstständigt, ausgegliedert oder gar wie beim Outsourcing an einen Partner übertragen.

vertikale, horizontale und konglomerate Kooperationen

Die Kooperationsformen lassen sich nach den Beziehungen zwischen den beteiligten Kooperationspartnern entlang der Wertschöpfungskette unterscheiden.

- Vertikale Kooperationen: Hierbei sind Unternehmen Partner, deren Wertschöpfung als Lieferant oder Abnehmer unmittelbar miteinander in Beziehung steht. Die Kooperation kann sich auch über verschiedene Wertschöpfungsstufen hinweg erstrecken. Die Grundidee derartiger Kooperationen ist es, Schnittstellen zwischen vor- und nachgelagerten Wertschöpfungsstufen zu optimieren. Automobilhersteller arbeiten zum Beispiel mit ihren Zulieferern bereits in der Produktentwicklung sehr intensiv zusammen.
- Horizontale Kooperationen: Hierbei verbinden sich Unternehmen der gleichen Wertschöpfungsstufe. Die Hauptzielrichtung ist es hierbei, durch die Kooperation ihre Position im Wettbewerb zu bündeln. Aus wettbewerbsrechtlichen Gründen erstrecken sich diese Kooperationen meist nur auf einzelne Teilbereiche, z.B. kooperieren einige Automobilhersteller bei der Entwicklung alternativer Antriebskonzepte miteinander.
- Konglomerate Kooperationen: Hierbei verbinden sich Unternehmen, die weder in einer direkten Wertschöpfungsbeziehung zueinander stehen noch unmittelbar miteinander konkurrieren. Beispiele sind Unternehmen, die komplementäre Produkte anbieten, deren gemeinsame Vermarktung sinnvoll ist. Zum Beispiel sind in viele Tankstellen inzwischen kleine Supermärkte integriert.

vertragslose und vertragliche Zusammenarbeit, Lizenzen, Franchise, Beteiligung, Joint Venture

Eine andere Möglichkeit der Kategorisierung ist die Unterteilung der Kooperationsformen nach deren Institutionalisierung. Hierbei wird entsprechend der juristischen und organisatorischen Gestaltung unterschieden:

- Vertragslose Zusammenarbeit: In dieser Kooperationsform arbeiten zwei oder mehr Unternehmen ohne vertragliche Bindung zusammen.
- Vertragliche Zusammenarbeit: In dieser Kooperationsform wird die Kooperation durch Verträge abgesichert. Beispiele sind langfristige Lieferverträge, die bereits im Vorfeld vereinbart werden und den gesamten Lebenszyklus von der Entwicklung bis zum Serienauslauf umfassen.
- Lizenzverträge sind eine besondere Form der vertraglichen Zusammenarbeit. Eine Lizenzvereinbarung räumt das Recht auf Nutzung bestimmter Marken, Schutzrechte oder Patente ein.
- Franchising ist eine besondere Form der Lizenzvereinbarung. Der Franchisegeber arbeitet mit mehreren rechtlich selbständigen Partnern zusammen.

Das Franchise-Paket besteht aus den Nutzungsrechten, die meist ein spezielles Organisations-, Beschaffungs- und Marketingkonzept umfassen, aber auch Finanzierungs- und sogar Managementunterstützung umfassen können. Häufig wird auch eine Marke mit entsprechendem Gebietsschutz überlassen. Der Franchisegeber sichert sich meist umfassende Kontrollrechte, die die einheitlichen Standards sichern sollen. Bekannte Franchise-Unternehmen sind McDonalds oder Burger King, aber auch Baumarktketten wie Obi oder Praktiker operieren nach diesem Modell.

- Kapitalbeteiligungen gehen über vertragliche Vereinbarungen hinaus und ermöglichen es dem Partner, einen stärkeren Einfluss auszuüben.
- Joint Venture: in dieser Kooperationsform werden die betroffenen Aktivitäten aus den beteiligten Unternehmen ausgegliedert und in ein neues, eigenständiges Unternehmen, an dem die beteiligten Kooperationspartner Anteile halten, überführt.

Strategische Allianzen

Strategische Allianz bezeichnet eine Zusammenarbeit rechtlich selbständiger Unternehmen, um gemeinsam Strategien zu verfolgen und Wettbewerbspositionen zu verbessern.

Strategische Allianzen

Es handelt sich um eine formalisierte längerfristige Beziehung, die vertraglich abgesichert ist. Das Ziel ist hierbei, gegenseitig eigene Schwächen durch Stärken des jeweiligen Partners auszugleichen. Inhaltlich stellen viele strategische Allianzen horizontale Kooperationen dar, die die meist partielle Zusammenarbeit von Wettbewerbern regeln. Als Beispiel kann die Gemeinschaftsproduktion des VW Touareg und Porsche Cayenne oder auch des VW Sharan und Ford Galaxy genannt werden.

Joint Ventures

Joint Venture bezeichnet die wirtschaftliche Zusammenarbeit zwischen zwei oder mehreren Unternehmen, die ein rechtlich selbständiges Unternehmen gemeinsam gegründet oder erworben haben.

Joint Venture

Joint Ventures können durch Ausgliederung von bestehenden Aktivitäten aus den kooperierenden Unternehmen entstehen. Häufiger ist jedoch eine Neugründung, um einen gemeinsamen Geschäftszweck zu verfolgen oder die gemeinsame Übernahme eines dritten bestehenden Unternehmens. In jedem Fall erbringt das entstehende eigenständige Unternehmen Leistungen im Interesse aller beteiligten Unternehmen. Die häufigste Form des Joint Ventures ist das Gemeinschaftsunternehmen, bei dem die Anteile sowie Chancen und Risiken unter den beteiligten Unternehmen gleich verteilt sind. In diesem Fall ist eine hierarchische Beherrschung durch einen Kooperationspartner ausgeschlossen. Allerdings sind auch andere Formen denkbar, so kommen insbesondere in Outsourcing-Situationen häufig „Joint-Ventures for show" vor. Hierbei werden

die übertragenen Geschäftsaktivitäten in ein gemeinsames Unternehmen überführt. An der gemeinsamen Gesellschaft halten beide, sowohl der Outsourcing-
Partner als auch das outsourcende Unternehmen, Anteile. Allerdings be-
herrscht in der Regel der Outsourcing-Partner die Mehrheit der Anteile und
trägt die wirtschaftlichen Risiken des Gemeinschaftsunternehmens.

Häufig wird bereits bei der Gründung eines Joint Ventures darüber Vorsorge
getroffen, wann und unter welchen Bedingungen das Joint Venture auch wieder beendet werden kann bzw. wird. In der Regel wird hierbei vereinbart, dass
einer der Partner die Möglichkeit erhält, das Joint Venture zu übernehmen.

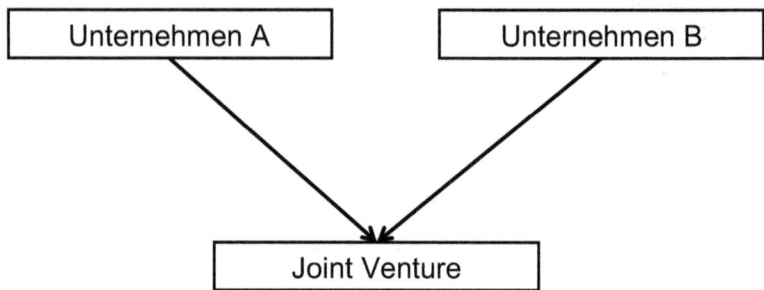

Abb. 4.12 *Joint Venture*

Praxisbeispiel: Nucellsys – ein Gemeinschaftsunternehmen der Daimler AG und Ford Motor Company

Im Zuge der strategischen Suche nach alternativen Antriebskonzepten erschienen in den 1990er Jahren Brennstoffzellen als eine sehr aussichtsreiche Alternative zu herkömmlichen Verbrennungsmotoren. Einer der Vorreiter auf diesem Gebiet war die kanadische Firma Ballard Power Systems. Nach ersten Kontakten Anfang der 1990er Jahre beschlossen Daimler-Benz und Ballard Power Systems eine Zusammenarbeit bei der Entwicklung von Brennstoffzellenantrieben. 1997 gründeten die Partner die Firma dbb fuel cell engines für die Entwicklung kompletter Brennstoffzellensysteme. 1998 trat die Ford Motor Company der Allianz bei. 1999 firmierte dbb als XCELLSIS – The Fuel Cell Engine Company - und wurde 2001 im Rahmen einer Umstrukturierung der Allianz in Ballard Power Systems integriert.

2005 übernahmen Daimler und Ford das Systemgeschäft und gründeten das Gemeinschaftsunternehmen NuCellSys GmbH – The Fuel Cell System Company – das seitdem die Brennstoffzellensysteme für Fahrzeuganwendungen entwickelt und herstellt.

Im Zuge der Umstrukturierungsmaßnahmen schied die Ford Motor Company zum 1. Mai 2008 aus dem Gemeinschaftsunternehmen aus. Die Daimler AG übernahm die Anteile und führt das Unternehmen nun als 100%iges Tochterunternehmen fort. NeCellSys wird sich künftig auf die Anpassung der Brennstoffzellensysteme an unterschiedliche Automodelle – konkret an die Modelle des Daimler-Konzerns – konzentrieren. Die eigentlichen Brennstoffzellenmodule kommen vom kanadischen Zulieferer Automotive Fuel Cell Cooperation, an dem Daimler 50,1 % hält und an dem neben Ford auch Ballard weiter beteiligt ist.

Ein weiterer Grund zur Gründung von Joint Ventures liegt häufig auch in protektionistischen Regelungen bzw. politischen Vorgaben. Zum Beispiel war lange Zeit vorgeschrieben, dass Tochterunternehmen in der Volksrepublik China bzw. in Indien nur in Form von Joint Ventures mit einheimischen Unternehmen gegründet werden könnten. Um auf dem chinesischen Markt produzieren zu können, gründete die Volkswagen AG drei Gemeinschaftsunternehmen. Die FAW-Volkswagen, FAW-Audi und Shanghai Volkswagen sind als eigenständige Marken zu betrachten, die mit eigener Modellpalette am chinesischen Markt antreten.

Netzwerke

Netzwerke sind unternehmensübergreifende Kooperationen von mehr als zwei rechtlich selbständigen Unternehmen, die zur Erreichung gemeinsamer Ziele freiwillig und koordiniert zusammenarbeiten.

Netzwerke

Die Unternehmen eines Netzwerkes arbeiten in Form von Allianzen zusammen, die entweder vertraglich geregelt oder aber als Joint Ventures mit Kapitalverflechtungen verbunden sind. Beispiele für vertragliche Regelungen können Lizenz-, Technologie- oder allgemein Managementverträge sein. Netzwerke stellen eine relativ moderne erfolgversprechende Form einer unternehmensübergreifenden Zusammenarbeit dar.

Verknüpfung von Flexibilität kleiner Unternehmen mit den Integrationsvorteilen von Großunternehmen

Netzwerke bieten die Möglichkeit, für einzelne Projekte die jeweils optimale Betriebsgröße zu wählen. So sind Großunternehmen in der Lage, durch Economic of Scale-Effekte Kostenvorteile zu realisieren. Andererseits ist zu beobachten, dass kleinere Unternehmen schneller und flexibler auf Marktveränderungen reagieren können. Netzwerke erlauben Größennachteile einzelner Unternehmen durch den Verbund zu kompensieren. Zum Beispiel organisieren sich viele Fluggesellschaften in Netzwerken, um weltweite Flüge anzubieten und Synergien im Service und Einkauf zu realisieren. Anders als bei Unternehmensübernahmen geben die beteiligten Unternehmen ihre Eigenständigkeit als Unternehmen nicht auf. Sie bringen ihre spezifischen Fähigkeiten, wie zum Beispiel ihre regionale Präsenz, im Fall der Fluggesellschaften durch ihre regionalen Zubringerflüge oder Landerechte, in das Netzwerk ein.

Best-of-everything-Organisation

Die Idealform von Netzwerken ist die Bildung einer „Best-of-everything"-Organisation. Jeder Netzwerkpartner bringt dabei seine jeweilige Kernkompetenz ein. Die Voraussetzung ist hierbei allerdings, dass die Partner sich auf unterschiedliche Bereiche der Wertschöpfungskette konzentrieren.

Praxisbeispiel: Star Alliance

Star Alliance, das Netzwerk von Airlines wurde 1997 als erstes Bündnis internationaler Fluggesellschaften von den Fluggesellschaften Air Canada, United Airlines, Lufthansa, SAS Scandinavian Airlines und Thai Airways mit dem Ziel gegründet, ihren Passagieren ein umfassendes Angebot für weltweit reibungslose Flüge zu bieten. Hierzu sollten gemeinsame und kompatible Angebote für Vielflieger, gemeinsame Lounges und später auch Terminals an den Flughäfen, aufeinander abgestimmte Linienflüge mit dem Aufbau eines weltweiten Netzwerkes entwickelt, sowie Qualitätsstandards angeglichen, gemeinsame Flotten- und Ersatzteilbestellungen vorbereitet und gemeinsame Streckenrechte und Slots genutzt werden.

Neben der Aufnahme von diversen neuen Mitgliedern wurde 2004 das Regionalkonzept entwickelt und vorgestellt, um auch kleinere Märkte durch regionale Fluglinien wie die finnische Blue1 zu erschließen. Lufthansa Systems arbeitet im Auftrag der Mitglieder derzeit an einer Konsolidierung der Software, so dass Buchung, Loading und Flugdaten auf einer gemeinsamen IT-Basis erfolgen können. Die ersten Airlines, die dieses Ziel umsetzen, werden Lufthansa, United Airlines und Singapore Airlines sein.

Inzwischen werden innerhalb des Star Alliance Netzwerks täglich mehr als 17.000 Flüge zu 916 Destinationen in 160 Ländern durchgeführt.

In Konkurrenz zu diesem Bündnis stehen die Allianzen oneworld Alliance und SkyTeam.

4.2.4 Virtuelle Unternehmen

Während Netzwerke in der Regel gegenüber dem Markt zumindest in Teilbereichen als Teil des Netzwerkes auftreten und das Netzwerk an sich meist auch Marktteilnehmer ist, bleibt das Netzwerk bei virtuellen Unternehmen „unsichtbar".

Virtuelle Unternehmen sind temporäre Netzwerke unabhängiger Unternehmen oder Unternehmensteile. Sie organisieren und optimieren ihre Geschäftsprozesse mit Hilfe von Informations- und Kommunikationstechnologien. Gegenüber den Kunden treten sie weiter als eigenständige Unternehmen auf, das Netzwerk wird nicht sichtbar.

virtuelle Unternehmen

Die Strukturen virtueller Unternehmen sind einem fortwährenden Wandel unterworfen. Sie verfügen weder über ein Entscheidungszentrum noch über eine Organisationsstruktur. In der Informationstechnologie bezeichnet ein virtueller Speicher die scheinbare Vergrößerung des Arbeitsspeichers durch Auslagerung von Daten zum Beispiel auf externe Speichermedien. Der Kunde nimmt diese Auslagerung nicht wahr, er hat den Eindruck, dass ihm ein größerer Speicher zur Verfügung steht. Auf Unternehmen übertragen wird den Kunden ein Produkt scheinbar aus einer Hand angeboten. In der Realität stammt das Produkt jedoch aus einer temporären Kooperation. Die Kooperation nimmt Chancen wahr und arbeitet bis zur Erreichung ihrer Ziele zusammen. Die beteiligten Unternehmen verzichten weitgehend auf die Institutionalisierung von Funktionen. Jeder Partner konzentriert sich hierbei auf seine spezifischen Kompetenzen. Im Extremfall können alle Funktionen von Partnern übernommen werden. Die Leistung des Brokers, der gegenüber dem Kunden auftritt, beschränkt sich auf die Koordination der Partnerunternehmen innerhalb des Netzwerks und der Schnittstelle des Netzwerks gegenüber dem Kunden.

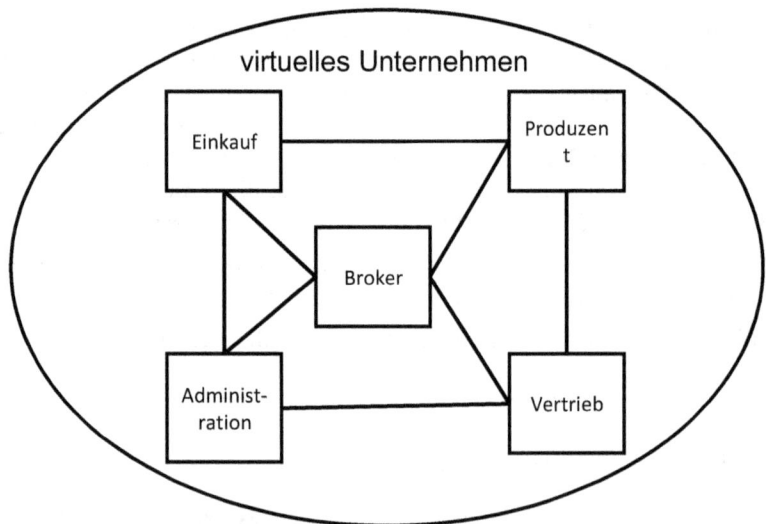

Abb. 4.13 *Virtuelles Unternehmen*

Beispiele für virtuelle Unternehmen finden sich insbesondere im Bereich der internetbasierten Geschäftsmodelle. Aber auch im Bereich der wissensbasierten Dienstleistungen, wie z.B. der Softwareentwicklung, finden sich erfolgreiche Modelle.

Praxisbeispiel: Open Source Softwareentwicklung

In Open Source Communities entwickeln Einzelpersonen oder Unternehmen Software und legen deren Quellcode offen. Jedermann darf den Quellcode bzw. das Programm nutzen, aber auch anpassen und verbessern. Der Austausch zwischen den Entwicklern, aber auch mit den Nutzern erlaubt die projektartige Weiterentwicklung. Beispiele hierfür sind das alternative Computerbetriebssystem Linux, dessen Initator Linus Torvalds bewusst den ursprünglich von ihm allein entwickelten Code zur Weiterentwicklung lizenzierte und somit frei gab, oder das Projekt Mozilla, dessen Ziel die Entwicklung eines freien Internetbrowsers (Firefox) ist. Inzwischen wird dieses Projekt von der Mozilla Foundation, eine Non-Profit-Stiftung, unterstützt. Die Organisation setzt fest, in welche Richtung die Entwicklung der Projekte fortgeführt wird, bietet eine grundlegende rechtliche Infrastruktur und kümmert sich um Marken und anderes geistiges Eigentum. Die Foundation besitzt eine Tochterfirma, die Mozilla Corporation, die einige Entwickler angestellt hat und die Versionen der Projekte Firefox und Thunderbird koordiniert. Die Hauptentwicklungsleistung erfolgt allerdings weiter verteilt über viele unabhängige Entwickler unter Einbeziehung der Nutzer.

Erfolgreiche virtuelle Unternehmen zeichnen sich durch folgende Merkmale aus:

- Die beteiligten Unternehmen beschränken sich auf die Bereiche, die sie besser bewältigen können als andere Unternehmen. Für alle anderen Tätigkeiten werden Partner gesucht, die sich hierauf spezialisiert haben.
- Da es keine organisatorischen Regelungen gibt, wird von den Beteiligten ein hohes Maß an Kommunikation und Interaktion erwartet.
- Planungsaufgaben werden auf ein Mindestmaß reduziert, die Aufgaben definieren sich stets neu.
- Dynamische Prozesse sind dezentralisiert, auf eine formale Organisationsstruktur wird weitgehend verzichtet.
- Führungskräfte wirken nicht hierarchisch, sondern personen- und netzwerkorientiert. Eine wichtige Basis ist Vertrauen (vgl. Krystek / Redel / Reppegather, 1997, S. 375–376), das häufig allerdings auch auf den Erfahrungen der Vergangenheit mit den jeweiligen Projektpartnern basiert.

Eine spezielle Ausprägung von virtuellen Unternehmen ist die Virtualisierung der Leistungserstellung. Ein Beispiel hierfür sind Beratungsunternehmen. Sie stellen projektbezogen ein Expertensystem zusammen, das sich an den Projektanforderungen und nicht an den aufbauorganisatorischen Gegebenheiten orientiert. Während in klassischen Organisationsformen sich die Projektmitglieder aus der jeweiligen Fachabteilung (z.B. Finanzberatung) rekrutieren, stellt bei einem ressourcenbezogenen Ansatz der Projektleiter sein Team aus den vorhandenen Ressourcen entsprechend den spezifischen Anforderungen (z.B. ein IT-Entwickler und ein Finanzberater) zusammen (vgl. **Abb. 4.14**).

Ist das Projektziel erreicht, löst sich das Projektteam wieder auf. Durch entsprechende Tools kann die Virtualisierung auch räumliche oder zeitliche Grenzen überwinden (vgl. Schubert, 2007, S. 257). So erlauben Collaboration Tools, wie Instant-Messaging-Systeme oder Workgroup-Systeme, die Zusammenarbeit von Projektmitgliedern unabhängig vom eigentlichen Projektort und auch über Zeitzonen hinweg.

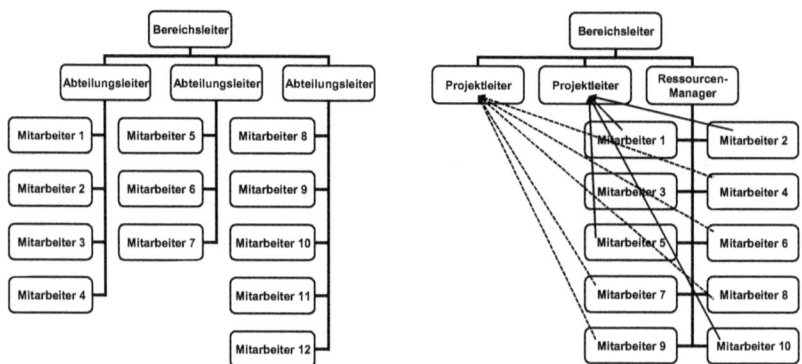

Abb. 4.14   *Traditionelle versus poolorientierte Organisation*

4.3   Projektmanagement

4.3.1   Projekt und Projektmanagement

Ähnlich wie virtuelle Unternehmen sind auch Projekte zeitlich begrenzt. Projektteams sind temporäre Organisationseinheiten, die für besondere Anlässe gebildet und anschließend wieder aufgelöst werden. Während virtuellen Unternehmen keine feste Aufbauorganisation kennen, besteht diese in traditionellen Unternehmen weiter, auch wenn temporäre Projektorganisationen gebildet werden.

Ein Projekt bezeichnet zunächst ein einmaliges und komplexes Vorgehen, zu dessen Bewältigung mehrere Disziplinen aus unterschiedlichen Organisationseinheiten erforderlich sind.

Projekt

Projekte zeichnen sich damit durch folgende Merkmale aus:

- abgrenzbare Einzelvorgabe mit definiertem Anfang und Ende,
- Außergewöhnlichkeit (keine Routineaufgabe), wodurch eine innovative, kreative Komponente einfließt,
- Komplexität,
- viele Beteiligte verschiedener Disziplinen,
- Wechselbeziehungen nicht standardisierbar,
- Risiko in Hinblick auf Technik, Wirtschaftlichkeit und/oder Terminsituation,
- Neuartigkeit: Vorstoß an Grenzen des technologisch Machbaren.

Projektmanagement umfasst in Anlehnung an DIN 69901 die Gesamtheit aller für die Abwicklung eines Projektes erforderlichen Instrumente, wie Projektziele, Aufbau- und Ablauforganisation, Projektplanung und –controlling, aber auch die Mitarbeiterführung. Es definiert sowohl das Leitungskonzept, das die zur Projektdurchführung notwendigen Aufgaben definieren hilft und die zur Lösung dieser Aufgaben notwendigen Methoden zur Verfügung stellt, als auch das Konzept für die Institution, für die die Aufgaben durchgeführt werden.

Projektmanagement

Projektmanagement überträgt den Managementgedanken, also den Leitungs- und Organisationsanspruch auf Projekte. Projekte berühren in ihrer Komplexität verschiedene Fachbereiche, verschiedenste Mitarbeiter sind gefordert, gemeinsam zu wirken. Entsprechend dürfen sie nicht durch Zufälle gesteuert werden, vielmehr ist ein systematisches Management des komplexen Projektgeflechts notwendig. Wichtige Steuerungskategorien sind hierbei Kosten, Termine und Ergebnisqualität. Diese Kategorien kennzeichnen auch das „magische Zieldreieck" des Projektmanagements (vgl. **Abb. 4.15**).

Projektergebnis

Magisches
Dreieck

Kosten   Termine

Abb. 4.15 *Magisches Dreieck des Projektmanagements*

Magisches Dreieck

Die Herausforderung des Projektmanagements liegt in der gleichzeitigen Erreichung aller drei Zieldimensionen. Da die drei Dimensionen Zielkonflikte
verursachen, ist dies nicht trivial. So lässt sich meist die Ergebnisqualität steigern, indem erhöhte Kosten oder mehr Zeit zur Verfügung steht. Die Einhaltung von Terminen kann häufig durch vermehrten Ressourceneinsatz erreicht
werden, allerdings steigen dann die Kosten. Da Projekte sich ausschließlich
aus ihrem vorgegebenen Ziel heraus definieren, ist ein Ausgleich mit anderen
Zielen oder über die Zeit, anders als in dauerhaften Strukturen, nicht möglich.
Im Projektmanagement ist eine eindeutige und klare Priorisierung zwingend.

4.3.2   Projektorganisation

Unternehmen haben zur Erledigung ihrer normalen, wiederkehrenden Geschäftsaktivitäten sich Strukturen und Organisation gegeben. Nun gilt es, zeitlich befristete einmalige Projektaufgaben zu erfüllen. Diese Projekte haben oft
einen hohen Neuheitsgrad und entsprechend großen Diskussionsbedarf. Sie
erfordern meist eine interdisziplinäre Zusammenarbeit verschiedener Organisationseinheiten. Daher ist die vorhandene Unternehmensorganisation häufig
ungeeignet, um Projekt abwickeln zu können. Darüber hinaus ist die vorhandene Unternehmensorganisation oft starr. Konflikte werden erst auf einer hohen Organisationsebene geklärt.

Projektorganisation

Unter Projektorganisation wird die zur Durchführung eines Projektes beauf-
tragte Organisation und ihre Eingliederung in die bestehende Firmenorganisa-
tion verstanden.

Ziel ist es, die Zusammenarbeit aller Projektbeteiligten zu organisieren. Dabei muss die Projektorganisation gleichzeitig auch in die normale Unternehmensorganisation integriert werden. Hierzu sind die Zuständigkeiten, Kompetenzen und Verantwortlichkeiten im Projekt klar zu definieren. Viele Projekte scheitern nicht an der mangelnden Kompetenz der Projektmitglieder, sondern an Mängeln in der Projektorganisation.

Von Seiten des Auftraggebers sind organisatorische Voraussetzungen zu schaffen, um das Projekt zu unterstützen.

Der Lenkungsausschuss ist ein temporäres, projektbegleitendes Gremium. Seine Aufgabe ist die Definition von Projektziel und Projektaufgaben, die Festlegung und Beauftragung von Mitgliedern der Projektgruppe, die Kontrolle und Genehmigung der Projektplanung sowie die Prüfung und Genehmigung der erarbeiteten Phasenergebnisse. Er unterstützt und berät den Projektleiter. *Lenkungsausschuss*

Der Lenkungsausschuss vertritt den Auftraggeber. Er fällt Entscheidungen, die die Kompetenzen des Projektleiters übersteigen und übernimmt die Schlichtung bei auftretenden Problemen.

Ein Fachausschuss soll die Projektgruppe informieren, unterstützen und beraten. Er setzt sich in der Regel aus erfahrenen Kollegen oder Führungskräften der beteiligten betrieblichen Fachbereiche zusammen. Durch die Einrichtung eines Fachausschusses soll erreicht werden, dass die unterschiedlichen Erfahrungen des Unternehmens in das Team einfließen, andererseits kann damit gewährleistet werden, dass Informationen über das Projekt zurück in die Fachabteilungen des Unternehmens getragen werden. *Fachausschuss*

Die Organisationsstruktur (vgl. **Abb. 4.16**) dient dazu, das Projektmanagement in die Unternehmensorganisation einzuordnen. Die aufbauorganisatorische Gestaltung unterscheidet sich in der Ausrichtung auf die Projektziele und in den Weisungsbefugnissen im Projekt.

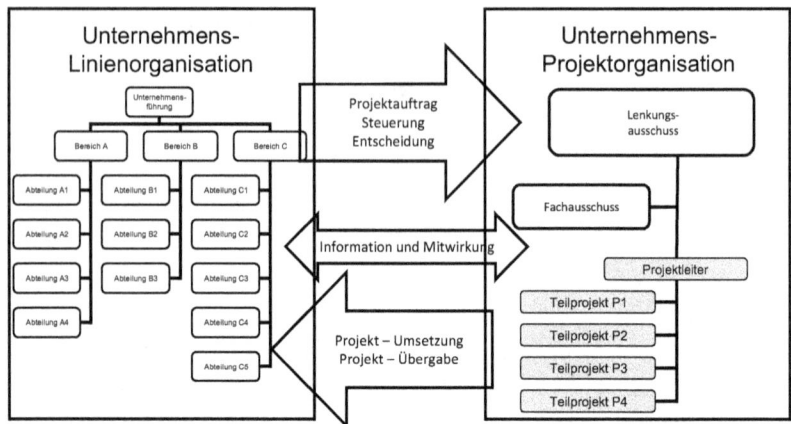

Abb. 4.16 *Linien- und Projektorganisation*

Im Folgenden werden vier Grundtypen vorgestellt:

– Fachabteilungsprojektorganisation
– Einfluss-Projektorganisation
– Matrix-Projektorganisation
– reine Projektorganisation

Die verschiedenen Strukturen räumen dem Projektleiter und dem Projektteam unterschiedlich viel Kompetenzen und Freiheitsgrade ein.

Fachabteilungs-
projektorganisation

Als Fachabteilungsprojektorganisation (vgl. **Abb. 4.17**) wird eine Organisationsform bezeichnet, bei der eine Fachabteilung zusätzlich zu den bestehenden Linienaufgaben noch die Projektleitung für ein Projekt übernimmt. Die Projektleiter aus der Fachabteilung mit Projektleitungsfunktion koordiniert die Teilaufträge an andere Fachabteilungen. Die Unternehmensführung ermächtigt sie, Aufgaben an andere Abteilungen zu delegieren. Diese Organisationsform integriert sich vollständig in die bestehende Organisation.

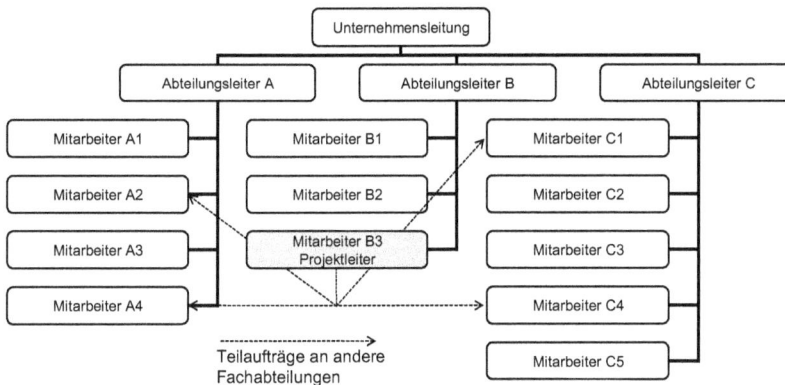

Abb. 4.17 *Fachabteilungsprojektorganisation*

Bei der Einfluss-Projektorganisation (vgl. **Abb. 4.18**) wird für die Projektlei-   Einfluss-
tung eine eigenständige Stabsstelle eingerichtet. Die weiteren Projektbeteilig-   Projektorganisation
ten verbleiben jedoch in den Fachabteilungen.

Die Stabsstelle koordiniert die Projektarbeit, welche in Form von Teilaufgaben
an die bestehenden Organisationseinheiten delegiert wird. Der Projektleiter
verfügt nur über projektbezogene fachliche Weisungsrechte, allerdings über
keinerlei disziplinarische Weisungsbefugnisse. Der Projektleiter muss hier die
Projektbeteiligten überzeugen, am Projekt mitzuwirken, was auch psycholo-
gisch-diplomatisches Geschick voraussetzt. Auch bei dieser Organisationsform
wird die bestehende Organisation nicht wesentlich verändert.

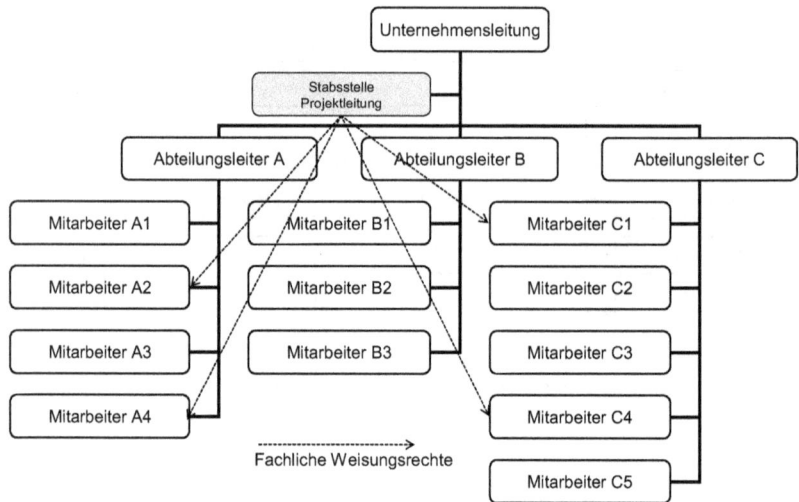

Abb. 4.18 *Einfluss-Projektorganisation*

Matrix-
Projektorganisation

Bei der Matrix-Projektorganisation (vgl. **Abb. 4.19**) werden für Projekte eigene Linieneinheiten geschaffen. Sie ergänzt die bestehende Organisation und bildet so eine Zwei-Linien-Organisation. Die untergeordneten Stellen sind beiden Linien unterstellt.

Die Projektabwicklung erfolgt durch die Linienabteilung entsprechend ihren Funktionen als eine Dienstleistung. Der Projektleiter wirkt als Koordinator und Gesamtprojektleiter für Planung, Steuerung, Kontrolle, Kosten und Termine. Er koordiniert hierbei die notwendigen Entscheidungsprozesse, aber auch Reviews. Mitunter greifen mehrere Projektleiter auf dieselben Ressourcen zurück.

Die Matrix-Organisation erfordert durch die systembedingten Konflikte zwischen Projekt und Linienfunktion ein hohes Maß an Kommunikation und Information und ist damit tendenziell aufwändiger. Diese Form der Projektorganisation ist deshalb damit mit höheren Kosten verbunden. Ein Vorteil liegt darin, dass der Projektleiter eine klare Aufgabenstellung mit vorgegeben Kompetenzen und mit einem vorgegebenen Verantwortungsbereich verfolgt. Ein weiterer Vorteil liegt drin, dass hier interdisziplinäre Projekte möglich werden, ohne die beteiligten Mitarbeiter organisatorisch versetzen zu müssen. Für die Mitarbeiter bietet die zweite projektbezogene fachliche Linie eine Heimat, die neben projektbezogenen Informationen unter Umständen auch fachliche Informationen bieten kann.

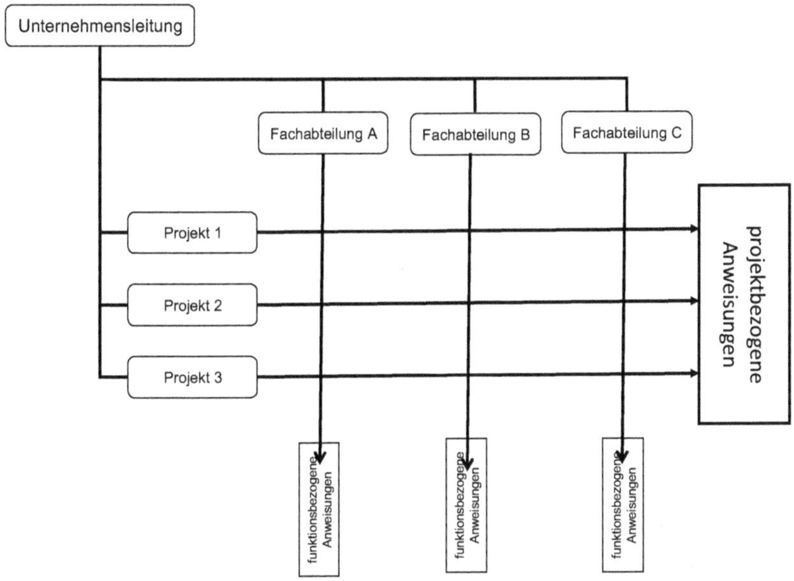

Abb. 4.19   *Matrix-Projektorganisation*

Bei der reinen Projektorganisation (vgl. **Abb. 4.20**) wird für ein Projekt eine   reine Projektorganisation
praktisch eigenständige Organisation gebildet, die vom Projektleiter in voller
Verantwortung selbständig geleitet wird. Sowohl der Projektleiter als auch die
Projektmitarbeiter werden für die Projektdauer zu einer eigenständigen Organisationseinheit zusammengefasst. Diese Form der Projektorganisation greift
am stärksten in die bestehende Organisation ein. Sie entspricht weitgehend
einer klassischen Aufbauorganisationsform, allerdings ist sie zeitlich befristet.
Während der Projektlaufzeit besitzt der Projektleiter damit volle disziplinarische und fachliche Weisungsbefugnisse.

Der Vorteil der reinen Projektorganisation liegt in der vollen Konzentration
der Beteiligten auf die Projektziele. Die Projektleitung verfügt über die volle
Kompetenz und Verantwortung dafür, auftretende Probleme schnellstmöglich
zu beseitigen. Die Kommunikationswege im Projekt sind kurz und daher ist
der Koordinationsaufwand gering.

Der Vorteil der Eigenständigkeit birgt allerdings wegen der nicht vorgesehe-
nen Rückkopplung auch die Gefahr von Parallelarbeit zwischen Projekt und
Linie. Kritisch ist weiterhin zu sehen, dass zu Beginn die notwendigen Ressourcen identifiziert und für das Projekt abgestellt werden müssen, zudem
müssen für diese nach Projektende neue Einsatzbereiche gefunden werden.

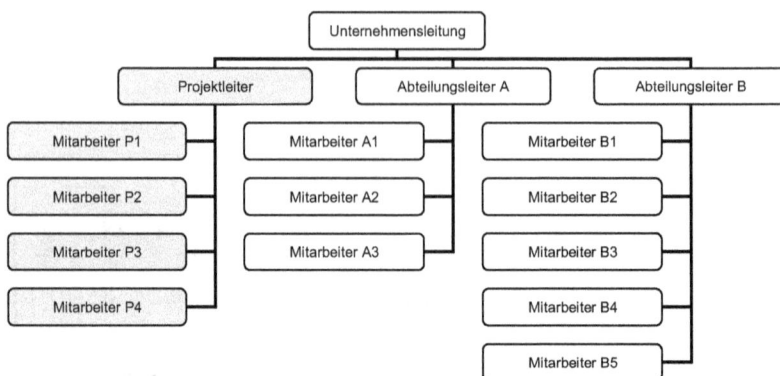

Abb. 4.20   *Reine Projektorganisation*

Das Managementsystem und die Projektorganisation müssen zusammenpassen. Bei der Wahl sind neben der vorhandenen Linien-Organisationsform, die Projektgröße und -dauer, das Projektrisiko, Zeit- und Kostenvorgaben, verfügbare Ressourcen sowie die voraussichtliche Anzahl der zu realisierenden Projekte zu beachten. Die Form der Projektorganisation kann sich im Laufe eines Projekts auch ändern. So erscheint in der Definitionsphase eine Einfluss-Projektorganisation sinnvoll, da diese Kreativität und Ideen aus allen Fachbereichen einbezieht. Während der Entwurfphase stellt eine Matrix-Projektorganisation eine hohe interdisziplinäre Zusammenarbeit und damit die Beachtung aller relevanter Fachaspekte sicher. Eine reine Projektorganisation gewährleistet eine fokussierte und rasche Projektumsetzung während der Realisierungsphase, bevor dieses für den laufenden Betrieb in die Verantwortung der Linienorganisation überführt wird.

Projekt-
ablauforganisation

Aufgabe der Projektablauforganisation ist die Regelung der Zusammenarbeit im Team. Zum Beispiel ist zu definieren:

– Wann trifft sich das Projektteam?
– Wie wird protokolliert?
– Wann sind Ergebnisse dem Lenkungsausschuss vorzustellen?

Des Weiteren sind bestimmte schwierige Abläufe innerhalb des Projektes zu definieren, z.B. werden bei einem Entwicklungsprojekt in der Prototypenphase Belastungsdauerläufe durchgeführt. Diese bedürfen der besonderen Aufmerksamkeit der Projektleitung.

4.3.3   Projektmanagement

Neben dem Projektteam spielt das Prozessmanagement eine entscheidende Rolle für die erfolgreiche Umsetzung von Projekten. Prozessmanagement (vgl. **Abb. 4.21**) als Führungsaufgabe lässt sich in die drei Prozessschritte Projektplanung, Projektdurchführung und Projektkontrolle unterscheiden.

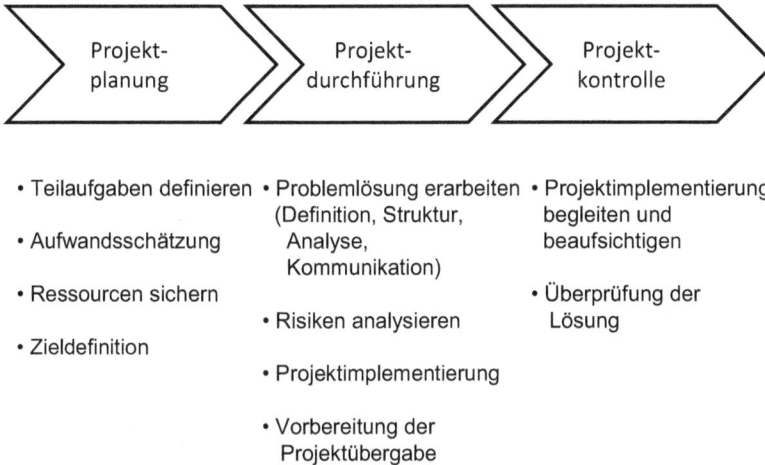

Projekt-
planung

Projekt-
durchführung

Projekt-
kontrolle

• Teilaufgaben definieren

• Aufwandsschätzung

• Ressourcen sichern

• Zieldefinition

• Problemlösung erarbeiten
  (Definition, Struktur,
  Analyse,
  Kommunikation)

• Risiken analysieren

• Projektimplementierung

• Vorbereitung der
  Projektübergabe

• Projektimplementierung
  begleiten und
  beaufsichtigen

• Überprüfung der
  Lösung

Abb. 4.21   *Prozess des Projektmanagements*

Die Projektplanung stellt die systematische Informationsgewinnung über den zukünftigen Ablauf des Projektes sicher, zeigt Handlungsmöglichkeiten und deren Folgen auf und gibt Planziele für einzelne Projektschritte vor. Die Projektplanung soll die widersprüchlichen Ziele des magischen Dreiecks in Einklang bringen. Eine angemessene Projektplanung stellt die Grundlage für einen Projekterfolg im vorgegeben Zeit-, Qualitäts- und Kostenrahmen sicher. · *Projektplanung*

In der auf der Planung aufbauenden Projektdurchführung geht es darum, die geplanten Aktivitäten umzusetzen. Nach der Problemanalyse erscheint es meist zweckmäßig, die Problemstellung in Teilaufgaben zu strukturieren, und danach diese Teilaufträge einzelnen Projektmitarbeitern zur Problemlösung und Projektumsetzung zu übertragen. · *Projektdurchführung*

Der Projektabschluss ist das formale Ende des Problemlösungsprozesses innerhalb der Projektphase. Hierzu werden die Problemlösungsschritte dokumentiert, wo notwendig nachgebessert und die Implementierung der Projektergebnisse beginnt. Im Anschluss an die Implementierung ist dann zu prüfen, ob · *Projektkontrolle* die gefundene und implementierte Lösung auch die erwarteten Ergebnisse bringt. Die Projektkontrolle setzt nicht erst am Ende eines Projektes ein, sondern ist bereits projektbegleitend durchzuführen. In diesen frühen Phasen ist zu prüfen, ob alle Aktivitäten und deren finanziellen und nicht finanziellen Auswirkungen sich innerhalb des Rahmens der Projektplanung bewegen. Sollten hier Soll-Ist-Abweichungen festgestellt werden, ist es Aufgabe der Projektkontrolle, diesen bereits in diesen Phasen gegenzusteuern.

4.4   Prozessmanagement

4.4.1   Prozesse und Prozessmanagement

Arbeitsteilige Produktion prägt spätestens seit Anfang des 20. Jahrhunderts mit der Einführung der Fließbandarbeit die Leistungserstellung. Die Produktivität kann – entsprechend den Gedanken des Taylerismus – durch Spezialisierung und Arbeitsteilung erhöht werden. Die Zerlegung betrieblicher Abläufe in Teilaufgaben und die Trennung von Entscheidung, Ausführung und Kontrolle führt aber auch zu einer Vielzahl von entstehenden Schnittstellen, die einen hohen Koordinationsaufwand verursachen. Dies führt fast zwangsläufig zu Verzögerungen im Ablauf von Prozessen. Anderseits erfordern die Markt- und Kundenanforderungen schnelle und flexible Reaktionen des Unternehmens.

Im Gegensatz zum Vorgehen der traditionellen Organisation, mit Zerlegung der Arbeitsschritte in gleichartige Tätigkeiten und Zusammenfassung dieser Arbeitsschritte in Funktionsbereichen, geht die prozessorientierte Organisationsgestaltung von zusammenhängenden Abläufen aus, die als Ganzes optimiert werden (vgl. **Abb. 4.22**). Ziel ist es, die Schnittstellen entlang der betrieblichen Prozesse weitgehend zu vermeiden und überschaubare, transparente organisatorische Einheiten zu schaffen.

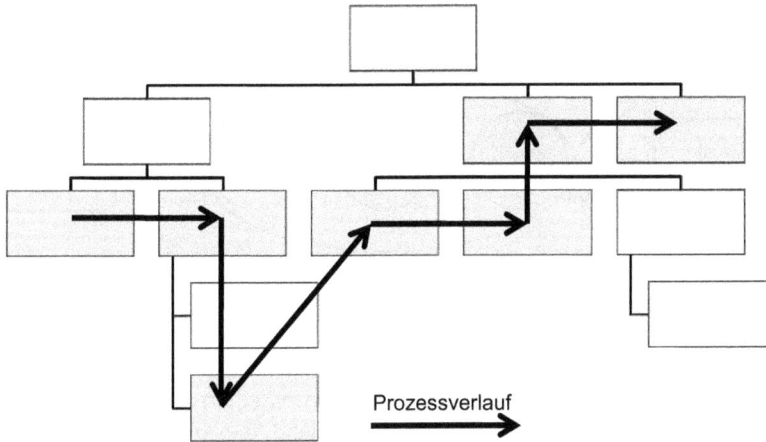

Abb. 4.22 *Prozessverlauf in traditionellen Organisationen*

Prozessmanagement umfasst die ganzheitliche Planung, Steuerung und Kon-   Prozessmanagement
trolle der betrieblichen Abläufe im Hinblick auf deren Kosten, Zeit und Qualität. Das Ziel ist die Erfüllung der Kundenanforderungen durch das Prozessergebnis.

Ein Prozess ist eine Folge logisch zusammenhängender Aktivitäten zur Erstel-   Prozess
lung einer kundenbezogenen Leistung. Dabei wird ein Prozess von einem
Ereignis, zum Beispiel ein Kundenauftrag, ausgelöst. Der Prozess erhält von
mindestens einer Quelle eine Eingabe. Eine Eingabe kann zum Beispiel eine
Rohstofflieferung durch einen Lieferanten sein. Das Ergebnis eines Prozesses
ist eine festgelegte Ausgabe, die an mindestens eine Senke geliefert wird. Ein
Ergebnis kann z.B. die Lieferung eines fertiggestellten Produktes an einen
Kunden (hier die Senke) sein. Die hier zwischen Quelle und Senke skizzierte
Lieferanten-Kunden-Beziehung stellt den betrieblichen Leistungserstellungsprozess (vgl. **Abb. 4.23**) dar. Quellen und Senken können außerhalb, aber auch
innerhalb des Unternehmens angesiedelt sein. Welche Aktivitäten als Prozess
angesehen werden, hängt vom jeweiligen Sachverhalt ab.

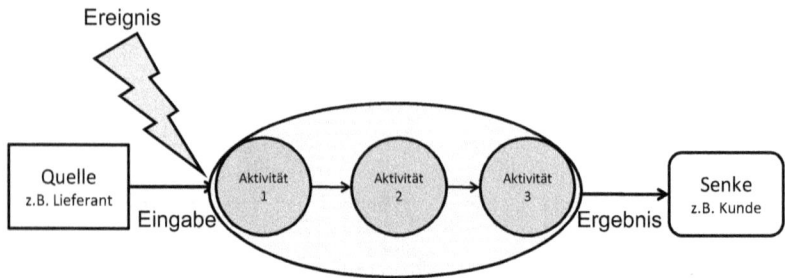

Abb. 4.23   *Prozessbeispiel betrieblicher Leistungserstellungsprozess*

Prozesse lassen sich nach verschiedenen Kriterien unterscheiden. Grundlegende Kategorien sind hierbei der Prozessgegenstand, die Art der Tätigkeit sowie der Marktbezug der Prozesse.

Tab. 4.1   *Prozessarten*

Kategorie	Prozessart	Beispiel
Unterteilung nach dem Prozessgegenstand	materielle Prozesse	Einlagerung von Material Montage von Produkten
	Informationsprozesse	Planungserstellung Beratung eines Kunden
Unterteilung nach der Art der Tätigkeit	direkte Leistungs- prozesse	Erfassung eines Kundenauftrages Fertigungsschritt in der Produktion
	indirekte Leistungs- prozesse	Verbuchung einer Eingangsrechnung Einstellung eines neuen Mitarbeiters
	Führungsprozesse	Akquisition eines Lieferanten Erstellung eines Fertigungsplanes
Unterteilung nach dem Marktbezug	primäre Prozesse	entspricht direkten Leistungsprozessen
	sekundäre Prozesse	entspricht indirekten Leistungsprozessen
	innovative Prozesse	Entwicklung eines neuen Produktes Reorganisation des Verwaltungsbereichs

Mehrere inhaltlich zusammenhängende Prozesse bilden gemeinsam eine Prozesskette. Dabei nimmt dann jeder Prozessschritt innerhalb der Kette – mit Ausnahme des ersten und letzten Schrittes – Kunden-, Produzenten- und Lieferantenfunktion wahr.

4.4.2   Prozessziele

Neben der Optimierung der Prozesseffizienz – die richtige Durchführung der   Prozessleistung
Prozesse – ist das vordringliche Ziel des Prozessmanagements die Konzentration auf die wertschöpfenden Prozesse. Das Ziel ist es, die richtigen Prozesse
durchzuführen, also die Prozesseffektivität zu erhöhen. Die Effizienz eines
Prozesses wird durch seine Zeitdauer, Termintreue, Qualität und seine Kosten
bestimmt. Diese Ausprägungen beeinflussen außerdem die Zufriedenheit der
Kunden mit dem Prozessergebnis. Während sich Zeit, Kosten und vielfach
auch Qualität eindeutig direkt messen lassen, ist die Messung der Kundenzufriedenheit schwieriger. Sie kann direkt durch Befragung der Kunden, indirekt
durch Befragung von Mitarbeitern mit Kundenkontakt oder durch eine Analyse
interner Daten, wie z.B. Lieferzeiten, Kundenbeschwerden oder Garantiefäl-
len, erfolgen.

Die Durchlaufzeit eines Prozesses ist die Zeitspanne von seiner Auslösung bis   Durchlaufzeit,
zur Übergabe des Prozessergebnisses an den Kunden. Unterschieden wird   Zeiteffizienz, Termintreue
hierbei in Bearbeitungs-, Transport- und Liegezeit. Das Verhältnis von Bear-
beitungszeit zur gesamten Durchlaufzeit misst die Zeiteffizienz des Prozesses.
Während die Prozesszeit Aussagen über die Dauer der Leistungserstellung
macht, gibt der Prozesstermin an, wann das Prozessergebnis dem Kunden
übergeben werden soll. Eine Überschreitung der Prozesstermine kann zu Verzögerungen und zur Beeinträchtigung der Kundenzufriedenheit führen. Die
Termineinhaltung kann mit der Kennzahl Termintreue, als Verhältnis der Anzahl termingerechter Prozessergebnisse zur Summe aller Prozessergebnisse,
gemessen werden.

4.4.3   Prozesskosten und Prozesskostenrechnung

Wie oben dargestellt, sind Prozesse repetitive Tätigkeiten, die in verschiedenen
Kostenstellen oder Abteilungen eines Unternehmens bei der Ausführung der
ihnen übertragenen Aufgaben anfallen. Um die Prozessgestaltung zu optimieren, ist es erforderlich, zu wissen, wie viele Ressourcen diese benötigen und
welche Kosten sie somit verursachen. Die traditionelle Kostenrechnung kon-
zentrierte sich vor allem auf den Fertigungsbereich, während die indirekten
Leistungsbereiche nur unzureichend abgebildet werden können. Hier setzt die
Prozesskostenrechnung an.

Voraussetzung für den Aufbau einer Prozesskostenrechnung ist die Analyse
und Strukturierung aller in dem betrachteten Unternehmensbereich durchge-
führten Arbeiten. Die Analyse der Prozesse erfordert den Einsatz von Erhe-
bungstechniken, wie z.B. Interviews mit den Kostenstellenleitern bzw. den
Kostenstellenmitarbeitern. Zu erheben sind Angaben über den Output der
Kostenstellen – und damit die (Teil-)Prozesse der Kostenstellen – sowie über

den hierfür notwendigen Input in Form von Personal und Sachressourcen. Die zentrale Neuerung der Prozesskostenrechnung liegt in der Bildung der kostenstellenübergreifenden Hauptprozesse. Dazu werden sachliche zusammenhängende Teilprozesse, die auch aus verschiedenen Kostenstellen stammen können, zu Hauptprozessen zusammengefasst. Die entstehende Prozesshierarchie zeigt auf, welche Tätigkeiten zur Erfüllung einer Aufgabe (= Hauptprozess) notwendig sind.

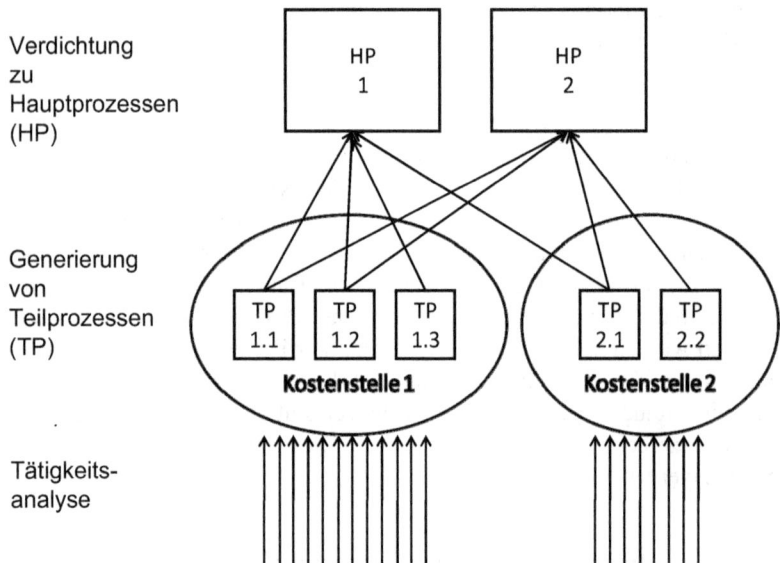

Abb. 4.24   *Prozesshierarchie (vgl. Hauer, 1994, S. 134)*

Zweckmäßigerweise werden jeweils Teilprozesse, die identische Maßgrößen aufweisen, zu einem Hauptprozess aggregiert. Dies wird aber wegen der kostenstellenspezifischen Heterogenität der Leistungen nicht immer möglich sein. Insbesondere wenn man die Forderung beachtet, nur wenige Hauptprozesse auszuweisen. Anhaltspunkte der Hauptprozessbildung sind einerseits die Kosteneinflussgrößen unternehmerischer Entscheidungen und andererseits die zur Realisierung der jeweiligen Bezugsgröße notwendigen Teilprozesse. So könnte ein Hauptprozess „Neue Produkte einführen" mit dem Kostentreiber „Anzahl der neuen Produkte" die Realisierung der Teilprozesse „Arbeitspläne erstellen" (Kostenstelle „Fertigungsplanung"), NC-Programmierung (Kostenstelle „Fertigungssteuerung") und „Prüfpläne erstellen" (Kostenstelle „Qualitätssicherung") umfassen.

Bei der Abgrenzung der zu bildenden Hauptprozesse können die folgenden vier Grundprozesstypen unterschieden werden.

1. Logistische Prozesse
Diese Prozesse steuern den gesamten betrieblichen Materialfluss vom Wareneingang bis zum Versand.

2. Ausgleichende Prozesse
Diese Prozesse sorgen dafür, dass das zur Produktion notwendige Material, Personal und Anlagen bereitstehen. Sie sorgen für die Umsetzung der Kundenaufträge in Materialbestellungen und Arbeitsaufträge.

3. Qualitätsbezogene Prozesse
Darunter fallen nicht nur Tätigkeiten der betrieblichen Qualitätskontrolle, sondern auch Tätigkeiten der Konstruktion und die Überwachung anderer Prozesse.

4. Aktualisierende Prozesse
Diese Prozesse dienen dazu, die betrieblichen Informationssysteme laufend zu aktualisieren.

Zur Bildung von Hauptprozesskostensätzen sind alternativ die eingehenden Teilprozesskostensätze zu aggregieren oder nach Aggregation der Teilprozesskosten werden diese durch die entsprechende Kostentreibermenge des Hauptprozesses dividiert. Diese Verfahren sind verursachungsgerecht, sofern in die Hauptprozesse nur Teilprozesse mit identischer (zumindest aber ähnlicher) Kostenverursachung eingehen.

Allgemein ist der Prozesskostensatz durch die Relation Prozesskosten zu Prozessmenge definiert.

$$\text{Prozesskosten} = \frac{\text{Prozesskosten}}{\text{Prozessmenge}}$$

Die proportionale Verrechnung der Hauptprozessstückkosten der von den jeweiligen Produkten in Anspruch genommenen Hauptprozesse auf die Produktions- und Absatzmengen der Produkte ist nur dann verursachungsgerecht, sofern konstante Verhältnisse zwischen den Kostentreibern der Hauptprozesse und den jeweiligen Outputmengen, also konstante Hauptprozesskoeffizienten, vorliegen.

Der Aufbau einer Prozesskostenrechnung wird meist in bestehende Kostenrechnungssysteme integriert, insofern gleicht er dem traditionellen Aufbau in Kostenarten-, Kostenstellen- und Kostenträgerrechnung (Kalkulation). Abb. 4.25 (vgl. Hauer, 1994, S. 138) illustriert den Aufbau, nur die Gemeinkosten werden im Rahmen der Kostenstellenrechnung nach den Prinzipien der Prozesskostenrechnung behandelt. Die Prozesskalkulation integriert dann die

Prozesskostensätze der Prozesse sowie die direkt den Produkten zurechenbaren Einzelkosten.

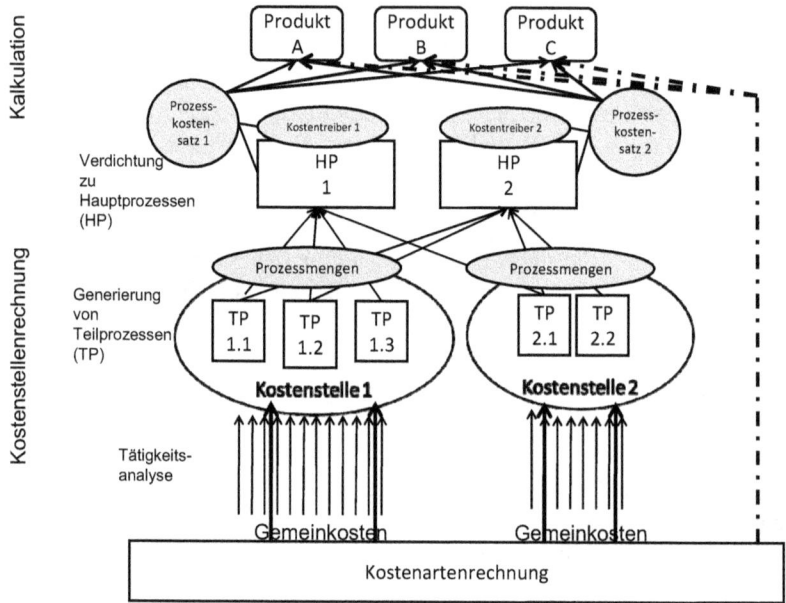

Abb. 4.25   Aufbau einer Prozesskostenrechnung

4.5   Verständnisfragen

1. Welcher Zusammenhang besteht zwischen Improvisation, Disposition und Organisation?

2. Die Organisationsgestaltung basiert auf Prinzipien der Aufgabenanalyse und der Aufgabensynthese. Welche zentralen Merkmale werden mit der Bildung von organisatorischen Stellen verfolgt?

3. Wie unterscheiden sich funktionale Organisationen von divisionalen Organisationen?

4. Welche Besonderheiten weist eine Matrixorganisation auf und welche Vor- und Nachteile sind diesem Organisationstyp zuzuordnen?

5. Welche organisatorischen Merkmale weisen Center-Konzepte auf und welche Vor- und Nachteile können bei der Bildung von Shared Service Centern beobachtet werden?

6. Neben festen Organisationen gibt es auch die Bildung von Kooperationen. Wie lassen sich die Kooperationsformen entlang der Wertschöpfungskette unterscheiden?

7. Netzwerke werden häufig als „Best-of-everything"-Organisationen bezeichnet. Wie lassen sich Netzwerke als Organisationsform beschreiben?

8. Was unterscheidet virtuelle Unternehmen von Netzwerken?

9. Linien- und Projektmanagementorganisationen existieren häufig nebeneinander im Unternehmen. Durch welche organisatorischen Vorkehrungen kann die Information und Mitwirkung beider Organisationen gewährleistet werden?

10. Welche Zielsetzung verfolgen Konzepte der Prozessorganisation und wie kann die Zielerreichung eines Prozessmanagements gemessen werden?

4.6   Weiterführende Literaturhinweise

Organisation und Management

Bühner, R.: Betriebswirtschaftliche Organisationslehre, 10. Aufl., München 2004.

Dillerup, R. / Stoi, R.: Unternehmensführung, 2. Aufl., München 2007.

Steinmann, H. / Schreyögg G.: Management Grundlagen der Unternehmensführung, 6. Aufl., Wiesbaden 2005.

Schreyöff, G.: Organisation: Grundlagen moderner Organisationsgestaltung, Wiesbaden 2008.

Vahs, D.: Organisation: Einführung in die Organisationstheorie und -praxis, 6. Aufl., Stuttgart 2007.

Projektmanagement

Burghardt, M.: Projektmanagement, 8. Aufl., Erlangen 2008.

Litke, H.-D.: Projektmanagement, 5. Aufl., München 2007.

Schelle, H. / Ottmann, R. / Pfeiffer, A.: ProjektManager, 3. Aufl., Nürnberg 2008.

Prozessmanagement

Coenenberg, A. G. / Fischer Th. M. / Günther Th. : Kostenrechnung und Kostenanalyse, 6. Aufl., Stuttgart 2007.

Gaitanides, M.:, Prozessorganisation, 2. Aufl., München 2007.

Schmelzer, H. J. / Sesselmann, W.: Geschäftsprozessmanagement in der Praxis, 6. Aufl., München 2008.

Wilhelm, R.: Prozessorganisation, 2. Aufl., München 2007.

5 Die Führung

5.1 Führung als Aufgabe

5.1.1 Die Definition von Führung

Die vorangegangenen Kapitel befassten sich mit dem Unternehmen, seiner Strategie, Steuerung und Organisation. Untersucht wurden Analysen, Märkte, Strukturen und Abläufe – Themen, mit denen das Unternehmen als Entität konfrontiert wird. Daneben gibt es aber noch eine weitere Dimension in der Betrachtung eines Unternehmens: die handelnden Personen im Unternehmen. Diese Personen (= Menschen) müssen die definierten Zielsetzungen des Unternehmens realisieren und somit den Unternehmenserfolg sicherstellen. Zur Erreichung dieser Zielsetzungen bedarf es einer einheitlichen Führung, um die Synchronität des Handelns zu gewährleisten. Im folgenden Abschnitt steht genau dieser Teil der Unternehmensführung im Vordergrund: die Führung selbst.

Realisierung der Zielsetzungen

Führung ist ein eindeutig positiv geprägter Begriff. Führung bedeutet in erster Linie, anderen eine Orientierung zu geben, um ein gemeinsames Ziel zu erreichen. Daraus lässt sich auch eine allgemeingültige Definitionen für Führung ableiten:

Orientierung

Eine Person beeinflusst durch eigenes Handeln das Handeln anderer Personen im gewünschten Sinne.

Damit wird auch deutlich, dass Führung immer von Personen abhängt, vom einzelnen Individuum. Daher kann Führung nicht durch Vorschriften. Vorgaben oder Konformität ersetzt werden, sondern muss eine grundlegende Regel erfüllen: Führung durch Vorbild.

Vorbild

Eine andere Rolle spielt die Ausübung von Macht. Macht kann als die Fähigkeit definiert werden, den eigenen Willen gegenüber anderen, auch gegen deren Widerstreben, durchzusetzen. Um Macht ausüben zu können, müssen Machtgrundlagen vorhanden sein. Basierend auf den bereits 1959 von John

Macht

French und Bertram Raven beschriebenen Typologien der Machtgrundlagen
können die in **Abb. 5.1** dargestellten sechs Kategorien unterschieden werden
(vgl. French/Raven, 1959):

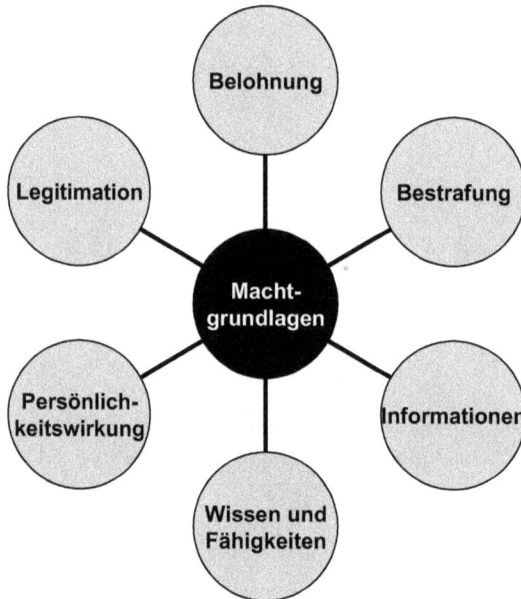

Abb. 5.1 *Machtgrundlagen*

Macht durch Legitimation

Die Macht durch Legitimation ergibt sich aus einer Organisation, in der eine
formale Zuordnung von Aufgaben, Kompetenzen und Verantwortlichkeiten
existiert. Die Möglichkeit der Machtausübung ist hier also direkt mit der Stel-
lung innerhalb der Organisation verknüpft. Solange die Mitarbeiter diese hierarchische Ordnung akzeptieren, werden sie auch den Weisungen und Anord-
nungen der übergeordneten Instanz folgen. Sobald diese Akzeptanz nicht
(mehr) vorhanden ist, wird auch die Macht durch Legitimation ihre Grundlage
verlieren.

Macht durch Belohnung

Das Ausloben von Belohnungen ist eine Machtgrundlage, die einem sehr starken Abnutzungseffekt unterliegt. Häufig erhält immer die gleiche Gruppe der
Leistungsträger die Belohnung, wodurch der Anreiz für die übrigen Mitarbeiter schnell verloren geht. Umgekehrt wird bei einer angestrebten Gleichvertei-
lung der Belohnung auf Dauer eine Gleichgültigkeit eintreten, da jeder nach
dem Gesetz der Serie auch einmal mit einer Belohnung rechnen kann. Werden
in Aussicht gestellte Belohnungen trotz Erfüllung der Kriterien nicht gewährt,
verliert diese Machtgrundlage völlig an Einfluss.

Die Machtgrundlage durch Bedrohung und Bestrafung basiert auf dem Bestreben der Untergebenen, durch konformes Verhalten eben solche Bestrafungen zu vermeiden. Sie generiert im Grunde vergleichbare Verhaltensmuster wie die Machtgrundlage der Belohnungen.

Macht durch Bestrafung

Eine auf einem Informationsvorsprung basierende Machtgrundlage ist nur dann erfolgreich, wenn die Informationen exklusiv und für die Adressaten auch wichtig sind. Gerade in großen Organisationen besteht aber die Gefahr, dass durch informelle Informationskanäle diese Exklusivität abhanden kommt und somit die Machtgrundlage ihre Basis verliert.

Macht durch Information

Besonderes Wissen und außerordentliche Fähigkeiten sind eine Machtgrundlage, die durchaus eine hohe Akzeptanz genießen kann. Allerdings wird erwartet, dass dieses Wissen auch weitergegeben wird, was wiederum die Machtgrundlage selbst mindert. Bei dieser Machtgrundlage muss der Machtausübende seine Fähigkeiten daher immer sichtbar weiter entwickeln, um auf Dauer erfolgreich zu sein.

Macht durch Wissen und Fähigkeiten

Eine positive Wirkung der Persönlichkeit gilt als eine der wirkungsvollsten Machtgrundlagen. Sie basiert auf Respekt, Sympathie und auf einer Vorbildfunktion, wodurch sie auch der positiv geprägten Führungsdefinition sehr nahe kommt. Im Gegensatz zu den übrigen Machtgrundlagen ist sie aber aktiv generierbar, da sie sehr stark vom subjektiven, persönlichen Empfinden des Adressaten abhängig ist.

Macht durch Persönlichkeitswirkung

5.1.2   Die Führungskraft

Die Begriffe Manager und Executive werden heute auch im deutschen Sprachgebrauch in inflationärer Weise verwendet: Facility Manager (Hausmeister) und Account Executive (Kundenbetreuer) sind exemplarische Beispiele hierfür. Es ist daher notwendig, einen fast schon altmodischen Begriff wieder in den Vordergrund zu stellen: die Führungskraft. Einer Führungskraft sind Menschen anvertraut, die sie im Sinne der oben stehenden Definition führen soll: durch eigenes beispielhaftes Handeln.

Allerdings wird das Handeln von Organisationsmitgliedern auch von unpersönlichen, formalisierten Verhaltens- und Rollenerwartungen beeinflusst:

Rollen

– Stellenbeschreibungen
– Vorschriften und Arbeitsanweisungen
– unternehmensinterne Prozesse

Die Aufgabe der Führungskraft liegt in der Optimierung von formalisierten Verhaltenserwartungen und der Beeinflussung durch eigenes Handeln. Es wird

persönliche Einflussnahme

heute davon ausgegangen, dass ca. 60% des Leistungsvermögens eines Mitarbeiters durch solche Rahmenbedingungen bestimmt werden. Im Umkehrschluss bedeutet das aber auch, dass ca. 40% des Leistungsvermögens durch persönliche Einflussnahme insbesondere der Führungskraft bestimmt wird. Dieses Potential optimal zu nutzen, ist die Kernaufgabe der Führungskraft.

Verantwortung

Die Ausübung der Personalverantwortung ist oberste Aufgabe und Verantwortung einer Führungskraft, mit allen positiven und negativen Ausprägungen. Eine Personalabteilung (auch häufig HR – Human Resource – genannt) unterstützt als Stabsabteilung bezüglich der Rahmenbedingungen und Instrumente, die Umsetzung liegt aber bei der Führungskraft und kann daher nicht an Unterstützungs- oder Stabsfunktionen delegiert werden.

Die Führungskraft muss somit folgende grundsätzliche Personalfunktionen wahrnehmen:

– Personalauswahl
– Personalentwicklung
– Anreizsystem (z.B. Motivation, Gehaltsentwicklung)

Personalführung

In **Abb. 5.2** wird das Zusammenspiel dieser Personalfunktionen dargestellt und in Beziehung zum aus unternehmerischer Sicht wichtigsten Ziel der Personalführung gesetzt: die Erzielung der optimalen Leistung für das Unternehmen.

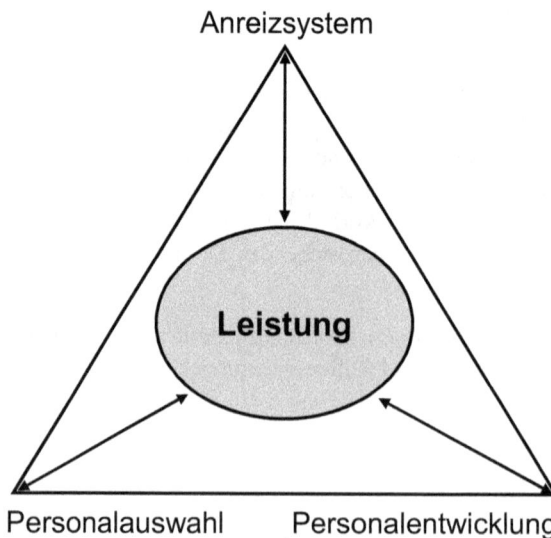

Abb. 5.2 Zusammenspiel der Personalfunktionen

5.2 Personalfunktionen

5.2.1 Die Personalauswahl

Das Ziel der Personalauswahl ist die Besetzung einer offenen Stelle mit dem am besten geeigneten Bewerber, egal ob es sich um eine interne oder externe Besetzung handelt.

Die Personalauswahl selbst ist ein mehrstufiger Prozess, der folgende wesentliche Schritte beinhaltet:

- Personalbeschaffung
- Personalauswahlentscheidung
- Personaleinführung

Personalbeschaffung

Das Ziel der Personalbeschaffung ist es, eine angemessene Zahl von potentiellen Bewerbern (intern und/oder extern) für das Unternehmen bzw. für die zu besetzende Stelle zur Verfügung zu stellen. Zwingende Voraussetzung dafür ist die Erstellung eines Anforderungsprofils, das zum einen die Aufgaben der offenen Stelle beschreibt und zum anderen die notwendigen Voraussetzungen der Position hinsichtlich Ausbildung, Erfahrung und Gehaltsniveau beinhaltet.

Bewerber

Die Personalbeschaffung kann über verschiedene Kanäle erfolgen:

- Stellenanzeigen in Zeitungen und Fachzeitschriften
- Internetstellenbörsen
- Personalberater
- Empfehlungen

Bei den daraus resultierenden Bewerbungen erfolgt in der Regel eine erste formale Prüfung (z.B. hinsichtlich der Seriosität der Bewerbung, vorhandene Ausbildung, Gehaltsforderungen), um den weiteren Auswahlprozess von im vornherein ungeeigneten Bewerbern zu entlasten.

Personalauswahlentscheidung

Auf Basis einer genauen Analyse der Bewerbungsunterlagen wird ein Fähigkeitsprofil des Bewerbers erstellt, das dann mit dem Anforderungsprofil der Position abgeglichen wird. Das daraus resultierende individuelle Eignungsprofil zeigt dann die übereinstimmenden Bereiche. Es zeigt aber auch erforderliche, aber nicht vorhandene bzw. vorhandene, aber nicht zwingend erforderliche Fähigkeiten des Bewerbers. Mit Hilfe der Eignungsprofile kann dann ein

Profilabgleich

erstes Ranking erstellt werden, um die geeigneten Bewerber für die nächsten
Auswahlschritte auszuwählen.

Onlinebewerbungen und IT-unterstützte Bewerbungsprozesse

Onlinebewerbungen werden inzwischen von vielen Unternehmen akzeptiert
und teilweise bereits präferiert. Inhaltlich gibt es keinen Unterschied zwischen den Bewerbungsarten: Anschreiben, Lebenslauf mit Foto, Zeugnisse.
Häufig werden Papierbewerbungen von den Unternehmen selbst einges-
cannt, um sie per E-Mail innerhalb des Unternehmens zu verteilen.

Mit solchen elektronischen Dokumenten (Softcopy) können auch IT-
unterstützte Bewerbungsprozesse realisiert werden, da eine Bewerbung
vom Eingang bis zur Zu- oder Absage immer den gleichen Vorgehensweisen unterliegt.

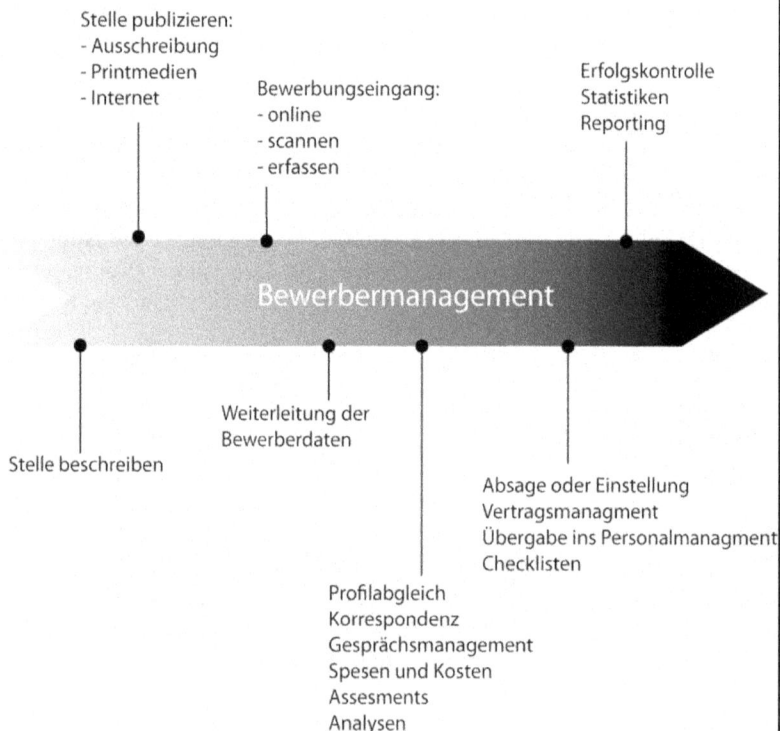

Stelle publizieren:
- Ausschreibung
- Printmedien
- Internet

Bewerbungseingang:
- online
- scannen
- erfassen

Erfolgskontrolle
Statistiken
Reporting

Bewerbermanagement

Stelle beschreiben

Weiterleitung der
Bewerberdaten

Absage oder Einstellung
Vertragsmanagment
Übergabe ins Personalmanagment
Checklisten

Profilabgleich
Korrespondenz
Gesprächsmanagement
Spesen und Kosten
Assesments
Analysen

Für solche Bewerbungsprozesse gibt es eine Reihe von Softwarelösungen
auf dem Markt, die von einfachen Workflow-Lösungen bis hin zur vollen
Integration in Unternehmensanwendungen wie SAP reichen.

Je nach Anzahl der Bewerber und Ausprägung der zu besetzenden Position
können nun Assessment-Center oder direkte Auswahlgespräche stattfinden.

Das Assessment-Center ist ein strukturierter Auswahlprozess, mit dem eine größere Anzahl an Bewerbern gleichzeitig auf ihre individuellen Fähigkeiten getestet werden kann. Häufige Bestandteile eines Assessment-Centers sind strukturierte Interviews, Präsentationsaufgaben, Gruppendiskussionen und Rollenspiele zu typischen Unternehmenssituationen. Da alle Bewerber die gleichen Aufgaben bearbeiten und teilweise auch miteinander agieren, ist eine gute Vergleichbarkeit der Bewerber untereinander gegeben. Ein Assessment-Center wird häufig dann eingesetzt, wenn es eine Vielzahl an geeigneten Bewerbern gibt oder Stellen mehrfach zu besetzen sind (Auswahl über Ranglisten). *Auswahlprozess*

Das Ergebnis dieses Auswahlprozesses ist nun eine konkrete Entscheidung für einen der Bewerber. Sollte es noch andere ähnlich geeignete Bewerber geben, so können diese zum einen als Ersatz dienen, falls der ausgewählte Bewerber die Stelle wider Erwarten nicht annimmt, zum anderen sollte durchaus untersucht werden, ob es für diese Bewerber evtl. andere Tätigkeiten im Unternehmen geben kann. *Zusage*

Personaleinführung
Innerhalb der Personaleinführung gibt es zwei wesentliche Prozesse:

1. Qualifizierungsprozess für die Arbeitsaufgaben (Einarbeitung)
2. Sozialisationsprozess im Unternehmen (Eingliederung)

Der Qualifizierungsprozess schließt evtl. vorhandene Lücken aus Anforderungsprofil und Fähigkeitsprofil und vermittelt darüber hinaus das Wissen über unternehmensspezifische Prozesse und formale Strukturen. Idealerweise wird zur optimalen und zeitnahen Einarbeitung ein konkreter Schulungsplan erarbeitet, an dessen Ende die vollständig eigenverantwortliche Übernahme der Arbeitsaufgabe steht. *Qualifizierung*

Der Sozialisierungsprozess hingegen vermittelt die Werte und Leitlinien des Unternehmens. Hier steht die Identifikation mit dem Unternehmen und dessen Zielen im Vordergrund, wie das Verständnis von informellen Strukturen und die Akzeptanz des neuen Mitarbeiters bzw. der neuen Mitarbeiterin in den einzelnen Teams. Diese Eingliederung beeinflusst dauerhaft: *Sozialisierung*

– den Aufbau einer positiven Einstellung zum Unternehmen (Loyalität),
– die Sicherung eines hohen Leistungsniveaus (Vermeidung der inneren Kündigung),
– die Vermeidung von Frühfluktuation (Kosten und Imageschaden).

Auch der Sozialisierungsprozess kann durch geeignete Maßnahmen bewusst gesteuert werden. Dazu gehören:

– Abgleich der Unternehmenskulturen bereits vor der Einstellung,

- Vermittlung von realistischen Informationen über das Unternehmen in der Rekrutierungsphase (realistische Informationen),
- Abstimmung der gegenseitigen Erwartungen,
- Vermittlung von Unternehmenswerten,
- Aufbau von Bindungen und Netzwerken (z.B. mit Hilfe von Paten oder Mentoren).

Ein schneller und positiver Verlauf des Sozialisationsprozess wird auch einen signifikanten Einfluss auf den Qualifizierungsprozess haben und diesen optimieren. Wenn ein neuer Mitarbeiter von den Werten und Leitlinien des Unternehmens überzeugt ist, wird er diese auch weitergeben – intern wie extern.

5.2.2   Die Personalentwicklung

Employability

Das Unternehmen stellt sich ständig neuen Herausforderungen: Veränderungen der Märkte, technologischer Fortschritt oder konjunkturelle Schwankungen müssen vom Unternehmen adaptiert und bewältigt werden. Die Mitarbeiter stehen diesen Veränderungen im gleichen Maße gegenüber – sie müssen ihr Wissen und ihre Arbeitsweise auf diese Herausforderungen anpassen. Gleichzeitig befindet sich die organisatorische Struktur des Unternehmens in ständigem Wandel, was sich auch wieder direkt auf die Mitarbeiter auswirkt.

Erkennung von Defiziten

Eine gezielte Personalentwicklung ist daher eine der Kernaufgaben einer Führungskraft. Sie muss sicherstellen, dass die ihr zugeordneten Mitarbeiter von den Fähigkeiten und vom Wissen her den zukünftigen Aufgaben gewachsen sind und gleichzeitig stets die erforderliche Leistung erbracht wird. Sollten hier Defizite erkannt werden, so hat die Führungskraft die Aufgabe, den Mitarbeiter zur Beseitigung der Defizite zu motivieren.

Um eventuelle Defizite zu beseitigen, müssen diese zuerst identifiziert werden, d.h. es muss eine Personalbeurteilung erfolgen. Basis einer Personalbeurteilung sind wiederum Ziele, die ein Mitarbeiter zu erreichen hat (quantitative wie qualitative Ziele).

Somit ergibt sich das in **Abb. 5.3** dargestellte Zusammenspiel der Aufgaben der Personalentwicklung.

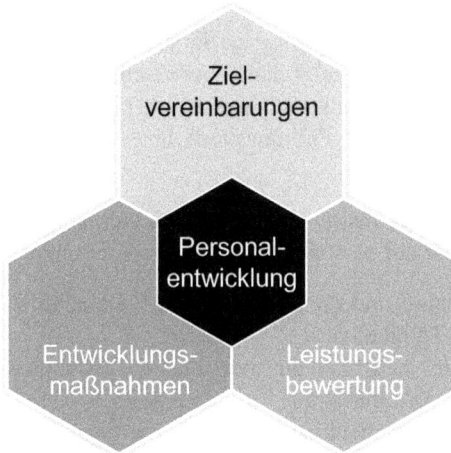

Abb. 5.3   *Aufgaben der Personalentwicklung*

Zielvereinbarungen

Menschen erfahren Motivation durch den Versuch, vorgegebene Ziele zu er-   Motivation durch Ziele
reichen. Je mehr die Ziele selbst vorgegeben werden, desto höher ist in der
Regel die Motivation zur Erreichung der Ziele.

Auch die Mitarbeiterführung verwendet Ziele zur Motivation. Diese Ziele
können quantitativer (z.B. Stückzahlen) oder qualitativer (z.B. Prozessverbes-
serungen) Natur sein. Die Zielerreichung wird häufig mit einem pekuniären
Anreiz verbunden, um einen Belohnungseffekt bei der Erfüllung der vorgegebenen Ziele zu erzielen (Akkordlohn, Vertriebsbonus etc.).

Ziele müssen messbar, erreichbar und dennoch herausfordernd sein. Ziele   Ziele vs. Vorgaben
dürfen nicht einfach nur top-down vergeben werden – dann wären es Vorgaben
und keine Ziele –, sondern sollten sie gemeinsam zwischen Führungskraft und
Mitarbeiter vereinbart werden. Dabei müssen die Interessen des Unternehmens
genauso berücksichtigt werden wie die individuellen Fähigkeiten der Mitarbeiter. Auch hier gilt der generelle Grundsatz: je stärker der Einfluss des Mitarbeiter auf die Gestaltung seiner Arbeitsziele ist, desto größer ist die Identifikation mit ihnen und damit die Motivation, sie zu erreichen.

Ziele können auf allen Ebenen des Unternehmens vergeben werden. Dabei
werden sie sich mit steigender Hierarchie- und Verantwortungsstufe weg von
funktionalen und operativen Zielbeschreibungen bewegen, sondern im verstärkten Maße die innovative Unterstützung von Unternehmenszielen zum
Inhalt haben.

Leistungsbewertung

Beurteilung

Die Anwendung eines formalen Beurteilungssystems ist in vielen Unternehmen immer noch umstritten. Die Diskussion zeigt dann aber rasch, dass nicht die Leistungsbewertung an sich der Kritikpunkt ist, sondern eher Fragen der Objektivität und der Beziehung Mitarbeiter–Führungskraft im Vordergrund stehen.

Die Leistungsbewertung ist ein wichtiges Instrumentarium der Unternehmensführung und hat wesentlichen Einfluss auf personalpolitische Fragestellungen:

- Messung der individuellen Leistung und damit die Basis für Gehaltdifferenzierungen bei vergleichbaren Tätigkeiten,
- Forderung an die Führungskräfte, sich über die individuelle Leistungsfähigkeit ihrer Mitarbeiter Gedanken zu machen,
- Grundlage für personelle Auswahlentscheidungen – positiv wie negativ,
- Indikator für den Erfolg von Förderungsmaßnahmen.

Auskunftsrecht

Entsprechend §82 Absatz 2 BetrVG hat jeder Mitarbeiter ein Auskunftsrecht auch über seine Beurteilungen:

„Der Arbeitnehmer kann verlangen, dass ihm die Berechnung und Zusammensetzung seines Arbeitsentgelts erläutert und dass mit ihm die Beurteilung seiner Leistungen sowie die Möglichkeiten seiner beruflichen Entwicklung im Betrieb erörtert werden."

Auch hier ist eine formale Leistungsbeurteilung eine geeignete und anerkannte Vorgehensweise, um diese gesetzlichen Vorgaben zu erfüllen.

Beurteilungskriterien

Es gibt drei wesentliche Beurteilungskriterien, die zur Leistungsbeurteilung herangezogen werden können:

1. eigenschaftsorientierte Kriterien: hier steht die Persönlichkeit des Mitarbeiters im Vordergrund der Beurteilung,
2. tätigkeitsorientierte Kriterien: hier wird beurteilt, wie und mit welchem Verhalten ein Mitarbeiter arbeitet,
3. ergebnisorientierte Kriterien: in welchem Umfang erreicht ein Mitarbeiter die ihm vorgegeben Ziele.

subjektive Bewertung

Die Erfahrung zeigt, dass die eigenschaftsorientierten Kriterien häufig auf einer sehr subjektiven Grundlage beurteilt werden. Auch der Zusammenhang von persönlichen Eigenschaften und der tatsächlich erbrachten Leistung wird nicht immer belegbar sein.

Auch die tätigkeitsorientierten Kriterien müssen hinterfragt werden. Die Beurteilung der Arbeitsweise und des Arbeitsverhaltens setzt einen Maßstab voraus, an dem gemessen wird. Es ist jedoch fraglich, ob dieser Maßstab der objektiv richtige ist. Gleichzeitig hemmt ein solcher vorgegebener Maßstab die Bereitschaft zu innovativer Vorgehensweise.

Insbesondere unter dem Aspekt der vorausgegangenen Zielvereinbarungen sind somit die ergebnisorientierten Kriterien eine geeignete Basis für eine möglichst objektive Leistungsbeurteilung. Sie können aber nur dann sinnvoll angewendet werden, wenn im Vorfeld eben genau diese Zielvereinbarungen stattgefunden haben.

Probleme der Leistungsbeurteilung

Die bereits mehrfach erwähnte Objektivität der Leistungsbeurteilung ist ein kritisches Thema. Bei einer angenommenen Notenskala von 1 bis 5 sind die Unterschiede zwischen zwei Noten auch bei einer ergebnisorientierten Beurteilung nicht immer direkt definierbar. Insbesondere bei den qualitativen Zielen ist es nicht immer ohne Weiteres objektiv festlegbar, zu welchem Grad ein Ziel erreicht wurde. *Granularität*

Hinzu kommt, dass andere Führungskräfte auch andere Maßstäbe für die Beurteilung ansetzen – was beim einen als ‚sehr gut‘ bewertet wird, würde beim anderen nur zu einem ‚gut‘ führen. Auch die individuelle Gewichtung der Einzelziele und deren Beurteilung können zu unterschiedlichen Bewertungen führen. *uneinheitliche Maßstäbe*

In der Praxis sind häufig weitere generelle Beurteilungsfehler festzustellen. Die beiden häufigsten sind der ‚Milde-Fehler‘ und die ‚Mitte-Fehler‘. Beim ‚Milde-Fehler‘ gibt der Beurteilende überwiegend zu positive (= milde) Bewertungen ab. Der ‚Mitte-Fehler‘ führt dazu, dass der Beurteilende praktisch alle Mitarbeiter auf einem mittleren Niveau bewertet. Er ist also nicht bereit oder in der Lage, zwischen den einzelnen Mitarbeitern zu differenzieren und somit besonders gute oder auch schlechte Leistungen entsprechend zu bewerten. *Beurteilungsfehler*

Um diese Fehler zu vermeiden oder zumindest zu minimieren, wird häufig von der Unternehmensleitung eine konkrete Verteilung der Beurteilungsstufen vorgegeben. Dabei wird üblicherweise festgelegt, wie viel Prozent der Mitarbeiter in welchen Leistungsstufen beurteilt werden müssen. **Abb. 5.4** zeigt eine typische Normalverteilung der Vorgaben innerhalb einer Notenskala. Diese vorgegebene Verteilung gilt nicht nur für das Unternehmen als Ganzes, sondern wird auch auf die einzelnen Bereiche bis hinunter zu den einzelnen Abteilungen angewendet. Dabei ist allerdings die kritische Masse der Anzahl der zu Beurteilenden zu berücksichtigen, d.h. die kleinste Integrationseinheit sollte 20 Mitarbeiter nicht signifikant unterschreiten. *Festlegung der Verteilung*

Praxisbeispiel: Zielvereinbarungen und Leistungsbewertungen bei IBM

IBM hat ein weltweit einheitliches Verfahren für Zielvereinbarungen und Leistungsbewertungen etabliert: Personal Business Commitments PBC. Diese Vorgehensweise wird für jeden Mitarbeiter angewendet, unabhängig von seiner Aufgabe, seiner Position oder dem Land, in dem er arbeitet.

Zu Beginn des Jahres definiert der Mitarbeiter aus seiner Sicht, welche Ziele er für das laufende Jahr erreichen und woran er sich messen lassen will. Daher sollen diese Ziele keine Routineziele oder gar Tätigkeitsbeschreibungen beinhalten, sondern es müssen vielmehr Fragestellungen wie z.B. ‚Wie kann mein Beitrag zur Erreichung der Bereichsziele aussehen?' oder ‚Welche Schwachstelle kann ich verbessern?' im Vordergrund stehen. Dadurch spielen hier auch rein quantitative Ziele eine eher nachrangige Rolle.

Im nächsten Schritt diskutieren Führungskraft und Mitarbeiter über diese Zielvorschläge, wobei die Führungskraft auch eigene Zielvorschläge einbringen wird. Dabei ist auch zu berücksichtigen, dass die individuellen Ziele des Mitarbeiters die generellen Unternehmensziele unterstützen. Daraus entsteht ein Set von gemeinsam vereinbarten und schriftlich formulierten Zielen (Commitment), die dann auch die Bemessungsbasis für die Leistungbewertung darstellen. Bei Veränderungen im Aufgabengebiet oder geänderten Prioritäten können diese Ziele auch im Laufe des Jahres angepasst werden.

Am Ende des Jahres stellt der Mitarbeiter dar, wie aus seiner Sicht die Erfüllung dieser Ziele aussieht. Mit Hilfe dieser Einschätzung und unter Berücksichtigung seiner eigenen Beobachtungen vergibt die Führungskraft eine Leistungsbeurteilung. Wichtig ist, dass sich die Leistungsbeurteilung hauptsächlich auf die definierten Ziele bezieht, da sie sonst angreifbar wird. Damit wird auch deutlich, wie wichtig die Zieldefinierungen selbst sind, da sie im Endeffekt die wesentliche Basis für die Leistungsbeurteilung darstellen.

Dem Mitarbeiter wird die Leistungsbewertung von der Führungskraft ausführlich erläutert. Eventuell erkannte Defizite werden in einem Entwicklungsplan festgehalten, für dessen Umsetzung Mitarbeiter und Führungskraft gemeinsam die Verantwortung tragen.

Die Leistungsbewertung hat auch einen signifikanten Einfluss auf die Höhe von Bonuszahlungen oder Gehaltsprogrammen, was die Motivation der Mitarbeiter zur Zielerreichung und damit zu einer positiven Leistungsbeurteilung unterstützt.

Da dieses Vorgehensmodell bei IBM im Grundsatz schon seit Jahrzehnten eingesetzt wird, hat sich zwischenzeitlich ein sehr hoher Reifegrad bei der Zieldefinition und Bewertung entwickelt. Man kann sogar soweit gehen, es als Bestandteil der IBM-Unternehmenskultur zu betrachten.

In **Abb. 5.4** sind auch die Auswirkungen der beschriebenen ‚Milde-Fehler‘ und ‚Mitte-Fehler‘ ersichtlich. Bei einer Notenskala von 1 bis 5 ist eine deutliche Verschiebung gegenüber der Normalverteilung erkennbar.

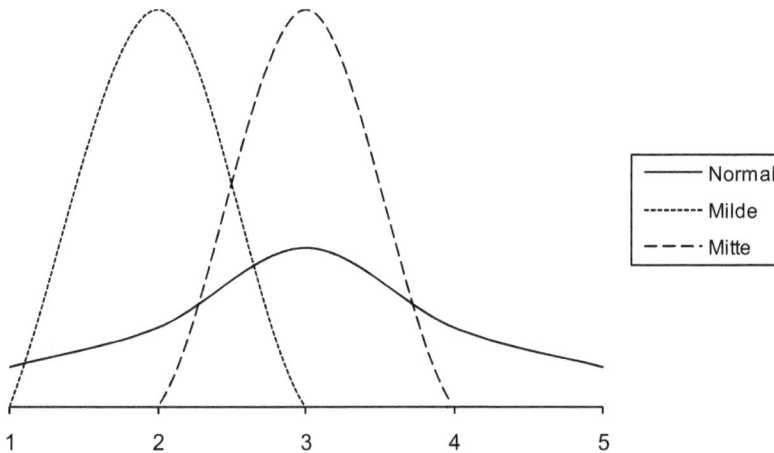

Abb. 5.4   Verteilungen der Leistungsbeurteilung bei einer gleichen Gesamtzahl Mitarbeiter

Entwicklungsmaßnahmen

Förderung

Das Ziel der Leistungsbewertung ist nicht nur die Beurteilung der Leistung gemessen an den definierten Zielen, sondern auch die daraus resultierende Definition von sinnvollen Aktivitäten zur Mitarbeiterentwicklung. Dies gilt nicht nur zur Behebung von identifizierten Defiziten, sondern insbesondere auch für individuelle Maßnahmen zur Weiterentwicklung und Förderung von Mitarbeitern.

Pflicht zur Weiterbildung

Defizite können durch gezielte interne oder externe Weiterbildung behoben werden. Dabei kann die Führungskraft nur Angebote machen, die Durchführung der Weiterbildung liegt klar in der Verantwortung eines jeden Mitarbeiters. Es gilt heute der allgemeine Grundsatz, dass es die Kernaufgabe eines Mitarbeiters ist, durch seine Weiterbildung einen wesentlichen Beitrag für seine zukünftige Beschäftigungsmöglichkeit im Unternehmen zu leisten, vielfach wird diese auch mit dem Begriff der Employability beschrieben. Voraussetzung ist dabei allerdings, dass das Unternehmen auch in der Lage ist, seine zukünftigen Anforderungen an die Mitarbeiter zu formulieren und zu kommunizieren.

Diese definierten Maßnahmen sind dann direkt wieder Bestandteile der folgenden Zielvereinbarungen, so dass sich der Kreislauf zwischen Zielvereinbarungen, Leistungsbeurteilung und Entwicklungsmaßnahmen schließt.

5.2.3   Das Anreizsystem

Motivation

Anreizsysteme dienen als Motivation, um die Mitarbeiter zur ihrer bestmöglichen Leistung anzuspornen. Anreizsysteme können in zwei wesentliche Gruppen aufgeteilt werden: pekuniäre und nicht pekuniäre Anreize. Als pekuniäre Anreize gelten Lohn und Gehalt sowie Sonder- und Bonuszahlungen. Diesen Vergütungen können an die Erfüllung von qualitativen Kriterien (siehe Leistungsbeurteilung) und quantitativen Kriterien gekoppelt sein.

variable Vergütung

Zu den quantitativen Kriterien gehört in der Produktion insbesondere der Akkordlohn, der direkt abhängig von der produzierten Stückzahl des Einzelnen oder eines Teams ist (Stücklohn). Ähnlich gelagert sind Vertriebsvergütungen, die proportional zum Verkaufs-/Vertriebserfolg gewährt werden. Häufig basieren diese Vergütungsformen auf einem festen Basisbetrag (Fixum) und auf einem darauf aufbauenden variablen Einkommensteil (Akkord oder Incentive).

Einfluss auf Ergebnisse

Insbesondere Boni werden teilweise auch direkt mit dem Unternehmenserfolg (Umsatz, Gewinn) verbunden und abhängig von diesen Kenngrößen ausbezahlt. Solche Kriterien sind auf den obersten Führungsebenen durchaus sinnvoll, insbesondere um hier die gemeinsame Verantwortung für die Unternehmensziele herauszustreichen. Allerdings sind für den überwiegenden Anteil der Mitarbeiter die Möglichkeiten der direkten Beeinflussbarkeit dieser Ergebnisse sehr limitiert, so dass die Identifikation des Einzelnen mit solchen abstrakten Zielen dann häufig abnimmt.

Neben diesen Bezahlungsanreizen gibt es auch nicht pekuniären Anreize, die primär im ideellen Bereich angesiedelt sind und sich auf Themen beziehen, wie:

-   generelle Zufriedenheit mit der Tätigkeit,
-   Arbeitsplatzsicherheit,
-   Möglichkeiten der beruflichen und persönlichen Weiterentwicklung,
-   Arbeitsbedingungen,
-   Unternehmensklima,
-   Teambildung,
-   soziales Prestige.

Bedürfnisse

Diese nicht pekuniären Anreize gewinnen immer mehr an Bedeutung. Abgeleitet aus den allgemeinen Motivationstheorien (z.B. Maslowsche Bedürfnispyramide) wird heute davon ausgegangen, dass eine dauerhafte Arbeitsmotivation primär durch das Arbeitsumfeld und die Tätigkeit selbst bestimmt wird. Man spricht hier von der intrinsischen Motivation.

Nachfrage

Es darf jedoch nicht vernachlässigt werden, dass die pekuniären Anreize die entscheidende Rolle in der Grundsicherung der Mitarbeiter darstellen und somit die Basis für die Befriedigung der Grundbedürfnisse (von Essen, Wohnen, Kleidung bis hin zu Auto, Urlaub und Hobby) bilden. Darüber hinaus ist das verfügbare Einkommen ein entscheidender volkswirtschaftlicher Faktor für die Generierung von Nachfrage nach Gütern und Dienstleistungen.

Fallbeispiel: Akkordentlohnung

Bei der Akkordentlohnung ist das Arbeitsentgelt eines Beschäftigten direkt von dessen tatsächlicher Produktionsleistung abhängig, d.h. die individuelle Produktionsleistung bestimmt unmittelbar die Höhe der Entlohnung. Somit lässt sich folgender Zusammenhang darstellen:

A: Akkordentlohnung; x, y, z: gefertigtes Teil

*A(x) = 1,00 € * Stückzahl*

*A(y) = 1,50 € * Stückzahl*

*A(z) = 5,00 € * Stückzahl*

Um in diesem Beispiel auf eine Akkordentlohnung pro Stunde von 15,00€ zu kommen, müssen pro Stunde 15 Teile von x, 10 Teile von y und 3 Teile von z gefertigt werden. Jede Über- bzw. Untererfüllung beeinflusst die Entlohnung direkt. Bei 18 Teilen von x pro Stunde wäre die Entlohnung dann beispielsweise 18,00 €.

Diese einfache Festsetzung der Akkordvergütung hat einen wesentlichen Nachteil: Bei einer Anpassung der Entlohnung muss dieser Akkordlohn für jedes Teil einzeln neu kalkuliert werden, da es sich hierbei um einen absoluten Wert je gefertigtem Produkt handelt (Geldakkord).

Daher wird vielfach die Umsetzung in einen Zeitakkord (ZA) vorgenommen:

*ZA = Minutenfaktor * Vorgabezeit/Stück * Stückzahl*

Der Minutenfaktor ist eine für alle zu fertigenden Teile einheitliche Größe, die den Wert einer Minute Akkordarbeit in € darstellt. Die Vorgabezeit pro Stück ist die Referenzgröße für die angenommene 100% Leistung. Daraus ergeben sich für das obige Beispiel folgende Formeln:

*ZA(x) = Minutenfaktor in € * 4 Minuten / Teil * 15 Teile*

*ZA(y) = Minutenfaktor in € * 6 Minuten / Teil * 10 Teile*

*ZA(z) = Minutenfaktor in € * 20 Minuten / Teil * 3 Teile*

Setzt man in diese Formeln einen Minutenfaktor von 0,25 €/Minute ein, dann ergibt dies genau wieder die angenommene Akkordentlohnung von 15,00 €.

Bei einer Anpassung der Entlohnung muss jetzt nur einmal der Minutenfaktor geändert werden und der Zeitakkord wird für alle Teile direkt neu berechnet (Tabellenkalkulation).

Häufig wird eine gemischte Akkordentlohnung (GA) verwendet, d.h. es erfolgt eine Kombination aus zeitlicher Entlohnung und erbrachter Produktionsleistung:

GA = Stundenvergütung + Akkordentlohnung

Bei einer Stundenvergütung von 9,00 € würde ein Minutenfaktor von 0,10 € angesetzt werden, um die im obigen Beispiel angenommene Akkordentlohnung von 15,00 € pro Stunde zu erhalten:

*GA(x) = 9,00 € + 0,10 €/Minute * 4 Minuten / Teil * 15 Teile = 15,00 €*

*GA(y) = 9,00 € + 0,10 €/Minute * 6 Minuten / Teil * 10 Teile = 15,00 €*

*GA(z) = 9,00 € + 0,10 €/Minute * 20 Minuten / Teil * 3 Teile = 15,00 €*

Neben dieser für jeden einzelnen Mitarbeiter geltenden Akkordvergütung (Einzelakkordlohn) gibt es auch die Möglichkeit des Gruppenakkordlohns, bei dem die Akkordvergütung von der erbrachten Leistung eines gesamten Teams abhängt. Dieser Gruppenakkordlohn hat für den Arbeitgeber den Vorteil, dass der Gesamtoutput des Teams honoriert wird und ein Leistungsabfall eines Einzelnen durch die Gruppe kompensiert werden kann. Allerdings kann auch die Motivation des einzelnen Mitarbeiters abnehmen, weil der Einfluss seiner eigenen Leistung abnimmt und eine schwächere Leistung anderer die Honorierung der eigenen Höchstleistung mindert.

5.3   Bezahlung

Arbeiter und Angestellte

Die traditionelle Unterscheidung zwischen Arbeiter-Lohn und Angestellten-Gehalt entfällt immer mehr. Im seit 2003 geltenden ERA Entgelt-Rahmenabkommen der Metall- und Elektroindustrie ist dieser Unterschied sogar völlig aufgehoben. Es wird nur noch allgemein von Beschäftigen und Entgelt gesprochen. Diese Nomenklatur soll auch für die folgenden Ausführungen verwendet werden.

Diese Vereinheitlichung der Regelungen für Arbeiter und Angestellte breitet sich immer stärker aus. So wurde auch in der Rentenversicherung die Trennung zwischen Arbeiter und Angestellten aufgehoben und die beiden bisher eigenständigen Rentenversicherungen für Arbeiter und Angestellte in der Bundesrentenversicherung vereinigt.

5.3.1   Tarifverträge

Mindeststandards

Tarifverträge legen die Mindeststandards für alle wichtigen Arbeits- und Einkommensbedingungen fest: Löhne, Gehälter, Ausbildungsvergütungen, Arbeitszeit, Urlaub und Urlaubsgeld, Weihnachtsgeld, Kündigungsfristen etc. Sie werden zwischen einer Gewerkschaft und einem Arbeitgeberverband (Flächentarif) bzw. mit einzelnen Unternehmen (Haustarif) abgeschlossen. Formal gelten die Tarifverträge nur für die jeweiligen Mitglieder der Tarifparteien – also auf Arbeitnehmerseite nur für die Gewerkschaftsmitglieder.

Allerdings wird das Unternehmen den Geltungsbereich der tarifvertraglichen Regelungen auf alle Beschäftigen ausdehnen, indem sich die individuellen Arbeitsverträge auf die gültigen Tarifverträge und auf die dort enthaltenen Regelungen beziehen. Ziel des Unternehmens ist dabei, einheitliche Regelungen für alle Beschäftigte herzustellen und gleichzeitig den Eintritt der Mitarbeiter in eine Gewerkschaft nicht zu fördern. *Gleichstellungsabrede*

Neben den tarifgebundenen Unternehmen orientieren sich eine signifikante Anzahl von nicht tarifgebundenen Unternehmen an den Regelunge der für ihre Branche gültigen Tarifverträge. Es wird davon ausgegangen, dass somit für etwa 85% aller Beschäftigten in Deutschland Tarifverträge vollständig oder überwiegend maßgebend sind.

In Deutschland gilt die strikte Tarifautonomie, d.h. es gibt keine staatlichen Eingriffe in die Tarifverträge. Allerdings nimmt der Gesetzgeber indirekt Einfluss auf Regelungen der Tarifverträge, indem er gesetzliche Rahmenbedingungen zu wichtigen Themen der Tarifverträge festlegt: *Tarifautonomie*

- gesetzlicher Mindestlohn,
- Bundesurlaubsgesetz mit speziellen Regelungen für Schwerbehinderte und Jugendliche,
- Arbeitszeitgesetz (z.B. maximale tägliche Arbeitszeit, Ruhezeiten),
- Kündigungsschutzgesetz,
- Regelungen zu Mutterschutz und Elternzeit,
- Betriebsverfassungsgesetz zur betrieblichen Mitbestimmung.

5.3.2   Entgeltfindung

Ein wesentlicher Bestandteil der Tarifverträge ist die Festlegung des Entgeltmodells, d.h. nach welchen Regeln wird das Entgelt für einen Beschäftigten ermittelt. Dies betrifft das Grundentgelt, variable Anteile und evtl. Sonderzahlungen wie Urlaubs- und Weihnachtsgeld. *Entgeltmodell*

Insbesondere die Festlegung der Grundentgelts spielt dabei eine entscheidende Rolle, da es hier das Ziel sein muss sein, dass gleichartige oder vergleichbare Tätigkeiten auch mit einem gleichen Grundentgelt ausgestattet sind. Nicht begründbare Vergütungsabweichungen innerhalb vergleichbarer Tätigkeiten oder von verschiedenen Mitarbeitern bei gleicher Tätigkeit generieren zwangsläufig ein hohes Diskussions- und Konfliktpotential im Unternehmen. Darüber *Grundentgelt* hinaus sind für eine verlässliche Kalkulation von Herstellkosten einheitliche Arbeitskosten für gleichartige Aktivitäten notwendig.

Entgeltfindungsprozess

In Tarifverträgen ist daher auch der Prozess festgelegt, nach dem bei der Entgeltfindung vorgegangen wird. Dabei werden die Entgeltfindungsprozesse in der Regel folgende Aktivitäten umfassen:

1. Definition und Beschreibung aller im Unternehmen vorhandenen Arbeitsplätzen
2. Bewertung dieser Arbeitsplätze hinsichtlich Anforderungen und Verantwortung
3. Abbildung des Punktesystems in Entgeltgruppen
4. Zuordnung eines Entgeltes zu den einzelnen Gruppen
5. Zuordnung der Beschäftigen zu den einzelnen Arbeitsplätzen (und damit über die dazugehörigen Entgeltgruppe zum konkreten Entgelt)

Entgelt-Rahmenabkommen

Am Beispiel des ERA-Tarifvertrag der Metall- und Elektroindustrie soll der Entgeltfindungsprozess exemplarisch beschrieben werden. Innerhalb des ERA wurden folgende Bewertungsmerkmale für Arbeitsanforderungen definiert:

-   Wissen und Können
    -   Anlernen
    -   Ausbildung und Erfahrung
-   Denken
-   Handlungsspielraum / Verantwortung
-   Kommunikation
-   Mitarbeiterführung

Tab. 5.1 *Anforderungsgruppen innerhalb des ERA*

3. Handlungsspielraum / Verantwortung		
Stufe	**Beschreibung**	**Punkte**
H1	Die Arbeitsdurchführung erfolgt nach Anweisungen.	1
H2	Die Arbeitsdurchführung erfolgt nach Anweisungen mit geringem Handlungsspielraum bei einzelnen Arbeitsverrichtungen (einzelne Arbeitsstufen innerhalb einer Teilaufgabe).	3
H3	Die Arbeitsdurchführung erfolgt nach Anweisungen mit Handlungsspielraum bei einzelnen Teilaufgaben (Teil eines Gesamtauftrages oder Arbeitsablaufes).	5
H4	Die Arbeitsdurchführung erfolgt nach Anweisungen mit Handlungsspielraum innerhalb der Arbeitsaufgabe.	7
H5	Die Arbeitsdurchführung erfolgt nach allgemeinen Anweisungen mit erweitertem Handlungsspielraum innerhalb der Arbeitsaufgabe. Alternative Handlungswege bzw. Möglichkeiten sind gegeben.	9
H6	Die Arbeitsdurchführung erfolgt nach Zielvorgaben mit Handlungsspielraum für ein Aufgabengebiet. Zur Aufgabendurchführung ist der selbstständige Einsatz bekannter Methoden und Hilfsmittel erforderlich.	11
H7	Die Arbeitsdurchführung erfolgt nach Zielvorgaben mit erweitertem Handlungsspielraum für ein komplexes Aufgabengebiet.	14
H8	Die Arbeitsdurchführung erfolgt nach allgemeinen Zielen mit weitgehendem Handlungsspielraum für ein umfangreiches Aufgabengebiet.	17

Für diese Anforderungsgruppen werden die konkreten Anforderungen beschrieben und mit einem Punktwert versehen (siehe **Tab. 5.1** am Beispiel Handlungsspielraum / Verantwortung). Jede Tätigkeit (= Arbeitsplatz) im Unternehmen wird nun nach dieser Methodik bewertet und erhält somit seinen individuellen Punktwert.

Aus der Summe der Punktwerte ergibt sich dann die für diese Tätigkeit gültige Entgeltgruppe. Im Tarifgebiet Baden-Württemberg wurden wie in **Tab. 5.2** dargestellt insgesamt 17 Entgeltgruppen mit den dafür benötigten Punktwerten definiert (in anderen Tarifgebieten kann eine andere Anzahl Entgeltgruppen zur Anwendung kommen).

Dabei wird die Entgeltgruppe 7 als Eckstufe mit dem Faktor 100 definiert. Der Entgeltgruppenschlüssel beschreibt den prozentualen Auf- oder Abschlag für die höheren oder niedrigeren Entgeltgruppen, so dass das Grundentgelt nur für die Entgeltgruppe 7 festgelegt werden muss und sich alle übrigen Entgelte rechnerisch ermitteln lassen.

Tab. 5.2 *ERA-Entgeltstufen*

Entgelt-gruppe	1	2	3	4	5	6	7	8	9	10	11	12	13	14	15	16	17
Gesamt-punktzahl	6	7 - 8	9 - 11	12 - 14	15 - 18	19 - 22	23 - 26	27 - 30	31 - 34	35 – 38	39 - 42	43 - 46	47 - 50	51 - 54	55 - 58	59 - 63	64 - 96
Entgelt-gruppen-schlüssel	74	76	80	84	89	94	100	107	114	121,5	129,5	138,5	147,5	156,5	165,5	176,5	186,5
Grund-Entgelt in € (Juni 2008)	1.798	1.847	1.944	2.041	2.163	2.284	2.430	2.600	2.770	2.952	3.147	3.365	3.584	3.803	4.021	4.289	4.531

Zusätzlich zum Grundentgelt gibt es noch Aufschläge für besondere körperliche Belastungen (bei übermäßiger Beanspruchung der Muskeln, Lärm oder Schmutz von bis zu 10% des Grundentgelts) und ein Leistungsentgelt von durchschnittlich 15% des Grundentgelts auf Basis einer jährlichen Leistungsbeurteilung.

Dieses Prinzip der ERA-Vergütungsstruktur wird ab dem Jahr 2010 flächendeckend in Deutschland für die Metall- und Elektroindustrie zur Anwendung kommen. Es gilt als richtungweisend für ein zeitgemäßes Vergütungsmodell, so dass auch in weiteren Industrien und Branchen mit ähnlichen Modellen zu rechnen ist.

5.3.3   Entgelthöhe

Entgeltzufriedenheit

Die persönliche Zufriedenheit mit der Entgelthöhe ist ein wichtiger Motivationsfaktor für den einzelnen Mitarbeiter. Die Erfahrung zeigt, dass der überwiegende Teil der Beschäftigten durchaus in der Lage ist, eine realistische Einschätzung der zur Aufgabe und Leistung passenden Vergütung zu treffen. Daraus lassen sich drei mögliche Szenarien ableiten:

1. das Entgelt entspricht der Einschätzung des Mitarbeiter → generelle Zufriedenheit des Mitarbeiters mit dem Entgelt, d.h. kein Demotivations-Faktor,
2. das Entgelt ist niedriger als die Einschätzung des Mitarbeiters → latenter Demotivationsfaktor, die Gründe für die unterschiedlichen Einschätzungen müssen gemeinsam untersucht werden, um einen Motivations- und damit verbundenen Leistungsabfall zu vermeiden,
3. das Entgelt ist höher als die Einschätzung des Mitarbeiters → Gefahr, dass seitens des Mitarbeiters eine zukünftige Anspruchshaltung zum Thema Entgelt entsteht, unabhängig von der aktuellen Tätigkeit und Leistung.

Leistungssteigerung

Generell stellt sich die Frage, inwieweit die Entgelthöhe und insbesondere die Aussicht auf eine Steigerung des Entgelts die individuelle Leistung maßgeblich steigern kann – und zwar über die Verwendung der Instrumente der leistungsorientierten Vergütung wie Akkord oder Boni hinaus.

Es lassen sich hier drei Gruppen von Beschäftigten klassifizieren, bei denen die Vergütungshöhe einen unterschiedlichen Einfluss auf die potenzielle Leistungsveränderung durch Entgelterhöhungen hat:

Niedriges Einkommen: Hier steht die Frage der Existenzsicherung im Vordergrund. Typische Fragestellungen des Beschäftigten sind:
– Was verdient mein Kollege?
– Was brauche ich mindestens an Einkommen?
Entgelterhöhungen werden zwar stets gefordert, sie werden aber die Arbeitsweise und die Leistung des Mitarbeiters nur sehr bedingt beeinflussen.

Existenzsicherung

Gehobenes Einkommen: Hier steht die Frage der eigenen mittel- bis langfristigen Weiterentwicklung im Vordergrund. Typische Fragestellungen des Beschäftigten sind:
– Was ist mein Marktwert?
– Wie kann ich meinen Marktwert steigern?
Der Mitarbeiter antizipiert durchaus eine Kongruenz zwischen einer beruflichen Weiterentwicklung und einer signifikanten Entgelterhöhung über Tariferhöhungen oder Leistungszulagen hinaus. Somit ist diese potenzielle signifikante Entgelterhöhung auch ein treibender Faktor für die berufliche Weiterentwicklung und kann Arbeitsweise und Leistung positiv beeinflussen.

Weiterentwicklung

Hohes Einkommen: Das Entgelt wird hier auf die Funktion eines Hygienefaktors reduziert. Typische Fragestellungen des Beschäftigten sind:
– Ist die Dotierung vergleichbar mit ähnlichen Aufgabenstellungen im Markt?
– Ist die Dotierung im Einklang mit meinem gesellschaftlichen Umfeld?
Auch hier werden Forderungen nach höherer Vergütung gestellt, insbesondere bei einem Wechsel der Tätigkeit. Aber auch bei einer deutlichen Erhöhung der Vergütung wird sich die Arbeitsweise und Leistungsbereitschaft nur wenig ändern, da auf diesem Level die Eigenmotivation eine entscheidende Rolle einnimmt.

Hygienefaktor

Diese drei Kategorien sind sicherlich sehr grob gerastert und es wird auch immer Ausnahmen von diesen dargestellten Verhaltensweisen geben. Sie veranschaulichen jedoch generelle Verhaltensmuster und können somit als Ansatzpunkte für strukturelle Entgeltdiskussionen verwendet werden.

5.4   Führungsstile

Die Führungsstile beschreiben Muster des Umgangs der Führungskräfte mit den ihnen unterstellten Mitarbeitern. Dabei ist der Führungserfolg nicht zwingend an einen bestimmten Führungsstil gebunden. Es lassen sich jedoch generelle Verhaltensmuster definieren, die einen Führungserfolg positiv beeinflussen werden.

Die Beschreibungen der Führungsstile lassen sich aus unterschiedlichen Sichtweisen treffen. Zwei wesentliche Betrachtungsweisen sind dabei:

–   autoritärer und demokratischer Führungsstil
–   aufgabenorientierter und personenorientierter Führungsstil

5.4.1   Autoritärer vs. demokratischer Führungsstil

Anordnung

Im autoritären Führungsstil trifft die Führungskraft die Entscheidungen ohne Einbeziehung der Mitarbeiter und ordnet auf dieser Basis die entsprechenden Aufgaben und Aktivitäten an. Eine Erläuterung der Kriterien und Motive der getroffenen Entscheidungen wird nicht oder nur rudimentär erfolgen.

Mitgestaltung

Dagegen werden im demokratischen Führungsstil die Mitarbeiter sehr stark in den Entscheidungsprozess einbezogen und können diesen mitgestalten. Dabei wird die Führungskraft auch versuchen, bei Entscheidungen und Aufgabenverteilungen die Interessen der Mitarbeiter zu berücksichtigen.

In der Praxis wird sich die Ausprägung der Führungsstile häufig auch zwischen den beiden Extremen bewegen. Generell ist festzuhalten, dass der Führungsstil immer situationsbezogen sein muss, d.h. von einer Führungskraft wird erwartet, dass sie für ihren Führungsstil auf die konkrete Situation hin die optimale Ausprägung finden und anwenden wird.

So eignet sich ein autoritärer Führungsstil insbesondere für Ausnahme- und Krisensituationen – hier wird von den Mitarbeitern auch Führung und Entscheidungsstärke erwartet. Ein demokratischer Führungsstil ist dann vorteilhaft, wenn grundlegende Veränderungen erarbeitet und entschieden werden sollen. Je größer hier der Beitrag der Mitarbeiter ist, desto höher wird ihre Motivation bei der Umsetzung sein.

5.4.2   Aufgabenorientierter vs. personenorientierter Führungsstil

Eine andere Sichtweise auf verschiedene Führungsstile ergibt sich aus der Unterscheidung zwischen aufgabenorientierten und personenorientierten Führungsstilen.

Eine aufgabenorientierte Führungskraft wird die Optimierung der Leistungs-   Produktivität
erbringung in den Vordergrund seines Handelns stellen. Für sie ist die Produktivität seiner Abteilung die treibende Kraft seines Führungsverhaltens. Seine
Mitarbeiter reduziert er häufig auf Produktionsfaktoren. Diese Führungskraft
wird nur wenig Rücksicht auf die Belange der Mitarbeiter nehmen. Häufige
Führungsinstrumente sind hier Bedrohungen: „Wenn Sie das nicht errei-
chen/machen, dann...".

Beim personenorientierten Führungsstil steht das Interesse am Menschen   Motivation
selbst im Vordergrund. Es wird dabei von der Auffassung ausgegangen, dass
durch dieses sichtbare Interesse an den Belangen der Mitarbeiter deren Arbeitsleistung deutlich steigt. Die Führungskraft wird in der Interaktion mit den
Mitarbeitern nicht die erwartete Leistung und Produktivität in den Vordergrund stellen, sondern mehr deren Bedürfnisse und Motivationen hinterfragen,
um auf diese zielgerichtet eingehen zu können. Hier werden eher Unterstüt-
zungen angeboten: „Wenn wir diese Voraussetzungen schaffen, dann können
Sie...".

Die Erfahrung zeigt, dass auch hier beide Extreme dauerhaft keine optimalen   Glaubwürdigkeit
Arbeitsleistungen generieren werden. Das Bedrohungspotential der ausschließlich aufgabenorientierten Führungskraft wird sich ebenso abnutzen wie der nur
auf Eigenmotivation ausgerichtete personenorientierte Führungsstil. Auch ein
ständiges Pendeln zwischen beiden Führungsstilen macht eine Führungskraft
unglaubwürdig gegenüber den Mitarbeitern. Hier wird eine glaubhafte Positionierung zwischen beiden Extremen vorteilhaft sein, die dann situationsbedingt
die Möglichkeit von maßvollen Ausschlägen in beide Richtungen ermöglicht.

5.4.3   Führungstechniken

Etwa seit Mitte der 1980er Jahre wurden ergänzend zu den Führungsstilen
spezielle Führungstechniken definiert und beschrieben, die sich durch ihre
meist angelsächsische Herkunft auch bei uns unter dem Begriff „Management
by..." eingebürgert haben. Im Gegensatz zu den Führungsstilen werden diese
Führungstechniken nicht durch die einzelne handelnde Person bestimmt, sondern sind eher als unternehmens- oder zumindest bereichsweite eingesetzte
Methoden und Prozesse zu betrachten. Bei konsequentem und unternehmens-
weitem Einsatz einer Führungstechnik kann diese sogar als Bestandteil der
Unternehmenskultur betrachtet werden. Die nachfolgende Aufstellung beschreibt die wichtigsten dieser Führungstechniken:

Die Führung durch Zielvereinbarung (Objectives) ist heute eine weit verbreite-   Management by
Objectives
te Führungstechnik (siehe auch die Fallstudie: Zielvereinbarungen und Leistungsbewertungen bei IBM in Kapitel 5.2.2). Mitarbeiter und Führungskraft
vereinbaren gemeinsam die zu erreichenden Ziele, wobei dem Mitarbeiter in
der Regel keine konkreten Vorgaben über den Weg der Zielerreichung vorge-

geben werden. Entscheidend für den Erfolg dieser Führungstechnik sind klare und vollständige Formulierungen der Ziele, insbesondere was die Kriterien der Zielerfüllung angeht. Je mehr die Mitarbeiter bei der Zieldefinition partizipieren können, desto größer wird der Erfolg dieses Führungsmodells sein. Es darf jedoch seitens der Führungskraft nicht vernachlässigt werden, diese individuellen Ziele in den Gesamtkontext der Unternehmensziele einzubinden. Zur Überprüfung der Zielsetzungen wird häufig die SMART-Methode angewendet, d.h. die Ziele müssen SMART sein:

- specific (spezifisch)
- measurable (messbar)
- achievable (erreichbar)
- realistic (realistisch)
- time-related (zeitbezogen)

Management by Participation

Die Führung durch Beteiligung (Participation) geht hinsichtlich der Mitarbeiterbeteilung bei der Zieldefinition noch deutlich über Management by Objectives hinaus. Hier liegt die Zieldefinition fast vollständig in der Verantwortung des Mitarbeiters, um so die maximale Identifikation mit den Zielen zu erreichen. In der Praxis stößt diese Führungstechnik häufig an Grenzen, da sich bei dieser Art der Zieldefinition die Unternehmensinteressen nur bedingt widerspiegeln.

Management by Decision Rules

Bei dieser Führungstechnik Management by Decision Rules steht die Vorgabe detaillierter Verhaltensweisungen im Vordergrund. Die Mitarbeiter sollen durch die Einhaltung von klaren Regeln die vorgegebenen Ziele erfüllen, um die Erreichung der übergeordneten Unternehmensziele sicherzustellen. Motivation und Eigeninitiative werden dabei durch die wuchernde Bürokratie gehemmt.

Management by Results

Die Führung durch Ergebnisüberwachung (Results) sieht die alleinige Vorgabe der Ziele durch die Führungskraft vor, eine Einbindung der Mitarbeiter in die Zieldefinitionen erfolgt nicht. Dabei werden in der Regel eher quantitative als qualitative Ziele vergeben. Diese Führungstechnik ist häufig in Kombination mit einem aufgabenorientierten Führungsstil zu beobachten. Diese Führungstechnik unterstellt den Mitarbeitern auch einen unzureichenden eigenen Leistungswillen und ist dementsprechend durch ständige Kontrollen geprägt.

Management by Exception

Hohe Ansprüche an die Fähigkeiten der Selbststeuerung stellt Führung im Ausnahmefall an die Mitarbeiter. Hier werden Abweichungstoleranzen definiert, innerhalb derer die Mitarbeiter selbstständig entscheiden können. Erst wenn diese Abweichungen überschritten werden oder unvorhergesehene Ereignisse eintreten, übernimmt die Führungskraft die Entscheidungskompetenz. Das Ziel ist dabei auch eine Entlastung der Führungskräfte von Routineaufgaben und damit letztendlich die Reduzierung der Anzahl von Führungskräften.

5.5   Aktuelle Herausforderungen

Veränderungen des unternehmerischen Umfeldes, wie der steigende Einsatz von externen Mitarbeitern oder die durch die fortschreitende Globalisierung steigende Anzahl von internationalen Teams, erfordern auch eine Veränderung oder Erweiterung der klassischen Führungsaufgaben und -methoden. Neben der Erfüllung von zusätzlichen rechtlichen Anforderungen stehen hier Themen der Integration und der Berücksichtigung von kulturellen Unterschieden im Vordergrund.

5.5.1   Führen von internationalen Teams

Ein global agierendes Unternehmen wird neue internationale Märkte oder Produktionsstätten aufbauen. Diese Aktivitäten können aber nicht alleine vom Stammsitz des Unternehmens zentral gesteuert und durchgeführt werden, da sonst der Einfluss und die Berücksichtigung lokaler Marktausprägungen nicht im erforderlichem Maße berücksichtigt wird. Das andere Extrem, die völlige Delegation von Aufgaben und Verantwortlichkeiten in dezentrale, lokale Strukturen, wird die Durchsetzung unternehmensweiter Strategien erschweren, wenn nicht gar unmöglich machen.

Es wird daher verstärkt zur Bildung internationaler Teams kommen. Häufig handelt es sich dabei um virtuelle Teams, d.h. die Teammitglieder arbeiten nicht gemeinsam an einem bestimmten Ort, sondern dezentral in ihrem jeweiligen Heimatland. Dadurch treten eine Reihe von organisatorischen, kulturellen und rechtlichen Problemstellungen auf. Einige exemplarische Beispiele sind:

virtuelle Teams

– Zeitverschiebung innerhalb des Arbeitstages,
– Verschiebung der Arbeitstage innerhalb der Arbeitswoche und durch nationale Feiertage,
– Sprachbarrieren,
– Unterschiede im Kommunikationsverhalten.

Eine gemeinsame Telefonkonferenz mit Teammitgliedern aus Europa, Asien und Amerika wird für einzelne Regionen immer extreme Randzeiten bedeuten. (die deutsche Sommerzeit 14:00 Uhr bedeutet für USA Zeiten zwischen 05:00 Uhr und 08:00 Uhr, während es in Tokyo bereits 21:00 Uhr ist). Es hat sich bewährt, solche Konferenzen zu rollierenden Zeiten durchzuführen, so dass sich für jede Region ein Wechsel zwischen günstigen und ungünstigen Zeiten ergibt.

Zeitverschiebung

Arbeitstage

Auch die Wochenenden verteilen sich in den einzelnen Kulturkreisen aufgrund der religiösen Vorgaben auf einen Zeitraum von Freitag bis Sonntag. Dies muss im Kommunikations- und Führungsverhalten berücksichtigt werden – in islamisch geprägten Ländern ist z.B. der Freitag mindestens so heilig und damit arbeitsfrei wie unser Sonntag. Eine Führungskraft eines internationalen Teams kann somit an Freitagen nicht auf einen ägyptischen Mitarbeiter zugreifen bzw. von ihm Unterstützung erwarten. Umgekehrt mag dort am Sonntag die Produktivität gefährdet sein, weil der europäische Teamleiter nicht ansprechbar ist.

nationale Feiertage

Gleiches gilt für unterschiedliche nationale Feiertage (z.B. Nationalfeiertage oder religiöse Feiertage). An Thanksgiving, dem amerikanischen Erntedankfest, ruht beispielsweise das amerikanische Wirtschaftsleben Ende November für mehrere Tage. Auch solche Faktoren muss die Führungskraft berücksichtigen, da ihr sonst von den Teammitgliedern schnell mangelnde Sensibilität vorgeworfen wird.

Kommunikation

Verbale Kommunikation setzt eine gemeinsame Sprache voraus. In multinationalen Teams wird dies überwiegend Englisch sein. Eine Führungskraft wird jedoch unterschiedlichen Sprachniveaus gegenüberstehen. Hier besteht insbesondere die Gefahr, dass muttersprachliche Teammitglieder (z.B. Engländer, US-Amerikaner) alleine durch ihre sprachliche Überlegenheit in Diskussionen häufig dominieren. Hier muss die Führungskraft gezielt gegensteuern, da sonst die Gefahr besteht, dass einzelne Teilnehmer vom Kommunikationsprozess ausgeschlossen werden.

virtuelle Teams

Bei virtuellen Teams haben die Teammitglieder neben ihrer internationalen Führungskraft sehr häufig auch eine nationale Führungskraft, die insbesondere für Personalthemen die Verantwortung trägt. Die Teammitglieder befinden sich also in einer Matrix zwischen der fachlichen und personellen Führungskraft. Dies kann zu Interessenskonflikten führen, insbesondere in Kulturkreisen, in denen sehr autoritäre Führungsstile vorherrschen, und somit die direkte Führungskraft einen fast schon beherrschenden Einfluss auf den Mitarbeiter hat (vgl. Macht durch Legitimation). Teilweise ist auch eine direkte und offene Kommunikation zwischen Mitarbeitern unterschiedlicher Bereiche nicht erwünscht, so dass alle Kommunikationswege streng über die jeweiligen Hierarchiestufen auf der einen Seite hinauf und auf der anderen Seite wieder hinabgehen, was den Informationsfluss nicht beschleunigt.

Diese lokal unterschiedlichen Führungsstile und Machtgrundlagen beeinflussen auch die Anwendbarkeit von Führungstechniken. In sehr stark autoritär geprägten Unternehmenskulturen werden Führungstechniken wie Management by Objectives oder Management by Participation schon deshalb an ihre Grenzen stoßen, weil die Mitarbeiter mit den Instrumenten der eigenverantwortlichen Zieldefinition nicht umgehen können.

Eine Führungskraft, die solche nationale Eigenheiten nicht berücksichtigt, wird bei ihren internationalen Teammitgliedern nicht die notwendige Akzeptanz erreichen und somit fast zwangsläufig nur bedingt erfolgreich sein. Dies gilt bereits innerhalb Europas. Schon hier gibt es merkliche Unterschiede in den generellen Führungsstilen. So ist bei deutschen Führungskräften eine deutliche Präferenz eines aufgabenorientierten Führungsstils festzustellen, während z.B. in skandinavischen Ländern der personenorientierte Führungsstil weiter verbreitet ist.

5.5.2   Führen von externen Mitarbeitern

Der Einsatz von externen, d.h. nicht zum Unternehmen gehörenden Mitarbeitern hat in den letzten Jahren extrem zugenommen. Dazu gehört nicht nur die Leiharbeit, sondern auch die gemeinsame Projektarbeit zwischen Kunden und Lieferanten bis hin zur Integration von Mitarbeitern innerhalb von Joint Ventures.

Dabei gilt es, zwei wesentliche Aspekte zu berücksichtigen:

-   rechtliche Rahmenbedingen
-   Motivation der externen Mitarbeiter

Die rechtlichen Rahmenbedingungen zum Thema Leiharbeit sind im Arbeitnehmerüberlassungsgesetz (AÜG) festgelegt. Im AÜG wird insbesondere in seiner Änderung zum Januar 2004 das Gleichstellungsprinzip festgeschrieben, d.h. es gelten die gleichen wesentlichen Arbeitsbedingungen (z.B. Arbeitszeit) zwischen einem Leiharbeiter und einem festangestellten Mitarbeiter. Allerdings hat das entleihende Unternehmen und damit auch die Führungskraft keinen direkten Anspruch auf eine zu erbringende Arbeitsleistung, d.h. diese muss immer über das Dreiecksverhältnis Entleiher–Verleiher und Verleiher–Mitarbeiter formal eingefordert werden. Somit ist ein schneller, direkter Durchgriff der Führungskraft auf den entliehenen Mitarbeiter nur bedingt gegeben. Anderseits trägt die Führungskraft die volle Verantwortung für den entliehenen Mitarbeiter hinsichtlich des Arbeitsschutzes und der Arbeitssicherheit.

Arbeitnehmerüberlassungsgesetz (AÜG)

Neben den rechtlichen Aspekten der Arbeitnehmerüberlassung ist die Eingliederung der externen Mitarbeiter in das entleihende Unternehmen von großer Bedeutung und kann mit der Eingliederung neu eingestellter Mitarbeiter verglichen werden (vgl. die Ausführungen zur Personaleinführung im Kapitel 5.2.1). Hier stellen sich besondere Anforderungen an die Führungskraft, die vermeiden muss, dass sich in der täglichen Arbeit eine Zweiklassengesellschaft zwischen internen und externen Mitarbeitern bildet. Die Erfahrung zeigt, dass eine Führungskraft einen erhöhten Kommunikationsaufwand mit

hoher Kommunikationsaufwand

den externen Mitarbeitern hat, um das benötigte Leistungsniveau bei ihnen sicherzustellen und die Integration zu fördern.

5.6   Verständnisfragen

1. Wie können die Begriffe Führung und Macht voneinander abgegrenzt werden?

2. Welche Machtgrundlagen können als positiv angesehen werden?

3. Wann kann ein Assessment-Center sinnvoll eingesetzt werden?

4. Was versteht man unter dem Sozialisierungsprozess und wie wichtig ist dieser?

5. Welche Aufgaben hat eine Leistungsbeurteilung?

6. Welche generellen Beurteilungskriterien gibt es bei der Leistungsbewertung?

7. Was sind Aufgabe und Inhalte von Tarifverträgen?

8. Welche grundlegende Trennung wird vom ERA-Tarifvertrag aufgehoben?

9. Welches ist das wesentliche Kriterium bei der Zieldefinition für Bonuszahlungen aller Art, um die Motivation des Einzelnen direkt zu erhöhen?

10. Welche unterschiedlichen Sichtweisen beschreiben die jeweiligen Paare autoritärer/demokratischer Führungsstil und aufgabenorientierter/personenorientierter Führungsstil?

11. Welches sind die Grundprinzipien von Management by Participation und wo sind die Grenzen dieser Führungstechnik zu sehen?

5.7   Weiterführende Literaturhinweise

<u>Führung als Aufgabe</u>

Kiessling, W. F. / Spannagl P.: Corporate Identity. Unternehmensleitbild – Organisationskultur, 2. Aufl., Augsburg 2004.

Neubauer, W. / Rosemann, B.: Führung, Macht und Vertrauen in Organisationen, Stuttgart 2006.

Wunderer, R.: „Der gestiefelte Kater" als Unternehmer, Lehren aus Management und Märchen, Wiesbaden 2008.

Personalfunktionen

Weuster, A.: Personalauswahl: Anforderungsprofil, Bewerbersuche, Vorauswahl und Vorstellungsgespräch, 2. Aufl., Wiesbaden 2008.

Becker, M.: Personalentwicklung, 2. Aufl., Stuttgart 2002.

Kressler, H. W.: Leistungsbeurteilung und Anreizsysteme. Motivation – Vergütung – Incentives, Frankfurt 2001.

Bezahlung

Schneider, M.: Tarifverträge. Sinn, Nutzen und Inhalte, München 2007.

Franke, D.: Entgeltfindung – Entgeltgestaltung, München 2009.

Moosmann, C.: Das Entgeltrahmenabkommen der Metall- und Elektroindustrie: Leistungsentgeltfindung nach ERA und Empfehlungen zur betrieblichen Umsetzung, Saarbrücken 2008.

IG Metall: Entgeltrahmentarifvertrag: ERA TV, 2003.
http://www2.igmetall.de/homepages/era-wissen/material/tarifvertrag.html

Führungsstile

Stroebe, R.: Führungsstile: Management by Objectives und andere Führungsmethoden, 8. Aufl., Frankfurt 2007.

Laufer, H.: Grundlagen erfolgreicher Mitarbeiterführung: Führungspersönlichkeit – Führungsmethoden – Führungsinstrumente, 6. Aufl., Offenbach 2009.

Literaturverzeichnis

Atkinson, A. A. / Kaplan, R. S. / Matsumura, E. M. / Young, S. M.: Management Accounting, 5. Aufl., Upper Saddle River, New Jersey 2007.

Baum, H.-G. / Conenberg A.G. / Günther, Th.: Strategisches Controlling, 4. Aufl., Stuttgart 2007.

Bea, F.X. / Haas, J.: Strategisches Management, 4. Aufl., Stuttgart 2005.

Becker, M.: Personalentwicklung, 2. Aufl., Stuttgart 2002.

Bieger, Th.: Dienstleistungs-Management: Einführung in Strategien und Prozesse bei persönlichen Dienstleistungen, 4. Aufl., Stuttgart 2007.

Bühner, R.: Betriebswirtschaftliche Organisationslehre, 10. Aufl., München 2004.

Burghardt, M.: Projektmanagement, 8. Aufl., Erlangen 2008.

Burr, W. et. al.: Unternehmensführung, München 2005.

Coenenberg, A. G. / Fischer Th. M. / Günther Th.: Kostenrechnung und Kostenanalyse, 6. Aufl., Stuttgart 2007.

Corsten, H. / Gössinger R.: Dienstleistungsmanagement, 5. Aufl., München 2007.

Dillerup, R. / Stoi, R.: Unternehmensführung, 2. Aufl., München 2007.

Ehrmann, H.: Unternehmensplanung, 5. Aufl., Kiel 2007.

Franke, D.: Entgeltfindung – Entgeltgestaltung, München 2009.

French, J. P. R. Jr. / Raven, B.: The Bases of Social Power, in: Cartwright D. (Hrsg.): Studies in Social Power, Michigan 1959.

Gaitanides, M.: Prozessorganisation, 2. Aufl., München 2007.

Gladen, W.: Performance Measurement, 4. Aufl., Wiesbaden 2008.

Gude, H.: Wettbewerbsstrategien etablierter Anbieter bei Markteintritt und neuer Konkurrenz, Frankfurt 2007.

Gutenberg, E.: Grundlagen der Betriebswirtschaftslehre, Bd. 1: Die Produktion, 24. Aufl., Berlin, Heidelberg, New York 1983.

Haller, S.: Dienstleistungsmanagement, 4. Aufl., Wiesbaden 2009.

Hans, L. / Waschburger, V.: Controlling, 3. Aufl., München 2008.

Hauer, G.: Hierarchische kennzahlenorientierte Entscheidungsrechnung: ein Beitrag zum Investitions- und Kostenmanagement, München 1994.

Hauer, G. / Schneider, K.: Schnelleinstieg IFRS, Jahresabschluss mit Bilanz, Gewinn- und Verlustrechnung und Anhang nach IFRS, Freiburg 2008.

Hauer, G.: Globalisierung, Ouffsourcing, Chancen und Risiken für den Mittelstand, Bewertungsmodell, in: Haubruck, A. / Rieg, R. (Hrsg): Erste Aalener KMU Konferenz – Beiträge zum Stand der KMU Forschung, Aachen 2009, S. 131–147.

Henkel KGaA (Hrsg): Geschäftsbericht 2005, Düsseldorf 2006.

Hilton, R. W.: Managerial Accounting, 7th ed., New York 2007.

Horváth & Partner (Hrsg.): Balanced Scorecard umsetzen, 4. Aufl., Stuttgart 2007.

Horvath, P.: Controlling, 10. Aufl., München 2006.

Horvath, P.: Controlling, 11. Aufl., München 2008.

http://www2.igmetall.de/homepages/era-wissen/material/tarifvertrag.html

Hugenberg, H. / Wulf, T.: Grundlagen der Unternehmensführung, 3. Aufl., Berlin 2007.

Hungenberg, H.: Strategisches Management in Unternehmen: Ziele – Prozesse – Verfahren, 5. Aufl., Wiesbaden 2008.

Hungenberg, H. / Wulf, T.: Grundlagen der Unternehmensführung, 3. Aufl., Berlin 2007.

IG Metall: Entgeltrahmentarifvertrag: ERA TV, 2003.

Internationaler Controller Verein e.V. (Hrsg.): Controller-Statements Philosophie, Leitbild Controller, Gauting 2001.

Kaluza, B. / Blecker, T.: Wettbewerbsstrategien, München 2000.

Kaplan, R.S. / Norton, D.P.: The Balanced Scorecard – Measures that Drive Performance, in: Harvard Business Review, 70. Jg., Heft 1 (January-February), 1992, S. 71–79.

Kaplan, R. S. / Norton, D. P.: Balanced Scorecard, Stuttgart 1997.

Käppeli, M.: Betriebswirtschaft und Unternehmensführung. Eine Einführung in unternehmerisches Denken und Handeln, Zürich 2009.

Kiessling, W. F. / Spannagl P.: Corporate Identity. Unternehmensleitbild – Organisationskultur, 2. Aufl., Augsburg 2004.

Kosiol, E.: Organisation der Unternehmung, 2. Aufl., Wiesbaden 1976.

Kotzur, J.: Instrumente der strategischen Unternehmensanalyse – Darstellung und Kritik, München 2007.

Kressler, H. W.: Leistungsbeurteilung und Anreizsysteme. Motivation – Vergütung – Incentives, Frankfurt 2001.

Krystek, U. / Redel, W. / Reppegather, S.: Grundzüge virtueller Organisationen, Elemente und Erfolgsfaktoren, Chancen und Risiken, Wiesbaden 1997.

Küpper, H.-U.: Controlling, 4. Aufl., Stuttgart, 2005

Laufer, H.: Grundlagen erfolgreicher Mitarbeiterführung: Führungspersönlichkeit – Führungsmethoden – Führungsinstrumente, 6. Aufl., Offenbach 2009.

Linder, M. / Pätsch, Ch.: Wandel der Controllership der Bosch-Gruppe – Rekonstruktion unter besonderer Berücksichtigung des Controller-Leitbilds, in: Zeitschrift für Controlling und Management, 2005, S. 226–234.

Litke, H.-D.: Projektmanagement, 5. Aufl., München 2007.

Macharzina, K. / Wolf, J.: Unternehmensführung, 6. Aufl., Wiesbaden 2008.

Maleri, R.: Grundlagen der Dienstleistungsproduktion, in: Bruhn, M. / Meffert, H. (Hrsg.): Handbuch Dienstleistungsmanagement, Von der strategischen Konzeption zur praktischen Umsetzung, Wiesbaden 1997, S. 117–139.

Markowitz, H.: Portfolio Selection, in: The Journal of Finance, Vol. VII, 1952, S. 77–91.

Moosmann, C.: Das Entgeltrahmenabkommen der Metall- und Elektroindustrie: Leistungsentgeltfindung nach ERA und Empfehlungen zur betrieblichen Umsetzung, Saarbrücken 2008.

Neubauer, W. / Rosemann, B.: Führung, Macht und Vertrauen in Organisationen, Stuttgart 2006.

Niemeyer, G.: Kybernetische System- und Modelltheorie: system dynamics, München 1977.

Oetinger, B. von: Das Boston Consulting Group Strategie-Buch: Die wichtigsten Managementkonzepte für den Praktiker, 8. Aufl., Berlin 2000.

Ossadnik, W. / Corsten, H.: Controlling, 4. Aufl., München 2009.

Pepels, W.: Grundlagen der Unternehmensführung: Strategie – Stellgrößen – Erfolgsfaktoren – Implementierung, München 2005.

Porter, M. E.: Competitive Strategy, New York 1980.

Porter, M. E.: Wettbewerbsvorteile. Spitzenleistungen erreichen und behaupten, 6. Aufl., Frankfurt 2000.

Porter, M. E.: Wettbewerbsstrategie: Methoden zur Analyse von Branchen und Konkurrenten, 11. Aufl., Frankfurt 2008.

Preißler, P. R.: Betriebswirtschaftliche Kennzahlen: Formeln, Aussagekraft, Sollwerte, Ermittlungsintervalle, München 2008.

Rappaport, A.: Shareholder Value, Stuttgart 1999.

Reichmann, Th.: Controlling mit Kennzahlen und Managementberichten, 7. Aufl., München 2006.

Renker, C.: Vision und Mission als Leitmaximen marktorientierter Unternehmensführung, in Braunweiler, H.-G. (Hrsg): Unternehmensführung heute, München 2008, S. 89–100.

Resch, B.: Portfoliomanagement im Konzern: Entwicklungs- und Konfigurationsoptionen zur Generierung von Mehrwert, Wiesbaden 2005.

Rieg, R.: Planung und Budgetierung – was wirklich funktioniert, Wiesbaden 2008.

Sandt, J.: Performance Measurement, in: Zeitschrift für Controlling und Management 2005, S. 429–447.

Schäffer U. / Weber, J.: Thesen zum Controlling, in: Scherm E. / Pietsch G. (Hrsg): Controlling Theorien und Konzeptionen, München 2004, S. 459–466.

Schäffer, U., Zyder, M.: Beyond Budgeting – ein neuer Management Hype?, in: Zeitschrift für Controlling und Management, 2003, Sonderheft 1, S. 101–110.

Schelle, H. / Ottmann, R. / Pfeiffer, A.: ProjektManager, 3. Aufl., Nürnberg 2008.

Schmelzer, H. J. / Sesselmann, W.: Geschäftsprozessmanagement in der Praxis, 6. Aufl., München 2008.

Schmidt, M. / Hebeler, Ch.: Controlling in der Henkel-Gruppe, in: Zeitschrift für Controlling und Management, 2005, S. 264–267.

Schneider, M.: Tarifverträge. Sinn, Nutzen und Inhalte, München 2007.

Schreyöff, G.: Organisation: Grundlagen moderner Organisationsgestaltung, Wiesbaden 2008.

Schubert, P.: Business Collaboration: Fazit aus den Fallstudien, in: Wölfe, R. / Schubert, P. (Hrsg.): Business Collaboration, Standortübergreifende Prozesse mit Business Software, München 2007.

Steinmann, H. / Schreyögg G.: Management. Grundlagen der Unternehmensführung, 6. Aufl., Wiesbaden 2005.

Stroebe, R.: Führungsstile: Management by Objectives und andere Führungsmethoden, 8. Aufl., Frankfurt 2007.

Vahs, D.: Organisation: Einführung in die Organisationstheorie und -praxis, 6. Aufl., Stuttgart 2007.

Weber, J. / Schäffer, U.: Einführung in das Controlling, 11. Aufl., Stuttgart 2006.

Weber, J, / Schäffer, U.: Einführung in das Controlling, 12. Aufl., Stuttgart 2008

Weber, J. / Schäffer, U.: Balanced Scorecard & Controlling Implementierung – Nutzen für Manager und Controller – Erfahrungen in deutschen Unternehmen, 3. Aufl., Wiesbaden 2000.

Weber, J., Bramsemann, U., Heineke, C., Hirsch, B.: Wertorientierte Unternehmenssteuerung: Konzepte – Implementierung – Praxisstatements, Wiesbaden 2004.

Weber, J., Linder, S.: Neugestaltung der Budgetierung mit Better und Beyond Budgeting?: Eine Bewertung der Konzepte, Weinheim 2008.

Weber, J.: Von Top-Controllern lernen – Controlling in den DAX 30-Unternehmen, Weinheim 2008.

Welge, M.K. / Al-Laham, A.: Strategisches Management: Grundlagen – Prozess – Implementierung, 5. Aufl, Wiesbaden 2008.

Weuster, A.: Personalauswahl: Anforderungsprofil, Bewerbersuche, Vorauswahl und Vorstellungsgespräch, 2. Aufl., Wiesbaden 2008.

Wild, J.: Grundlagen der Unternehmensplanung, 4. Aufl., Opladen 1982.

Wilhelm, R.: Prozessorganisation, 2. Aufl., München 2007.

Wunderer, R.: „Der gestiefelte Kater" als Unternehmer, Lehren aus Management und Märchen, Wiesbaden 2008.

Stichwortverzeichnis

www.ingramcontent.com/pod-product-compliance
Lightning Source LLC
Chambersburg PA
CBHW061815210326
41599CB00034B/7011